中國学術思想 研究輯刊

八 編

林 慶 彰 主編

第 24 冊

天理與人欲之爭
——清儒揚州學派「情理論」探微（上）

張 曉 芬 著

花木蘭文化出版社

國家圖書館出版品預行編目資料

天理與人欲之爭──清儒揚州學派「情理論」探微（上）／張
曉芬 著─初版─台北縣永和市：花木蘭文化出版社，2010
〔民 99〕
目 4+208 面；19×26 公分
（中國學術思想研究輯刊 八編；第 24 冊）
ISBN：978-986-254-208-8（精裝）
1. 清代哲學　2. 儒學
127.015　　　　　　　　　　　　　　　　　99002462

ISBN - 978-986-2542-08-8

9 789862 542088

中國學術思想研究輯刊
八　編　第二四冊　　　　　　　　ISBN：978-986-254-208-8

天理與人欲之爭──清儒揚州學派「情理論」探微（上）

作　　者　張曉芬
主　　編　林慶彰
總 編 輯　杜潔祥
出　　版　花木蘭文化出版社
發 行 所　花木蘭文化出版社
發 行 人　高小娟
聯絡地址　台北縣永和市中正路五九五號七樓之三
　　　　　電話：02-2923-1455／傳眞：02-2923-1452
網　　址　http://www.huamulan.tw 信箱 sut81518@ms59.hinet.net
印　　刷　普羅文化出版廣告事業
封面設計　劉開工作室
初　　版　2010 年 3 月
定　　價　八編 35 冊（精裝）新台幣 58,000 元　　　　版權所有‧請勿翻印

天理與人欲之爭
——清儒揚州學派「情理論」探微（上）

張曉芬　著

作者簡介

張曉芬，1971 年生，祖籍：浙江省。先後於臺大中文系畢、中正大學中文所碩士畢，今於輔大中文所取得博士學位。研究領域是：清代學術、儒學思想等。曾是景文高中、東南科技大學、國防管理學院暑期作文班、陸軍高中等專（兼）任國文教師，今是陸軍專校國文專任助理教授。任職軍校期間，數次榮獲國防部、陸總部與校內優良教師等獎。於期刊論文研討會等發表不下二十篇。如有：〈憂患九卦的道德哲理研究〉、〈《郭店楚簡》「性自命出」的反善之道〉、〈《詩經》「禽鳥詩」的倫理觀探究〉、〈試論〈易傳〉與〈中庸〉「誠德」的實踐〉、〈試從《蘇氏易傳》「思無邪」探究其"性命之學"〉、〈試論錢穆的經學致用之道——從其對龔自珍之評論談起〉、〈清初聖人學實行——試論孫奇逢「戒心生」的修養工夫〉、〈公與私的詮衡——試論俞正燮"人權平等"思想〉、〈屈萬里先生的學識與為人〉等文。並參與八二三砲戰五十週年史政論文徵集與古寧頭大戰六十週年史政論文徵集先後榮獲「優等獎」（全國第二名）與「佳作獎」。

提　　要

清乾嘉以後，朝政漸趨衰敗，知識份子愈發自覺改革，除了西力東漸的刺激外，我們知道，最主要的轉折，則是清儒思想的轉變。這個變遷過程，據余英時先生論述，可謂「儒學內在理路」的「變化」。關鍵人物——戴震（1724～1777），則是中國在邁向現代化過程中，使儒學從長期以來偏重的「形上價值」，轉向了「經驗價值」的思想變革者。然其最重要的影響，還在於後繼者的闡揚，這股綿延不絕的汨流——「揚州儒學」，將其思想傳衍散播，似乎已為封建的中國，將走向「民主」的新生，埋下「因果」的種子。揚州學者對後世影響，不可謂不多矣。是以本博士論文：「天理與人欲之爭——清儒揚州學派『情理論』探微」旨在探究：「清代揚州儒學」的「義理思想」；這股「義理思想」抑或承襲「戴震」的「情理論述」，抑或加以改變摻以己見，抑或融會貫通而有所創新，或者，自創新義？然不可諱言，他們皆正視「情欲」，肯定人「情欲」的重要性，強調「養情節欲」、「以禮代理」，大異於「存天理，去人欲」之宋明「理學」，對於此，學者紛紛指出此是一由「天理」轉向「情理」之論述，也是「理學」變向「禮學」的義理思想；然究竟「清代揚州儒學」的「情理」論述如何？他們在學術上所佔有的「承先啟後」的地位又是如何？又對後世影響有哪些？其「情理論述」的評價為何？諸如此類問題，皆是本論文所欲探究的，是以針對「清代揚州儒學」的「情理論」作一探微。

首先，第壹章「緒論」部分，提出「研究動機與目的」、「研究範圍與方法」、「文獻檢討」、「研究步驟」等四個主題探索。在「研究步驟」上，第貳章先界定「清代揚州儒學」的「代表人物」，並探究「情理論的形成」，進而第參章「橫向剖析」，分別就「人性論」——「性理探討」、「經驗界的落實」——「情欲探討」、「實踐工夫」——「化情為理實證工夫」等主題探究。欲將揚州學者共有觀點作一整理歸納以呈現出。接下來，「縱向論述」——就揚州清代儒學「情理論」的發展作一探究，然這方面，依時間先後順序將代表學者排序列出，發現頗多，是以分別就第肆章與第伍章探究。縱橫論述後，則是第陸章探究「揚州清代儒學情理論」的「影響」。這方面非常多，但至今鮮為人完整研究與論述。據個人研究，發現重要影響有：一、「相人偶」的「仁學」傳播。二、古文經學家傳衍與今古文之爭學術流變。三、禮教重整，婦女解放之聲浪高漲。四、書院風尚丕變，江浙嶺南漢學大盛。第柒章，則是對「揚州清儒情理論」作一評析。針對其價值、特色、優缺點作論析。第捌章，結論。

目

次

第壹章　緒　論

第一節　研究動機與目的

一、研究動機

　　清二百七十年的學術約可分為初、中、晚三期。尤以中期的乾嘉學術最能代表清學特色。乾嘉學術基本上是以經史考證為主，從而衍生出訓詁、聲韻、名物、度數、校勘、目錄、及天文、歷算、地理等專門學科。而歷來學者對清乾嘉學術研究，似乎亦皆以所謂的經史考證為主。以為乾嘉時期無思想性可言，所謂「有考據無義理」也，〔註1〕如民初學者熊十力先生（1885～1968）曾云：

> 清儒反對高深學術，而徒以考據之瑣碎知識為尚，……不知措意於社會、政治與文化方面之大問題，而但為零碎事件之搜考，學者相習成風，而成為無頭腦之人。〔註2〕

此熊氏以為清代考據家不知關懷社會、政治與文化等問題，僅著意於零碎的

〔註1〕 張麗珠先生：〈關於乾嘉學術的一個新看法〉所強調：「學界長久以來對於清代學術『有考據無義理』的偏見……」，《清代新義理學——傳統與現代的交會》，（臺北：里仁書局，2005年8月），頁1。

〔註2〕 見熊十力先生《十力語要》，（臺北：明文書局，1982年10月），卷2，頁277。另其《讀經示要》亦云：「心性之學，所以明天人之故，究造化之原，彰道德之廣崇，通治亂之條貫者也。此等高深學術，云何可毀？」（臺北：明文書局，1987年7月），頁451～452。

考據，而成為無頭腦之人。其後熊氏大弟子──牟宗三先生（1909～1995）亦以此無思想內容，無講述的必要；其云：

> 我們講中國的學問，講到明朝以後，就毫無興趣了。這三百年間的學問我們簡直不願講，⋯⋯。〔註3〕

牟先生不願講此時段的學問，蓋以為清儒不太講心性之學，所以沒有講述之必要。此外，牟先生同門：徐復觀先生（1903～1982）亦以為乾嘉學者沒有經學思想。〔註4〕然真是如此乎？據錢穆先生（1895～1990）《中國文化史導論》云：

> 中國文化本來就處在不斷進取變動之中。其變遷經過分四階段：其一是上古至秦⋯⋯其二是漢唐時期⋯⋯其三是宋明清時期。中國人個性精神進一步發揮，中國文化充分發展。這是中國文化的個性發展期。其四是清以後時期。這個時期中國民族共通精神與個性精神已經安排周到，所要做的是如何將精神與物質同一融合，進而關心周圍物質環境，儘量改善和利用它，以協調精神與物質的關係。〔註5〕

可見錢賓四先生所論不同。其以為中國文化是不斷在變化發展的，尤其在宋明清時期，更是中國人個性精神之昂揚，至清以後，則是講究天人如何合一？關心生存環境之如何改善？以求精神與物質之融合。所以乾嘉時期學者真的無思想可言？真的只在故紙堆考證中求生活？其實不然。據張壽安先生研究，指出：

> 事實上，乾嘉時代絕大多數考證學者固然儘量避免對思想作純粹形上的討論，但仍有部分具思辨興趣的學者，從學術源流和經世的角度重新檢審儒學之「道」、「理」和思想問題，認為儒學自有其傳統的、非抽象性質的「道」；並不囿於考證，亦不只囿於理學內部心性理氣的辨析。這種新的通經求「道」的趨勢，證明清代儒學具有與宋明理學不同的思想典範（paradigm）。〔註6〕

知乾嘉學者不囿於理學內部心性理氣之辨析，而是著重從經世致用角度，實學實證的方法，探究儒學的「道」或「理」。不然，為何有清儒主張「故訓非

〔註3〕 牟宗三先生：《中國哲學十九講》，（臺北：臺灣學生書局，1983 年 10 月），頁418。

〔註4〕 氏著《中國經學史的基礎》云：「無思想的經學家，乃出現於清乾嘉時代。」（臺北：學生書局，1982 年），頁 51。

〔註5〕 錢穆先生：《中國文化史導論》，（台北：正中書局，1969 年），頁 162。

〔註6〕 張壽安先生：〈緒論〉，《以禮代理──凌廷堪與清中葉儒學思想之轉變》，（臺北：中研院近史所，1994 年 5 月），頁 1。

以明理義，而故訓胡爲？」或者主「訓故明乃能識羲文周孔之義理」，〔註 7〕以見「清學無義理」是不正確的觀念。是故張麗珠先生以爲「殊不知乾嘉新義理學正是完成儒學『兩種義理類型』——除了理學的道德形上學以外，另以主於發揚『經驗面價值』、姑名爲『情性學』的經驗取向義理學重要功臣。」〔註 8〕

　　近來學界除了討論清儒考證學外，對乾嘉學者之義理學，亦是逐漸闡揚與益發重視的。正如林慶彰先生所云：

　　　　在求通經致用的過程中，逐漸發展出以典章制度的重建來重整政

　　　　治、社會秩序的新學問。這種學問是以前學者因對乾嘉學者存有偏

　　　　見而忽略的，現在應該把它發掘出來。〔註 9〕

或許乾嘉學者的義理學並非形上的心性理氣論，而是一種所謂「經驗領域義理學」。〔註 10〕所以當時焦循（1763～1820）曾云：他們的「義理」，「非宋儒之義理」。〔註 11〕余英時先生小指出：研究清代的儒學思想，必須對儒學採取一種廣闊而動態的看法，如果固執著心性理氣的單一儒學思想內涵去衡度清代儒學，只怕是緣木求魚南轅北轍了。〔註 12〕然究竟乾嘉「經驗領域」之義理學是一種什麼樣貌的思想？什麼內涵的哲理？

　　據個人對乾嘉考據皖派大儒——戴震（1723～1777）研究，發現他不僅是「實事求是」的考據大家，更是提出一套迥異於宋明理學的哲學家。此所謂「戴震哲學」，依梁啓超先生研究，乃是所謂的「情感哲學」。〔註 13〕然其哲學理論

〔註 7〕　前者見戴震：〈題惠定宇先生受經圖〉，《戴東原先生全集》，（台北：大化書局，1987 年），頁 1114；後者見焦循：〈寄朱休承學士書〉，《雕菰集》，（台北：鼎文書局，1987 年），頁 203。

〔註 8〕　同注 1，氏著〈關於乾嘉學術的一個新看法〉，頁 1。

〔註 9〕　林慶彰先生：〈清乾嘉學者對婦女問題的關懷〉，收入林慶彰先生、張壽安先生等編《乾嘉學者的義理學》上冊，（臺北：中研院文哲所，2003 年 2 月），頁 214。

〔註 10〕　此「經驗領域義理學」乃張麗珠先生對乾嘉義理學之命名，參見氏著《清代義理學新貌》〈自序〉，（臺北：里仁書局，1999 年 5 月），頁 2。

〔註 11〕　焦循：〈申戴〉，原文是：「東原得之義理，非講學家西銘太極之義理也。」《雕菰集》卷七，（台北：鼎文書局，1977 年），頁 95。

〔註 12〕　余英時先生：〈自序〉，《論戴震與章學誠》，（香港：龍門出版社，1975 年），頁 1。

〔註 13〕　梁啓超先生云：「《疏證》一書，字字精粹，……綜其內容，不外欲以『情感哲學』代『理性哲學』。」《清代學術概論》，（臺北：里仁書局，1995 年），頁 38。

並不見重於當世，〔註14〕誠如侯外廬先生所云：戴震學說在當時並未成為支配的學說，沒有起著社會影響，因而歷史價值也是有限的。〔註15〕但問題是「戴震哲學」就因此蕩然無存乎？實不然也，殊不知後續闡述者竟連綿不絕，如：四庫館總纂修之紀昀（1724～1805）、史學大師錢大昕（1728～1804）、揚州學派的汪中（1744～1794）、孫星衍（1753～1818）、凌廷堪（1757～1809）、焦循（1763～1820），與著《鏡花緣》的李汝珍（1763～1830）、阮元（1764～1849）、俞正燮（1775～1840）、包世臣（1775～1855），乃至同治時的黃式三（1789～1862）、力主今文經學以圖強救國的龔自珍（1792～1841）等等學者（略依時代先後排列），都有相關著作與論述。〔註16〕頗令人玩味的是：在這些學者當中，尤以揚州學派學者居大多數，他們除了主要成就在考證名物、訓詁、典章制度等方面外，更是兼融吳派之「專」，皖派之「精」，頗具「能創、能通」的特色獨步清代學壇。〔註17〕在思想上如焦循主「能知故善」說；阮元強調「相人偶」仁學；凌廷堪倡「學禮復性」與「制禮節性」。〔註18〕均顯示「戴學」的傳承與發揚的鎖鑰，實與揚州學派的義理思想有密切關係。又據張麗珠先生指出：中國在邁向現代化時，儒家思想能順利從傳統價值之封建、專制、保守型態轉向現代化的現實、功利、自由、個人主義的內在啟蒙者，除了西方思潮的刺激外，亦與「乾嘉義理學」產生有關。〔註19〕那麼，吾人是否可以這麼說：興起于19世紀末，20世紀初的「反禮教運動」，其萌動實源自18世紀，而策動此一批判

〔註14〕 如戴氏門生洪榜：〈與朱筠書〉云：「《孟子字義疏證》……然則非言性命之旨也，訓故而已矣！度數而已矣！」又朱筠亦云：「可不必載，性與天道不可得聞，何圖更於程朱之外復有論說！戴氏可傳者不在此。」見江藩著、錢鍾書先生主編：《漢學師承記》（外二種），（香港：三聯書店，1998年），頁117、119。

〔註15〕 氏著：《中國思想通史》，（北京：人民出版社，1956年），頁462。

〔註16〕 許蘇民先生：《戴震與中國文化》第八章至第九章均有相關論述，（貴陽：貴州人民出版社，2000年10月），頁195～288。

〔註17〕 張舜徽先生：〈揚州學記第八〉，《清儒學記》，（濟南：齊魯書社，1991年11月），頁378～379。

〔註18〕 焦循：〈性善解三〉：「性何以善？能知故善。」同註11，頁127；阮元：〈《論語》論仁論〉：「云竊謂詮解『仁』字，……鄭康成注『讀如相人偶之人』，數語足以明之矣。」《揅經室一集》卷8，（北京：中華書局，1993年），頁283；凌廷堪：〈復禮上〉：「非禮，何以復其性焉？」、〈好惡說上〉：「先王制禮以節之，懼民之失其性也。」王文錦點校《校禮堂文集》卷4、卷6，（北京：中華書局，1998年），頁237、頁367。

〔註19〕 整理自張麗珠先生：〈關於乾嘉學術的一個新看法〉，同註1，頁3。

的思想原動力，毫無疑問是「情」與「私」？〔註20〕

　　而「乾嘉義理學」之所以能廣傳於後，使得儒家思想與現代化模式能順利接軌，從形上價值跨越到經驗價值的轉型，其內在理路的關鍵，其幕後推手，我們是否不可忽略：戴學之後揚州學者的「義理思想」的發展？若依思想模式的發展是否是：戴學──→揚州學派──→常州今文學──→湖湘學派？〔註21〕畢竟思想的演變，絕非一蹴可幾的，它必然要根基在對過去思想的繼承、蛻變和改造上，必定要經過長時間，累積了足夠的「量變」之後，才能夠達到轉型之「質變」。〔註22〕若依「量變」與「質變」兩大標準來看，我們似乎可以發現到：在上述學者中，惟揚州學派學者同時兼具，因在清代中前期，揚州即以「學者」眾多而著稱於世。又加上其不再拘守漢學考據一途，而轉向富有「既通且博」與「求變求新」〔註23〕的開創理路治學，所以在傳統儒學與現代化思維的銜接點上，「揚州義理學──情理論」想必扮演重要的角色。黃愛平先生云：

> 長期以來人們論及乾嘉漢學的流派時，大都僅只劃分爲吳派和皖派，卻忽略了有輝煌成就的揚州學派。其實，揚州學派，既繼承了吳、皖兩派的特點，又發展和超越了兩派，形成了自己獨特的風格，頗有些近代氣息，成爲清代學術思想發展史上具有承上啓下作用的一個環節，是值得認眞加以研究的。〔註24〕

「揚州學派」既是如此重要，然其思想內涵究竟如何？若是承襲戴震學說的話，究竟哪些觀點承襲其說，哪些觀點創新？還有「揚州學派」是如何產生的？這些都是值得探討的。

　　據趙航先生等人研究，可以發現到原來最早提出「揚州學派」這個名詞

〔註20〕張壽安先生：〈自序〉，《十八世紀禮學考證的思想活力──禮教論爭與禮秩重省》，（北京：北京大學，2005 年），頁Ⅳ。
〔註21〕此思想脈絡，來自田漢雲先生：〈關於進一步確認揚州學派的思考〉一文，提及揚州學派的沒落所啓發而來的，文中甚云：「道咸之交，由於社會政治發生劇變，以漢宋兼容爲主要特徵的湖湘學派，成爲新的學術中心。……此時的揚州學術畢竟缺乏活力，降爲湖湘派的附庸。」林慶彰先生、祁龍威先生等編：《清代揚州學術研究》（上），（台北：學生書局，2001 年 5 月），頁 135。
〔註22〕同注 1，頁 6。
〔註23〕此「通博」特色見張舜徽先生：〈揚州學記第八〉而來，同注 17，頁 379；而「創新求變」特色見支偉成：《清代樸學大師列傳》卷六，（湖南：岳麓書社，1998 年 1 月），頁 145。
〔註24〕黃愛平先生等著《清代學術與文化》第六章：揚州學派及乾嘉學派評價，（瀋陽：遼寧教育出版社，1993 年），頁 356。

的，首推「方東樹」。在方書中提到的揚州學者有朱澤澐、焦循、汪中、阮元、王念孫、王引之、江藩、劉台拱等。但，方氏對他們所採取的態度並不相同。〔註25〕梁啓超先生（1873～1929）《中國近三百年學術史》亦提及，且有意識將清代漢學家分成三派，即吳派的惠棟，皖派的戴震，而揚州學派的領袖則屬焦循、汪中。〔註26〕然首先較清楚爲揚州學派下定義的是張舜徽先生，其《清代揚州學記》更進一步指出：戴氏的哲學思想與治學道路，幾乎全爲揚州諸儒所繼承與發展。且此哲學思想不僅彌補了十八世紀中國學術思想界晦塞的一面，同時它也是唯一繼承戴震之後，給宋明唯心主義的理學以嚴厲的批判。〔註27〕又：像汪中、焦循、阮元都能大膽地對一些問題，特別是對倫理思想的問題，提出自己的看法。〔註28〕爲何張舜徽先生會這麼說？是否揚州學者在義理思想方面眞的頗有獨到之處，或者有某些議題值得進一步探究？所以乾嘉吳皖二派與揚州學派的關係與區隔，是首須釐清的，不可否認，戴震的新義理學在揚州學圈獲得最大的迴響與發展，已是學界上公認的事實，然自戴震以下焦循、汪中、阮元以至凌廷堪，他們的義理思想爲何？如何承襲戴震的情欲哲理而將之發揚光大？是否有其哲學思路可尋？又如何「從理到禮」？這個中的轉變是什麼？他們所倡「以禮代理」等哲理對後來近現代學術上，有何影響？他們的學術主張，與後來儒學的改變，有無關連？

〔註25〕 方東樹：《漢學商兌》曾兩度談及揚州學派，其云：「汪氏既斥〈大學〉，欲廢『四子書』之名，而作〈墨子表微序〉，……此等邪說，皆襲取前人謬論，共相簧鼓，後來揚州學派著書，皆祖此論。」（卷上之中）；另則「揚州汪氏，謂文之衰自昌黎始。其後揚州學派皆主此論，力詆八家之文爲偶體。」（卷下），（香港：三聯書店，1998 年），前頁 291，後頁 384。趙航先生：《揚州學派新論》〈引言〉亦論及，（江蘇文藝出版社，1991 年 11 月），頁 14。又張壽安先生：〈清代揚州學派研究展望〉，文中且云：「可見方東樹認爲的『揚州學派』絕不等同於『揚州學者』。方氏在《漢學商兌》卷中批駁汪中關於《四書》次第的論述……看來是不滿汪中以下的揚州學者皆疵詆朱子《四書》；但相對的，我們卻明顯看出揚州學者在義理學上的新走向就是反省並擺脫程朱性理而另覓新解。」（《漢學研究通訊》第 19 卷第 4 期，2000 年 11 月），頁 620。另外，龔鵬程先生：〈清朝中葉的揚州學派〉一文亦云：「揚州學派……首次如此指稱的，是方東樹。」林慶彰先生、祁龍威先生等編《清代揚州學術研究》，（臺北：學生書局，2001 年 4 月），頁 49。

〔註26〕 梁啓超先生：《中國近三百年學術史》，（台北：里仁書局，2002 年），頁 31。

〔註27〕 張舜徽先生：《清代揚州學記》，（上海：上海人民出版社，1962 年），頁 380～381。

〔註28〕 同上注，頁 380。

若有，是發生何種改變？諸如此等問題皆是本論文所欲探究的。

　　然觀察當今學術界，對揚州學者的單篇論述頗多，而碩博士論文多僅對各別學者著作作研究，於揚州學者的義理思想至今仍無一系統、整合、宏觀的研究。正如王俊義先生所云：目前對於揚州學派研究，大多屬於有關揚州學派學者的「個案研究」，如與揚州學派所涵蓋的豐富內容相較，研究深度、廣度，都尚屬初始階段。還缺乏從「總體上」對該學派進行深入、系統論述。〔註29〕楊晉龍先生〈臺灣學者研究「清乾嘉揚州學派」述略〉一文亦指出：以「揚州學派」為主體之研究畢竟有限，更多是個別「揚州學派」學者的研究。〔註30〕對於揚州儒學主要內涵與其在整個學術史上地位與影響，則是乏人問津；誠如漢宋的理、禮爭辯，理與情之安頓，禮與情之調和等議題，至今學界上仍未有精細的研究出現。又其中客寓揚州的凌廷堪，是否算是揚州學者？又其主以禮代理，其思想的淵源、形成與傳承之發展究竟如何？對後世的影響又是為何？又阮元的「相人偶」的「仁學」為何影響到晚清譚嗣同的「仁學」思想？又焦循的「習禮格」的禮學觀點為何？又為何傳統儒學會走向現代新儒學？其中轉變的「內在理路」是什麼？又禮教之改革，如婦女不再纏足與殉節等等，究竟這些揚州清儒們的主張是否是傳統禮教變至禮教解放的關鍵或啟蒙之源？抑是晚清維新思想之來源？諸如這些問題，都是本論文所欲探究的，是以本論文定題為：天理與人欲之爭——清儒揚州學派「情理論」探微。

二、研究目的

　　揚州——一個具有悠久歷史與燦爛文化的名城。唐以來，「揚一益二」，「煙花三月下揚州」，「十年一覺揚州夢」，揚州成為富庶、繁榮的象徵，蔚為歷代騷人墨客吟詠讚譽的美麗之城，有著「淮左名都」之美譽。〔註31〕至清代，揚州再度成為中國重要的食鹽供應地與南北漕運的咽喉，曾為歷史學家譽為「落日輝煌」。〔註32〕以見當時「揚州」是南通北往運輸交通上重要的城市。

〔註29〕王俊義先生：〈關於揚州學派的幾個問題〉，〈《中國社會科學院研究生院學報》，2003 年第 3 期），頁 71。

〔註30〕楊晉龍先生：〈臺灣學者研究「清乾嘉揚州學派」述略〉，《漢學研究通訊》，2000 年 11 月，頁 2。

〔註31〕此淮左名都之說見於姜夔：〈揚州慢〉：「淮左名都，竹西佳處，解鞍少駐初程。」朱孝臧輯《宋詞三百首箋》，（台北：廣文書局，1960 年 7 月），頁 283。

〔註32〕桑光裕先生：〈文化的魅力——揚州歷史文化叢書總序〉，朱正海先生主編：《揚

畢竟她悠久的歷史造就其燦爛輝煌的「揚州文化」，在學術史上是無法被抹煞的。

　　歷來對「揚州文化」研究頗多，如：「揚州八怪」、「揚州瘦馬」、「揚州十日談」乃至其園林建築、亭台樓閣、飲食、茶酒、戲劇、金石、銘文、書法、謠諺等，都是歷界學者們趨之若鶩，爭相研究的主題，但可怪的是「揚州學派」的情理思想卻是乏人問津。〔註33〕殊不知「揚州學派」亦是其文化之一，

州歷史名人》》，（揚州：廣陵書社，2003 年 11 月），頁 1。

〔註33〕「揚州文化」這方面前人研究成果頗多，據個人查閱國內（台灣）碩博士論文，大多偏向研究其書法、繪畫與文學方面，又尤以研究鄭板橋、金農者為多，這方面計有十一本論文：如孫紅郎：《金農繪畫的研究》，台北：文化大學藝術所碩論，1980 年；衣若芬：《鄭板橋題畫文學研究》，台北：臺大中文所碩論，1989 年；程君顒：《明末清初的揚州畫壇與遺民畫家》，台北：臺灣師大歷史所碩論，1990 年；朴順德：《十八世紀中國文人畫思想之研究──揚州八怪與朝鮮後期繪畫發展之比較探討》，台北：文化大學藝術所碩論，1993 年；朱祖德：《唐代淮南道研究》，台北：文化大學史學所碩論，1996 年；陳瑋琪：《鄭板橋文藝理論及詞作研究》，台中：中興大學中文所碩論，1999 年；李心怡：《唐詩中的揚州形象》，台北：政大中文所碩論，1999 年；高明一：《清代金石書法入畫──研究趙之謙花卉畫的歷史意涵》，台北：藝術學院美術所碩論，1999 年；全瑨珠：《鄭板橋繪畫研究》，台南：成大藝術所碩士論文，2001 年；徐圓貞：《李白詩作之旅遊心理析論──以揚州系列的傳記論述為例》，嘉義：南華大學旅遊事業管理所碩論，2001 年；巫素敏：《枝葉關情──論鄭板橋墨竹書畫之一致性》，台北：文化大學藝術所碩士在職專班論文，2002 年；張致宓：《金農書法研究》，台中：中興大學中文所碩士在職專班碩論，2002 年；蔡麗芬：《金農書法藝術研究》，屏東：師範學院視覺藝術所碩論，2002 年；劉家華：《金農書法風格研究》，新竹：師範學院美術教育所碩論，2003 年；金聖容：《金農題畫文學研究》，台中：逢甲中文碩論，2003 年；張啓文：《金農、羅聘、黃慎的神佛鬼魅像研究》，中壢：中央大學藝術所碩論，2003 年；蔡忻亞：《鄭板橋思想研究》，高雄：師大國文所碩論，2004 年；林晉滄：《揚州京華城施工進度問題與解決對策之研究》，台北：中華大學營建管理所碩論，2006 年；關於在臺以「揚州學派」為題的博碩士論文則無，惟以「揚州學派」為關鍵詞的論文僅有：繆敦閔：《劉師培〈禮經舊說〉研究》，埔里：暨南國際大學中文所碩論，2000 年；曾聖益：《儀徵劉氏春秋左傳學研究》，台北：臺灣大學中文所博論，2004 年。就國內的期刊論文與此相關之研究計有四十篇，除了十三篇是有關「揚州學派」的論述外，其餘皆是文化之論述，如曹琳：〈古揚州城的香火與戲劇〉，《民俗曲藝》，2001 年 3 月；陳芳：〈乾隆時期揚州鹽商之「內班」初探〉，《國文學報》，2001 年 6 月；張致宓：〈揚州八怪書畫美學探究〉，《臺中技術學院人文社會學報》，2002 年 12 月；黃士榮：〈隋煬帝的運河與江都建設──一個將文化與政治合一的企圖〉，《新北大史學》，2004 年 10 月；李孝悌：〈士大夫的逸樂──王士禎在揚州〉，《中研院歷史語言所集刊》，2005 年 3 月；蘇芳宇：〈不負廣陵春：物種爭議與書

據馮爾康先生云：

> 揚州還是文化名城，為人文薈萃之鄉。……人傑地靈，英才輩出，思想家、文學家、藝術家、史學家、地學家、醫學家、曆算家、藏書家、佛學家，無不有之，遂有「泰州學派」、「揚州學派」、「太古學派」、「黃崖教」、「揚州八怪」等等的學術群體和流派的出現，還有揚劇、揚州平話等表演藝術形式的產生，以及揚州菜系的飲食文化，民間信仰中的「揚州五司徒」（茅、許、祝、蔣、吳五姓）等。
> 〔註34〕

以見「揚州學派」亦與「揚州八怪」等等並列為「揚州文化」的一部分。又如前述，學者們都認為「揚州學派」在學術上是這麼重要的，然而為何學界對其思想研究竟是冷冷清清，是以本論文欲針對揚州學派的情理論作研究，以便凸顯其價值與意義所在。若套用今管理學上最熱門的「藍海策略」的理論，〔註35〕本論文研究的目的，即在：創造無人競爭的學術研究市場，不再把競爭當作標竿，而是要超越既有的這個領域的學術競爭。所以已開發的揚州研究領域或主題，再應用不同角度或方法研究，實非本論文所欲研究的「藍海」，往昔此法之應用乃屬競爭的紅海，而本論文是力圖在創造一超越競爭的領域，這方是本計劃所欲研究的目的。正如李紹唐先生之〈藍海策略序·超越競爭的藍海策略〉所云：

> 藍海持續一段時間後會轉紅，而競爭的優勢是不可能長期存在的，要不斷的去邁向創新為主，來打敗其他競爭者，之後有了創新，大

〔註34〕 氏撰：〈揚州研究序〉，馮爾康先生等著《揚州研究——江都陳軼群先生百齡冥誕紀念論文集》，（台北：聯經出版公司，1996 年 8 月），頁 3。

寫演變下的宋代瓊花論述〉，《東華中國文學研究》，2006 年 9 月；劉濤：〈揚州麵條〉，《中華飲食文化基金會會訊》，2006 年 11 月。

〔註35〕 謝明明先生：〈談藍海策略〉，指出：所謂的「藍海策略」即是在創造沒有競爭的市場空間，它不是面對競爭，而是超越競爭，打破價值與成本抵換的觀念，創造和掌握新的需求。（《工業雜誌》，2005 年 11 月），頁 1；另外，李紹唐先生：〈藍海策略序·超越競爭的藍海策略〉指出：「企業的永續成功，需要不斷以創新的精神加上有競爭性的成本概念來經營，才能成為藍海型的企業。」文中又提出邁向藍海的六大途徑：「一、改造市場疆界，二、專注於大局而非數字，三、超越現有需求，四、策略次序要正確，五、克服重要組織障礙，六、把執行納入策略。」金偉燦（W.Chan Kim）、莫伯尼（Renee Mauborgne）著《藍海策略——開創無人競爭的全新市場》（Blue Ocean Strategy），（台北：天下文化出版社，2005 年 8 月），頁 1～4。

家都持續模仿，又要競爭還有創新。〔註36〕

當然，戴學之後，揚州學派是否是承先──傳統儒學，啓後──現代化思潮的關鍵？此關鍵的內容是否是「情理思想」？而此「情理思想」究竟主張如何？想必「情理思想」的界說必是不可缺的。不然，戴學之後的「傳承」，爲何可以與現代化的人權、自由、現實、功利主義銜接？張麗珠先生於此強調：

> 清代新義理學可以自儒學的「義理轉型」、「典範轉移」角度理解
> 之，……戴震、焦循、淩廷堪、阮元等人的「乾嘉新義理學」則是
> 發展主軸；並擴及影響力到晚清諸如嚴復、康有爲、譚嗣同、梁啓
> 超等人之思想。要之，它是傳統儒學融入近現代化歷程重要過渡的
> 義理學轉型。〔註37〕

若是如此，那麼，戴學之後「揚州學派」的情理論更顯其重要，則彰顯與研究其思想內容更是刻不容緩，因此，這無疑亦是本論文主要的研究目的。畢竟「揚州學派」是從乾嘉漢學演變到鴉片戰爭前後新的經世致用思潮的中間環節，其一方面承繼並總結乾嘉漢學，將乾嘉漢學推向高峰；另方面，亦揭發乾嘉漢學之弊陋。〔註38〕可謂闡述了清儒思想發展的變化，亦爲後來新興學術思潮起一先導作用，所以想必「揚州學派」學者的義理思想，在清代學術思想發展與演變上，定佔有重要地位與影響，所以本論文之所以選擇「揚州學派」情理思想研究，其重要意義亦在此。

第二節　研究範圍與方法

一、研究範圍

我們知道，最早爲「揚州學派」明確定義者，是張舜徽先生的《清代揚州學記》，〔註39〕書中以行政區域說明清代的揚州府治二州（高郵、泰州）、六縣（江都、甘泉、儀徵、興化、寶應、東台），因此，揚州學者界定則以籍貫屬「揚州地域」者爲主。凡知名學者如：王懋竑、朱澤澐、王念孫、王引

〔註36〕同上注，李紹唐先生：〈藍海策略序‧超越競爭的藍海策略〉，頁3。
〔註37〕氏著《清代的義理學轉型》，（台北：里仁書局，2006年），頁62。
〔註38〕王俊義先生：〈關於揚州學派的幾個問題〉之提要，同注29，頁71。
〔註39〕蓋此書最早是：上海人民出版社出版，1962年10月；然今日則見於張舜徽先生：《清儒學記》第八部分，（山東：齊魯書社，1991年11月）。

之、汪中、汪喜孫、焦循、焦廷琥、阮元、江藩、劉台拱、朱彬、劉寶樹、劉寶楠、劉恭冕、成蓉鏡、劉文淇、劉毓崧、劉壽增、黃承吉、任大椿，乃至二十世紀初期的劉師培，在書中都歸屬於揚州學者。

　　這些學者幾乎都是以訓詁、校勘、考證等起家的，甚者高郵王氏父子更是以訓詁、校勘為一生主要成就，是以在學術上殊少有人注意到他們的義理思想。然「揚州學者」果無義理思想可云？其實不然，於張先生的書中，可以發現到：王懋竑以考證法研究朱子學，「以經學醇儒為天下重」，〔註40〕張氏稱其為後來揚州學派走入「通核」一途，作了「導夫先路」的前驅者〔註41〕；朱澤澐，畢生殫精研究朱學，但見解與王懋竑異，偏向尊德性；劉台拱的理學，更是身體力行者，努力貫徹到生活實踐上，其德行純固，篤實不欺，頗為人景仰；劉寶樹與台拱是同祖父之堂兄弟，濡染家學，精研經訓，於《論語》、《孟子》等論述，頗能自抒心得，訂正舊義；劉寶楠與子劉恭冕的《論語正義》，乃依焦循的《孟子正義》方法編輯，其考證詳實，遠勝邢昺之《疏》；汪中對正統儒學思想批判，極其大膽，敢提出自己主張，其〈大學平議〉關照現實人生，以反傳統禮教；當然，焦循與阮元，在此書中更有專門的哲學論述，其義理思想更是不容忽視。

　　然而趙航的《揚州學派新論》（江蘇文藝出版社，1991 年），則不以籍貫隸屬揚州來論斷學派的歸屬，而以學術觀點是否相近、治學方法是否一致為標準，無論祖籍揚州或客寓，只要曾在此環境下互相切磋學問，而形成一代學術風氣者，皆是揚州學派之學者。由此以見「揚州學派」學者之如何界定，見仁見智，有不同說法，然而如今我們該如何界定「揚州學派」？亦即「揚州學派」範圍是如何？

　　對此，本論文試圖於第二章（並附圖表），將諸多有關「揚州學派」論述彙集起，從學者的生卒年、祖籍、師承、親屬、學友、著作、成就、治學傾向等等作一整理與表述，希能進一步從「群體意識」上釐清「揚州學派」之分際，且更深一層探討其於清代學術史上的發展與演變。

　　當然，除了釐清揚州學派之形成外，對「情理論」的界定更是本論文首要明確說明的。所謂「情理論」，於今學術界上頗有學者提出此一論說，如張

〔註40〕 焦循：〈李孝臣先生傳〉，《雕菰集》卷 21，（台北：鼎文書局，1987 年），頁343。
〔註41〕 同注 27，頁 386。

壽安先生云：

> 這種肯定人性有五德也有七情的觀點，承認了人性中情欲與私的本
> 然性，甚至認為德性之美必須通過情欲來呈現。因此，規範的產生
> 必須不離人我之情欲。這種被學界稱為理氣一元或理欲一元的思
> 想，在「理之建構」上造成了一個轉型，較諸宋明理學，我稱之為
> 從「天理」到「情理」。清儒對「規範」進行重省，就奠基於此一「情
> 理」。〔註42〕

我們知道：明清儒學強調「理存乎欲」中，正視人性情欲之私，視為人本然
之理，是以此理不再是形上天理，而是形下經驗「不失其則」之理。所以「情
之不爽失，謂之理」，益顯情欲合理之可貴，但絕非放蕩「情欲」。是以「情
之理」亦有哲理在，如何使「情欲」合理，宜有一番理論指導與規範。因此，
人人自證抽象之理，自謂得理，還不如社會具體規範，所達成的共識。然此
規範，學者姑且名之為「禮」，此「禮」勢必在人我情欲的理論上奠基，關
於這「理」之轉型──從「理氣二元」、「性善情惡」說到「理氣一元」或「理
欲一元」論，故命名為「從天理到情理」。而清儒對規範進行重省，就奠基
于此「情理」上。

是否「禮儀規範」的內在理路就是「情理」？據最早論述「禮」產生，
如《管子‧心術》云：

> 禮者，因人之情，緣義之理，而為之節文者也。故禮者，謂有理也。
> 理也者，明分以喻義之意也，故禮出乎義，義出乎理，理因乎宜者
> 也。〔註43〕

知「禮」乃「緣情制理」而來。所以「禮」有理也。此「理」乃富有「仁義」
之「義理」在，明曉做人處事之本份，是以守禮乃義也，義乃合理也。以見
「禮」乃「情理」的表達，那反推而論，是否「情理」論述即是「禮學」的
哲理架構？抑或是「禮學」的理論內涵？

又儒者之教，總以性情之教為先，如論《詩》，則是「溫柔敦厚，詩教也」，
〔註44〕孔子亦云：「〈關雎〉樂而不淫，哀而不傷。」提出性情之教二大原則：

〔註42〕 張壽安先生：《十八世紀禮學考證的思想活力──禮教論爭與禮秩重省》，（北
京：北京大學出版社，2005年），頁6。

〔註43〕 春秋‧管仲著、清‧戴望校：《管子》卷13，（《國學基本叢書》，台北：臺灣
商務印書館，1956年），頁64。

〔註44〕 見《禮記‧經解》：「孔子曰：『入其國，其教可知也。其為人也，溫柔敦厚，

儘可以興到而心明，情抒而性顯。〔註45〕提倡「禮樂教化」，正是儒家所重視的「性情之教」。據唐君毅（1909～1978）先生言：

先秦儒學之傳中，孔孟之教原是性情之教，《中庸》、《易傳》諸書，皆兼尊人之情性，如《中庸》言喜怒哀樂之發而中節謂之和，明是即情以見性德之語。……《中庸》原在《禮記》中，《禮記》中其他之文，亦與《中庸》《易傳》之時代相先後。今就此《禮記》一書，除其述制度者不論，其言義理之文，亦對性情皆無貶辭，其善言情並甚於言性。其言人情爲禮樂之原，則旨多通孟子，而大有進於荀子者在。〔註46〕

知《禮記》言「情」甚於言「性」。且視「情」爲禮樂之源。觀《禮記》諸多篇章，確實可發現《禮記》富有重「情」的特色，頗多承繼孔孟性情之教。〔註47〕

　　詩教也；疏通知遠，書教也；廣博易良，樂教也；絜靜精微，易教也；恭儉莊敬，禮教也；屬辭比事，春秋教也。」阮元校勘：《禮記注疏附校勘記》63 卷（台北：藝文印書館縮影本），頁 197。

〔註45〕程兆熊先生：《儒家思想──性情之教》，（台北：明文書局，1986 年 4 月），頁 17。

〔註46〕唐君毅先生：《中國哲學原論──原道篇二》，（台北：學生書局，1978 年），頁 80～81。

〔註47〕個人查閱《禮記》一書，發現許多篇章論及「情」者頗多，如《禮記‧中庸》云：「喜怒哀樂之未發，謂之中；發而皆中節，謂之和。」《禮記‧禮運》云：「何謂人情？喜、怒、哀、樂、愛、惡、欲；七者，弗學而能。何謂人義？父慈、子孝、兄良、弟弟、夫義、婦聽、長惠、幼順、君仁、臣忠；十者謂之人義。……飲食男女，人之大欲存焉。……美惡皆在其心，不見其色也，欲一以窮之，舍禮何以哉？」又「故禮義也者，人之大端也。……所以達天道順人情之大竇也。」又「故聖王脩義之柄，禮之序，以治人情。故人情者，聖王之田也。」《禮記‧禮器》云：「君子之於禮也，有所竭情盡慎……君子曰：『禮之近人情者，非其至者也。』」《禮記‧內則》云：「禮，始於謹夫婦，……。」《禮記‧樂記》云：「人生而靜，天之性也；感于物而動，性之欲也。物至知知，然後好惡形焉。……禮樂之情同，故明王以相沿也，故事與時並，名與功偕。」又「夫民有血氣心知之性，而無哀樂喜怒之常，應感起物而動，然後心術形焉。……是故先王本之情性，稽之度數，制之禮義。」又「樂也者，情之不可變者也。禮也者，理之不可易者也。樂統同，禮辨異。禮樂之說，管乎人情矣。窮本知變，樂之情也。著誠去偽，禮之經也。」《禮記‧表記》：「子曰：『恭近禮，儉近仁，信近情。』」《禮記‧問喪》：「思慕之心，孝子之志也，人情之實也。……堂上不趨，示不遽也。此孝子之志也，人情之實也。禮義之經也。非從天降也，非從地出也，人情而已矣。」《禮記‧三年問》：「三年之喪，何也？曰：稱情而立文，……。凡生天地之間者，有血氣之屬，必有知。有知之屬，莫不知愛其類。……莫知於人，故人於其親也，至死不窮。」

又《禮記・儒行》篇強調儒者宜具有「溫良」、「寬裕」、「敬慎」、「遜接」等等行為表現，學者以為此即「仁」的表現，乃是「實情」展露也。〔註48〕

在此，我們是否可以確立「情理論」並非憑空虛造，確實淵源有自。事實上，此「情理論」一語，主在文學中所用，始見於張竹坡的「情理論」。其乃是針對《金瓶梅》小說所作的評點與分析。〔註49〕歷來中國哲學論述上，「情理論」一詞乏人問津，但不能否認其在儒家思想中的存在；雖無此一詞彙，並不表明無此內容。現代學者，如蒙恬元先生等分別表明儒家「情感理性」的存在，就謂之「情理」。〔註50〕至明清時期「情欲覺醒」，方將儒學內涵的「情理」發揚光大（正如張壽安先生所云）。若我們從人性中「情理衝突」或「情理融合」來看，其實「情理」富有哲學意涵，只是我們不易察覺出。針對人們所忽略：儒家哲理的「情理論」，是以本論文欲拋磚引玉，為此作一界定、證實與論述。在此，吾人可以進一步探索所謂「情理論」並非僅是文學

《禮記・昏義》：「昏禮者，禮之本也。夫禮始於『冠』，本於『昏』，重於『喪』『祭』，尊於『朝』『聘』，和於『鄉』『射』，此禮之大體也。」同註44，分見於頁368、100、111、112、124、152、158、159、164、238、262、264、265、266、283。

〔註48〕《禮記・儒行》中「尊讓」，熊十力先生以為：「溫良者，仁之本也。敬慎者，仁之地也。寬裕者，仁之作也。遜接者，仁之能也。禮節者，仁之貌也。言談者，仁之文也。歌樂者，仁之和也。分散者，仁之施也。儒皆兼此而有之，猶且不敢言仁也。其尊讓有如此者。」此轉引自程兆熊先生：《儒家思想──性情之教》，同註45，頁20。又程兆熊先生：《禮記講義》中云：「其不敢言仁，是尊讓，亦是實情。其溫良是實情，其敬慎是實情。其寬裕是實情，其遜接是實情，其禮節是實情，其言談是實情，其歌樂是實情，其分散是實情，而所謂實情，又全是本性。其本性如此，故實情如此。其實情如此，故尊讓如此！」轉引自氏著：《儒家思想──性情之教》，同註45，頁20。

〔註49〕張竹坡「情理論」見氏著：《明代第一奇書金瓶梅讀法》，其云：「做文章不過情理二字。今做此一篇百回長文，亦只是情理二字。于一個人心中，討出一個人的情理，則一個人的傳得矣。雖前後夾雜眾人的話，而此一人開口，是此一人的情理。非其開口便得情理，由于討出這一人的情理，方開口耳。是故寫十百千人，皆如寫一人，而遂洋洋乎有此一百回大書也。」（台北：廣文書局，年1981），頁17～18。事實上，明萬歷中後期的美學理論頗多，如馮夢龍的「事贗而理真」論、金聖嘆的性格論、李漁的幻境論、乃至脂硯齋的「情情」論。甚至有學者以為「情理論乃是明代的美學重要課題，且在戲曲中常見。」此一說見於張錦瑤先生：〈「情理對峙」與明代戲曲小說「西廂故事類型」的發展〉一文，《逢甲人文社會學報》第14期，2007年6月，頁73。

〔註50〕蒙恬元先生：《情感與理性》云：「儒家的理性是情理，即情感理性而不是與情感相對立的認知理性。」（北京：中國社會科學出版社，2002年），頁2。

領域所用的理論，在中國儒學哲理上，是否為「禮學」的內在義理思想？個人在此發現到：在中國哲學中亦有「情理論」，不過，中國哲學上的「情理論」是偏重於儒學「本之人情」的禮義探究，企圖尋究出禮儀規範背後的理由與價值。畢竟「禮」乃因情與理制定而來。所以我們常說：吾國是一重人情的國家，永遠是情──理──法排序下來。「法」制發展，遠不如「情理」的發展。〔註51〕而本論文擬專對此作一研究。

　　然進一步關於情理論的產生、核心概念的界定、發展史之演變、乃至落實到對現實社會與人生的關懷與具體的改善，還有這情理論所帶來的影響等等，均在本論文第二章：揚州清代儒學「情理論」緣起與形成中進行探究。

二、研究方法

　　清代揚州學派是繼吳、皖兩派之後產生的學派。可謂是「乾嘉漢學思潮演變到鴉片戰爭前後新的經世致用思潮的中間環節」。〔註52〕所以除常州學派外，「揚州學派」在清代學術史的發展與演變上是非常重要的。本論文針對「揚州學派的義理思想──情理論」方面作研究。

　　依前述，本論文打算採取一「群體」、「整體」方式作研究。事實上，早在1988年9月21至9月23日在揚州學院召開的揚州學派學術研討會，對今後如何研究揚州學派已作出了理論指導，詳述如下：

　　（一）研究揚州學派必須是宏觀和微觀相結合，從微觀研究起，把宏觀研究建立在微觀研究的基礎之上。

　　（二）研討中有分歧意見，暫時不要做結論，必須通過更為具體深

〔註51〕同注1，張麗珠先生指出：中國長期以儒學為主流的學術發展，以“禮”為公認的遵循規範，從荀子「隆禮」到朱子「習禮」，都是一種主張經由實際演練的途徑，以達到習慣養成、規範內植──即禮之「內化」的道德進路，是以“法”的觀念一直都居於輔的地位。孔子言禮教，亦主張禮先於法。又在禮教形成制度化以約束行為的同時，法律之禮俗化、倫理化，也形成了中國所特有的「德主刑輔」、「禮先法後」──「尊德禮而卑刑罰」之觀點。所以《論語》中葉公告孔子“其父攘羊，而子證之”孔子則回答是“父為子隱，子為父隱，直在其中矣。”以見其主張「父子親情高於法律的觀點」。是故在中國傳統儒家的觀念裏，人倫大義是高於法律之客觀公平性的。整理自氏著《清代義理學新貌》，頁263～267。

〔註52〕郭明道先生：〈論揚州學派的學術特徵〉，（《揚州大學學報》（人文社會科學版），第7卷第3期，2003年5月），頁90。

　　入的研究，讓結論自然而然地得出。

（三）對揚州學派的內涵和外延等問題的研究必須考慮諸方面的因
　　　素：家學、師承、地方性、時代性、社會、政治、經濟、文
　　　化等，必須作綜合性的研究，不可偏廢。〔註53〕

　　所以本論文欲針對其義理思想研究，打算以「抽絲剝繭法」，亦即「分析
法」進行研究。針對他們有關哲學義理這方面著作或單篇論述（不限其經學
著作），有的可能僅靈光乍現於一篇考據經典的論述中，如劉壽曾的〈春秋責
備賢者說〉一文便是一例。〔註54〕對此，採抽絲剝繭方式一一找出文中的義
理思維，深入研讀，將其獨特見解標示出來，舉凡有關「情理」等觀點，均
進一步闡述發揚，並分門別類、歸納整理出其見解。

　　又他們的學術成就多從經學、考據入手，是建立在「考據」這一治學方
法上發展出來的。可謂藉「故訓」之確證，證明古書中的義理，非理學家的
玄虛思辨。〔註55〕其以考證訓詁為通經之法，對經典作出詮解，闡發其一套
日用倫常的道德實踐之理，是以在此，本論文會再針對其詮解作一闡述，無
疑是一種再「詮釋」的應用，所以關於闡述其義理之方法，本論文採以陳鼓
應先生所謂的：中國古典哲學中的兩種詮釋方法之一：詮釋學的「譜系學」
法作研究。〔註56〕

　　所謂「譜系學」的詮釋方法，據陳先生敘述，可知：「譜系」在漢語中原

〔註53〕楊師古先生：〈揚州學派研究學術討論綜述〉，(《浙江學刊》，1989 年 1 月)，
　　　　頁 129。

〔註54〕見劉壽曾著、楊晉龍先生校訂、林子雄先生點校：《劉壽曾集》，（台北：中研
　　　　院文哲所籌備處，2001 年 11 月），頁 32～33。在楊晉龍先生：〈點校本劉壽
　　　　曾集跋〉一文中亦指出：壽曾在此文中強調「春秋責備賢者」之說，當以王
　　　　應麟「引此語以自勵，而不持此語以繩人」之論，「能深得《春秋》之旨。」……
　　　　推壽曾此論，則知儒家的道德規範，是用來「律己」，而不是用來「責人」的，
　　　　蓋用來「律己」，則是自我內在的自由選擇；若用來「責人」，則不免變成外
　　　　在的強制要求，把「內在自由選擇」變成「外在強制要求」，這就完全違背了
　　　　道德的基本原則，最後也就不免出現諸如戴震所謂「以理殺人」的流弊；如
　　　　果再繼之以刑罰的逼迫來約束，終不免導致清末民初反傳統者口中所謂的「以
　　　　禮殺人」的可怕後果。這種利用道德的理由進行最不道德的行為，如果沒有
　　　　人加以必要的點醒，最後變成人們評判是非的常態，則冷漠冷血而毫無仁心
　　　　社會的出現，也就不覺得奇怪了！頁 362～363。

〔註55〕張麗珠先生：《清代義理學新貌》〈自序〉，同注 10，頁 2。

〔註56〕陳鼓應先生：〈中國古典哲學中的兩種詮釋方法〉，(《兩岸三地——詮釋學與
　　　　經典解釋學術研討會論文集》，2007 年 5 月)，頁 6。

爲記述宗族系統之書。而此「譜系學」這一概念首來自尼采（Friedrich Wilhelm Nietzsche，1844～1900）的《道德譜系學》一書中，其以此來解釋西方道德觀念的起源與流變。其中提到所謂的「觀點主義」與「脈絡主義」之多元解釋立場，〔註57〕此亦正是本論文所欲採用的方法觀點。

　　另外，本論文是「清儒揚州情理論探微」，所以縱橫面都須顧及。除了橫向方面綜合歸納外，亦分別就性理、情欲與實踐工夫三方面，以微觀方式作縝密研究；縱向上，論及揚州儒學之發展，特別注意學術史的演變與發展，即揚州學術史之發展與變化，當以宏觀方式作前因後果之探索。然涉及的學者非常多，是以這方面僅以代表人物作論述，並以其治經的特色爲主題，分門別類探究，以凸顯他們「情理」思想的差異性。當然，前人之研究成果所提及的議題，亦是本論文關切的焦點，當爲本論文研究之方向指引。

第三節　前人研究成果回顧

　　如前述，在學術界中關於「揚州學派」的研究，遠不如其他文化方面研究熱門。最早爲揚州學派研究奠基者的是張舜徽先生的《清代揚州學記》，（上海：人民出版社，1962 年 10 月。）如今，收入其《清儒學記》第八部分。此書提到「揚州學術」的特色在「通博」；治學的特色在「能創」與「能通」。並揭示其於學術史上的重要性，在此，彌補了十八世紀中國學術思想界晦塞的一面。尤其在倫理思想方面，可謂繼戴震之後，給宋明唯心主義之理學以嚴厲批判。準此，亦引發本論文撰述之動機。該書列舉的代表人物，有王懋竑、朱澤澐、劉台拱、朱彬、劉寶樹、劉寶楠、劉恭冕，成蓉鏡、王引之、王念孫、汪中，焦循，阮元、劉文淇、劉毓崧、劉壽曾、劉師培等人，乃至有哲學思想者，如

〔註57〕　見劉昌元先生：《尼采》，書中提及所謂「譜系學方法」（the method of genealogy）即採用三種進路：即歷史分析、語源分析及心理分析。（台北：聯經出版公司，2004 年），頁 49～53。另在尼采著、陳芳郁先生譯《道德系譜學》中表明"觀點主義"的精神，所謂：「只有以觀點來觀察，只有以視角來認識，我們越是讓不同的眼光：各種各樣的眼光去看同一件事物，我們對於這事物的『概念』，我們的『客觀性』就會更加全面。」（台北：水牛出版社，2003 年），頁 262。又尼采的譜系學的觀點主義與傳統超越的形上學不同，他不主張無不變的本體與同一性，萬事萬物都具有流變性。所謂「尼采的觀點主義具有反基礎主義（foundationalism）、反普遍主義（universalism）及反本質主義（essentialism）等特點。」劉昌元先生：《尼采》，頁 116～119。

焦循、阮元等,對其學術關係、學術成就、治學精神、識見、著作,皆作一析論,最後,綜論揚州學派的學風。關於此書所論,集中在以揚州籍貫者為主,而非揚州籍但與揚州學術有關者,則一概不論。於此忽略「揚州學派」產生淵源、師承關係、學友狀況,對揚州學派之界定,不免失之過簡。

而全國書目方面,以「揚州學派」為名的專書,惟有:

一、趙航先生:《揚州學派新論》,南京:江蘇文藝出版社,1991 年 11 月。

二、趙航先生:《揚州學派概論》,揚州:廣陵書社,2003 年 11 月。

三、祁龍威先生、林慶彰先生等主編:《清代揚州學術研究》(上下冊),台北:學生書局,2001 年 4 月。

四、楊晉龍先生主編:《清代揚州學術》(上下冊),台北:中研院中國文哲所,2005 年 4 月。

很明顯的,可以看出祁龍威先生、林慶彰先生主編:《清代揚州學術研究》(上下冊)與楊晉龍先生主編:《清代揚州學術》(上下冊),全是學術研討會的論文集。蓋中研院文哲所自 1998 年 7 月起,執行「清乾嘉揚州學派研究計畫」始,即於 1999 年 1 月 30 日,與揚州大學學者舉辦「清代乾嘉學派學術交流會」,並定於 2000 年 4 月,於揚州大學召開「海峽兩岸清代學術揚州學派學術研討會」,共收錄三十二篇論文,即祁龍威先生、林慶彰先生主編:《清代揚州學術研究》(上下冊),2001 年 4 月,由臺灣學生書局出版;而另於 2001 年 5 月,由中研院中國文哲所召開「清代揚州學派學術研討會」,計收錄二十三篇論文,即楊晉龍先生主編:《清代揚州學術》(上下冊),2005 年 4 月,由中研院文哲所出版。

祁龍威先生、林慶彰先生主編之《清代揚州學術研究》(上下冊),收錄臺灣、揚州、北京、上海等地專家學者作品,誠如祁龍威先生〈序〉云:這是第一本兩岸學者合作研究「揚州學派」的論文集。〔註 58〕觀其內容大多針對清乾嘉漢宋之爭、吳皖揚之分派,以及揚州學者於經學、史學、子學、小學、地理、戲曲等研究之探討。全書大抵分總論與分論,總論旨在對「揚州學派」的定位、特色、其經世致用思想、揚州書院、方志學成就、戲曲藝關係、學者的子學研究、鹽商地域群構、揚州文化的多元性、士商之互融,乃至方東樹對揚州學者的批評,進行論述;而分論部分則對個別學者如:王念

〔註58〕祁龍威先生:〈序〉,祁龍威先生、林慶彰先生等主編:《清代揚州學術研究》(上下冊),(台北:臺灣學生書局出版,2001 年 4 月),頁 1。

孫的古音分部及其與段玉裁韻學比較；或王氏父子校釋群書的方法與成就；
或《經傳釋詞》簡論；或《經傳釋詞》內《詩經》條目分析；或論《經義述
聞》的通假方法；或焦循的修志觀點；或焦循的〈後漢書訓纂序〉評；或〈群
經宮室圖〉之論述；或考證焦循的《集舊文抄》；或以解釋學與修辭學觀點論
焦循易學的假借引申論；或批判焦循手批的《十三經注疏》初稿例說；或析
論阮元〈釋訓〉一文；或考辨《漢學師承記》之史源等等。這三十二篇論文
多對「揚州學派」於歷史上的定位、分派、特色乃至個別學術成就作闡釋，
而局限於經、史、子、訓詁考據方面，殊少有對其「情理思想」進行探究。

　　楊晉龍先生主編：《清代揚州學術》（上下冊），論文內容大抵是以探討清
代揚州學派共同的學術特色，與揚州學者的學術表現爲主。如：有關揚州學
派的治學精神、治學方法及其流弊；〈禹貢〉與方志、地方史等研究概況。個
別學者的研究如：朱澤澐的朱子學與其「德教」對揚州啓發；錢大昕與揚州
學者交往、互動與影響；汪中的經世表現、學術貢獻與地位探討；高郵王氏
父子於《周易》、《尙書》詮釋，所應用的表現手法與學術價值；焦循於《左
傳》、《毛詩》與柳宗元文章之比較；辨清《古銅鏡錄》非焦循作品；阮元的
學術淵源、經世特色與學術成就、阮元之佚文輯錄與造就人才之措施；汪喜
孫承繼其父汪中的經世思想；劉文淇《左傳舊疏考證》的體例與內容；劉寶
楠《論語正義》徵引《說文解字》的實況；劉師培受章太炎教導實況，乃至
清代禮學思想的轉變。而亦缺乏對「情理思想」作探究之文。

　　雖說二本論文集皆無「情理思想」方面之論文，但亦正因此二次「揚州
學派」學術研討會的召開，引起許多專家學者投入研究，方使學術上這一「揚
州學派」鮮少爲人關注的論題，大大闡揚開來，可謂盛況空前、繽紛燦爛。

　　趙航先生：《揚州學派新論》與《揚州學派概論》二書大同小異，其《揚
州學派新論》除〈引言〉外，凡十章。旨在對「揚州學派」有所界定，不以
祖籍，而以其共同的學術傾向爲主；並探溯其淵源、產生之因，乃至其治學
特色、學術成就，特別是在經學史、訓詁學史上的地位與價值。另外，有徐
復先生的〈揚州學派新論序〉，此文旨在論述揚學三大家——凌廷堪、焦循、
阮元，他們之學術成就，次而揚學全盛時期有任大椿、汪中、王念孫、劉台
拱、李惇、江藩、劉文淇、黃承吉等人，而以咸同以後，乃是揚學衰弱期，
主要學者即：薛傳均、薛壽、田寶臣、成孺、殿後者是劉師培。簡要介紹各
家學術成就、治學方法等等，並將張舜徽先生的《清代揚州學記》、曹俊仁先

生的「揚學六談」與趙航先生的《揚州學派新論》作一比較，謂「其堪與張、曹二先生書鼎足無疑」。然此書亦偏重揚州學者考據訓詁方面成就，對其中的哲學義理，殊少論及，在焦循、阮元方面，亦是吉光片羽，且亦多展現其以考據方式論述義理，亦即「從故訓求理義」，關於他們的哲學見解到底如何，則未曾多談。

另一《清代揚州學術概論》則是後起之書，除序外，計十四章，依次爲：緒論、雙星並峙（王氏父子）、《說文》大家（段玉裁）、才卓識高（汪中）、鈎沉漢學（江藩）、精于三禮（凌廷堪）、學渥識博（焦循）、沾漑士林（阮元）、精深邃密（劉台拱、劉寶楠、劉恭冕）、三世通經（劉文淇、劉毓崧、劉壽曾）、聲義相因（黃承吉）、傳注功臣（朱彬）、長于名物（任大椿）、結語，並附有"揚州學人學術繫年要覽"。與前書《新論》相較，此《概論》新增一章介紹凌廷堪；將原本段、王合爲一章者，於此分爲兩章介紹；又原本寶應劉氏與儀徵劉氏合爲一章的，此亦將寶應劉氏三世、儀徵劉氏四世各自成一體系介紹。觀趙宣先生之〈書評〉，〔註59〕可知此書特色：蓋以嚴密科學方法給學術流派以準確界定，堪稱爲《概論》對學術史上首要貢獻。其從時代學風、地域文化、治學方法和學術師承關係，乃至"時代特點"考察，以界定揚州學派是指「清乾嘉時期在學術上具有卓越貢獻、居時代頂峰的學術流派。」又「揚州學派的學人都是學問廣博、造詣精深、著作宏富、治學縝密、研究領域廣泛且治學方法科學的一代儒宗。他們或祖籍揚州，或客寓揚州，充分利用淮左名都、人文薈萃的區域優勢，相互切磋，相得益彰，成就一代學術之精華。」其次，一反陳說，亦將金壇「段玉裁」列爲揚州學派代表人物，並以專章加以評述。在分別論述揚州學人學術成就時，則突顯出揚州學人不囿陳說、尊古而不佞古的批判，敢於創新、實事求是的科學精神，還有他們鑽研經傳的目的，爲後世治經明道，經世濟民，提供可貴歷史經驗與理論依據。總之，亦如前書，充分顯出樸學家的治學風範，嚴謹務實，實事求是，但對揚州學者的義理思想闡述較少，不免爲其缺失所在。

另外，尚須一提的是張麗珠先生「義理三書」：《清代義理學新貌》、《清代新義理學——傳統與現代的交會》與《清代的義理學轉型》。〔註60〕雖不是

〔註59〕趙宣先生：〈《揚州學派概論》，趙航著〉，（《東方文化》第 40 卷第 1、2 期，2005 年 12 月），頁 234～238。
〔註60〕氏著：《清代義理學新貌》、《清代新義理學——傳統與現代的交會》、《清代義

專對揚州學派作論述，但其中關涉到揚州學者的單篇論述亦多，以及論及「乾嘉義理學」內涵與影響，精闢深入，別開生面，但仍未對整體揚州儒學作論述。

　　個人查閱今臺灣碩博士論文以「揚州學派」為題研究者尚付之闕如，而研究「揚州學派」的個案則頗多，〔註61〕然這些碩博士論文大多針對個別學

〔註61〕 理學轉型》，（台北：里仁書局，1999年5月、2003年1月、2006年10月）。如：陳燉彬：《汪容甫學述》，台北：政大中文所碩論，1982年。劉德美：《阮元學術之研究》，台北：臺灣師大歷史所博論，1985年。陳燕：《劉師培及其文學理論》，台北：華正書局，1989年。張惠貞：《劉文淇《春秋左氏傳舊注疏證》體例之研究》，台中：逢甲中文碩論，1991年。馮永敏：《劉師培及其文學研究》，台北：文史哲出版社，1992年。陳進益：《清焦循《易圖略、易通釋》研究》，中壢：中央大學中文所碩論，1993年。賴貴三：《焦循雕菰樓易學研究》，台北：臺灣師大中文所博論，1993年。劉德明：《焦循《孟子正義》之義理學研究》，中壢：中央大學中文所碩論，1994年。黃慶雄：《阮元輯書刻書考》，台中：東海大學中文所碩論，1994年。廖千慧：《焦循論語學研究》，嘉義：中正大學中文所碩論，1994年。蘇俊鴻：《焦循《加減乘除釋》內容分析》，台北：臺灣師大數學所碩論，1995年。宋惠如：《劉師培春秋左傳學之研究》，中壢：中央大學中文所碩論，1996年。石櫻櫻：《執兩用中之恕道——焦循《論語》義理思想之闡發》，台中：逢甲大學中文所碩論，1997年。鄭卜五：《凌曙公羊禮學研究》，高雄：師大國文所博論，1997年。黃智信：《朱彬《禮記》學研究》，台北：東吳大學中文所碩論，1998年。竺靜華：《從正續《清經解》的比較論清代經學的發展趨勢》，台北：臺灣大學中文所碩論，1998年。李幸長：《凌曉樓學術研究》，高雄：師大國文所博論，1998年。朱冠華：《劉師培春秋左氏傳答問研究》，台北：光明日報出版社，1998年。楊錦富：《阮元經學之研究》，高雄：師大國文所博論，2000年。陳志修：《儀徵劉氏《春秋左氏傳舊注疏證》研究》，台中：逢甲中文碩論，2000年。繆敦閔：《劉師培《禮經舊說》研究》，埔里：暨南國際大學中文所碩論，2000年。黃寶珠：《江藩《漢學師承記》之研究》，台中：中興大學中文所碩論，2001年。邱培超：《劉寶楠《論語正義》研究》，中壢：中央大學中文所碩論，2001年。王文德：《阮元《揅經室外集》研究》，台北：市立師院應用語言所碩論，2001年。李雅清：《焦循《易》學之數理思維》，台北：政大中文所碩論，2002年。商璦：《一代禮宗——凌廷堪之禮學研究》，彰化：彰師大國文在職專班碩論，2002年。黃雅琦：《劉師培之倫理思想研究》，高雄：師大國文所碩論，2002年。陳韋在：《焦循《尚書》學研究》，台北：臺灣師大國文所碩論，2003年。劉佳雯：《焦循之「權」論研究》，彰化：彰師大國文所碩論，2003年。莊家敏：《阮元仁學思想研究》，彰化：彰師大國文所碩論，2003年。林翠華：《阮元碑學研究》，彰化：彰師大國文所碩論，2003年。曾聖益：《儀徵劉氏春秋左傳學研究》，台北：臺灣大學中文所博論，2005年。曾佳鈺：《《宛委別藏》研究》，台北：台北大學古典文獻學研究所碩論，2006年。楊菁：《劉寶楠《論語正義》研究》，台北：花木蘭出版社，2006年。

者的經學、小學、典章制度、金石碑學、目錄版本學、算學乃至其經學的義理思想進行研究。即使論及義理思想方面，如石櫻櫻：《執兩用中之恕道——焦循《論語》義理思想之闡發》，對情理論之探究亦僅附帶一提，語焉不詳。若論述到整個「揚州學派」的情理思想則未之曾見。

大陸碩博士論文有關揚州學派研究，僅有劉建臻先生：《清代揚州學派經學研究》，（揚州：揚州大學中國古代文學所博論，2003 年 5 月），後由江蘇古籍出版社，2004 年出版；與馮乾先生：《揚州學派研究》，（南京：南京大學中文所博論，2003 年），未流通，至今在臺與網路上均無法見得，此乃個人據郭院林先生所著：《清代儀徵劉氏《左傳》家學研究》，（北京：中華書局，2008 年 3 月出版）所引，得知些吉光片羽。據郭氏書中得知：馮乾先生是以地域分派方式論揚州學者；又其將揚州學人對宋學態度分為三種：一是從事宋學兼取漢學；二是對宋學不聞不問，心存抵制；三是由訓詁求義理，與宋分途。〔註62〕此外，揚州師範學報編輯部、古籍整理研究室合編：《揚州學派研究》，（揚州：揚州師範大學，1987 年出版），亦據郭院林先生：《清代儀徵劉氏《左傳》家學研究》所引，知此書僅內部交流用，不對外流通，是以至今無法見得全貌。所以至今個人所清楚得見者，僅劉建臻先生：《清代揚州學派經學研究》一書。此一論文是以揚州學者經學成就作論述，依時間為縱軸，分前、中、後期，列舉代表人物作說明。前期以汪中、王念孫、劉台拱、任大椿、朱彬為主，分別以「合於世用」、「小學治經」、「精治三禮」、「即類以求」乃至「總結學說」為其治經特點；中期以焦循、阮元、凌廷堪、江藩、王引之、凌曙為主，其中成就最大者莫過於焦循、阮元；焦循的「易學三書」，建構一「遷善改過」的易學體系，並在其《孟子正義》進一步闡發「變通」思想。阮元治經亦尚小學，強調「求是」與「實踐」，使爾後揚州學者經學宗旨變得具體與明確。凌廷堪以禮為本，重視實踐。江藩總結清前期經學成就。王引之則承父治學之路，提出「考之文章，參之古音」治經一途，對後人影響極大；後期則以劉文淇、劉寶楠、劉毓崧、劉恭冕、劉壽曾、成蓉鏡為主。劉文淇、劉壽曾成就在《春秋左氏傳舊注疏證》，疏證六朝以來《左傳》舊疏。劉寶楠、劉恭冕父子成就則在其撰成《論語正義》一書。成蓉鏡長於經典中曆譜與地理之詮釋，而後則專研於宋學。

〔註62〕詳見郭院林先生：《清代儀徵劉氏《左傳》家學研究》之注釋，（北京：中華書局，2008 年），頁 24、頁 29。

　　此書還論述揚州學派概念形成、學術宗旨、學術關係、學術地位與對後來學者之影響，例舉如：俞樾、孫詒讓、章太炎、劉師培等人皆是。

　　蓋全書針對學者們對經典文本研究、治學精神、特色等皆作一探討。秉其「實事求是」原則，發揚與闡述揚州學者經學成就，乃至其學術淵源、彼此複雜的關係，如是父子、姑表、叔侄、姨舅、堂兄弟、表兄弟、師生、友朋等，皆有詳實論述，且將其關係以一圖表明之，有此圖表，則彼此複雜關係一目瞭然，這些皆為此書優點與特色，但針對揚州學者之義理思想方面闡述則鮮少提及，且無深入探討；仍多是將其小學成就，作一泛論說明，亦不深入，正如郭院林先生所云，「論述問題都是心得之作，但過於零散而不觸及根本。〔註 63〕」尤其揚州儒學對於整體學術上影響與價值，殊少談及，即使論影響，亦僅局限於少數學者，如章太炎等人而已。且一大缺失是：蔚為揚州學派的殿軍者——劉師培，應列屬於揚州學者探討，〔註 64〕但此書卻將之作為影響者論述，實不明儀徵劉氏四代關係；又將寶應劉氏的劉台拱置於前期，劉寶楠與劉恭冕則置於後期，而與儀徵劉氏：劉文淇、劉毓崧與劉壽曾，混合於一章，殊不知劉寶楠與劉台拱有其叔侄關係，且在學術有所承襲，如此一分，易與儀徵劉氏混淆。

　　關於「期刊論文」方面，計有十三篇對揚州學派進行探討：

　　黃智信先生：〈「清乾嘉揚州學派研究計畫」赴大陸考察報告〉，《中國文哲研究通訊》，1999 年 9 月。

〔註 63〕同上注，頁 4。

〔註 64〕關於劉師培乃揚州學者探討頗多，有郭院林先生：《清代儀徵劉氏《左傳》家學研究》，同上注，頁 18；錢玄同先生：〈序〉，《劉申叔遺書》，（南京：江蘇古籍出版社，1997 年），頁 28；張舜徽先生：《清儒學記·揚州學記》更是強調：「貴曾有子師培，……清季舉人，傳其家學。……綜其一生成就，仍在學術。他一方面紹承家學餘緒，繼續向前發展；一方面私淑鄉先輩揚州諸儒治學矩矱，加以發揚光大。……從劉文淇到劉師培，可算是四代傳經了。……但就儀徵劉氏一家之學來說，師培算是推廣門庭，在原有基礎上，大大地向前發展了。」詳見氏著：《清儒學記》，（濟南：齊魯書社，1991 年），頁 461～462、頁 467；朱維錚先生：〈劉師培：一個"不變"與"善變"的人物〉，（《書林》，1989 年第 2 期），頁 23～30；方光華先生：《劉師培評傳》，（南昌：百花洲文藝出版社，1996 年），頁 1～15；陳奇先生：《劉師培思想研究》，（貴州：人民出版社，1999 年），頁 1～20；黃雅琦：《劉師培之倫理思想研究》，（高雄：師大國文所碩論，2002 年），頁 20～35；宋惠如：《劉師培《春秋左傳》學之研究》，（中壢：中央大學中文所碩論，1996 年），頁 23～40。上述幾乎將劉師培視為揚州學者，且列為儀徵劉氏第四代人物代表。

趙葦航先生：〈揚州學派學者遺跡概要〉，《中國文哲研究通訊》，1999 年
　　9 月。

祁龍威先生：〈對「揚州學派」研究的回顧與展望〉，《中國文哲研究通訊》，
　　1999 年 9 月。

田漢雲先生：〈略說揚州學派與歷代揚州文化之關係〉，《中國文哲研究通
　　訊》，1999 年 9 月。

大谷敏夫先生：〈揚州、常州學術考——有關其與社會之關連〉，《中國文
　　哲研究通訊》，2000 年 3 月。

李貴生先生：〈汪中、凌廷堪文學思想析論——揚州學派文學思想的兩個
　　方向〉，《中國文哲研究集刊》，2000 年 3 月。

張壽安先生：〈清代揚州學派研究展望〉，《漢學研究通訊》，2000 年 11 月。

蔣秋華先生：〈大陸學者對清乾嘉揚州學派的研究〉，《漢學研究通訊》，
　　2000 年 11 月。

楊晉龍先生：〈臺灣學者研究「清乾嘉揚州學派」述略〉，《漢學研究通訊》，
　　2000 年 11 月。

賴貴三先生：〈清代乾嘉揚州學派經學研究的成果與貢獻〉，《漢學研究通
　　訊》，2000 年 11 月。

林慶彰先生：〈清乾嘉揚州學派研究計畫述略〉，《漢學研究通訊》，2000
　　年 11 月。

楊晉龍先生：〈「清代揚州學術導言」〉，《中國文哲研究通訊》，2005 年 3
　　月。

趙　宣先生：〈《揚州學派概論》，趙航著〉，《東方文化》，2005 年 12 月。

　　另外，曹聚仁先生：〈揚學〉六篇，《中國學術思想史隨筆》，（北京：新
華三聯書店，2003 年 8 月，頁 305～334。）亦針對揚州學派作論述。

　　由上述可知：林慶彰先生與黃智信先生二者，皆是有關揚州學術研討會
的研究計畫與赴大陸的考察報告。林先生：〈清乾嘉揚州學派研究計畫述略〉
一文提出自民國 87 年 7 月起，所執行的揚州學派的六大計畫有：揚州學派《易》
學研究、《尚書》學研究、《詩經》學研究、《春秋》學研究、揚州學派的訓詁
與義理、揚州學者論道德與學統。研究成果計有赴大陸之考察（此考察成果
可見黃智信一文）與論文之完成，如：賴貴三先生的〈焦循理堂先生手批《周
易兼義》鈔讀記（1～2）〉，《中國學術年刊》第 19、20 期，1998 年 3 月～1999

年 3 月）、〈焦循手批《尙書正義》釋文校案〉，（《國文學報》第 27 期，1998
年 6 月，頁 45～100）等文。

　　趙葦航先生：〈揚州學派學者遺跡概要〉旨在介紹揚州學派代表人物之遺
跡，如阮家祠堂、阮元墓、阮元遺物、焦循墓、汪中墓、高郵王氏紀念館、
劉文淇故居、劉寶楠故居等等。

　　祁龍威先生：〈對「揚州學派」研究的回顧與展望〉與張壽安先生：〈清
代揚州學派研究展望〉，前者強調揚州學派以經學顯，不研究經學，即不能登
揚學之殿堂，所以以現代科學方法研究，當以辨析音韻，發明義理，考鏡源
流，方是研究揚州學派之奠基工作；對未來展望是：一則與培養教師結合，
宜多培訓對古籍語言文字方面專門研究教師，二是以文會友，與海內外開展
交流。

　　後者，張壽安先生之文，則從「回顧」講起，以見清代學術史研究，90 年
代肇始，方有風起雲湧之象；繼而論揚州學術的源起、特色與發展，以見揚州
學術在清代學術史轉變上，是一重要環節，不可忽視，如文中提到：「嘉道間，
經學漸起今古文之爭，揚州學術所取路數與常州異，此不可不視爲一重要關
鍵」。又「自來研究清代學術史最難打通的關節就是清中期的乾嘉考證學如何和
晚清學術史銜接，除了普遍爲人知的《公羊》學之外，這道咸間的學術流衍到
底是怎樣一番脈絡？」〔註65〕於茲，頗引發我們一個思考：揚州學派是否爲清
代學術轉變的關鍵？接著進而論述「揚州學術」尙可開發的研究議題，如有：
經學內部肇索與爭辨、專家、專經、專門學科研究、典章制度之學、揚州學術
與常州學術之間的關係、阮元學圈、以及揚州學者的義理思想，圖書館、私家
藏書、書院與學術發展、揚州學者學術年表、揚州都市文明與中西文化交流。
其中，義理思想，張師以爲仍有相當議題可進一步推敲。如人性問題——此提
到：他們正視情欲並運用人性喜惡以達到教化目的。行爲規範與社會秩序——
清儒以讀禮、習禮、行禮等人身規範之完成作爲保障社會秩序的方法，自戴震
以下凌廷堪、焦循、汪中、阮元、詁經精舍諸子「從理到禮」的共同取向。這
當中漢宋學界的情、禮爭辨，理與情，禮與情等議題，仍有待紮實精細研究。
又科技之學興起，是否影響揚州學者的宇宙觀？此文提出種種問題，正是予本
論文許多深入思考的論題，所以本論文對其情理論研究，事實上，亦在希望解

〔註65〕張壽安先生：〈清代揚州學派研究展望〉，（《漢學研究通訊》，2000 年 11 月。）
　　　　頁 621。

決上述張師所提出可待進一步探究的議題。

田漢雲先生：〈略說揚州學派與歷代揚州文化之關係〉與大谷敏夫：〈揚州、常州學術考——有關其與社會之關連〉，前者大抵從「文學」、「文字學」、「經學」三方面論述揚州學派與歷來揚州文化之聯繫。此文可以發現到：晚清所強調的經世致用理念，其發端之近源，可能與揚州學者有關。後者是日人：大谷敏夫先生著、盧秀滿先生譯的論文。針對揚州與常州學術文化作一比較與考察。其是站在社會學角度以結合：徽州——揚州——常州等江南諸地所形成的一文化圈。主要因素在於商業經濟繁榮——鹽商之投資，所以當地學術文化亦活潑發展起來。另外，書院漸多，亦是一大因素。末後則對揚州與常州學術作一比較說明，實可發現到：在義理思想上，揚州學者（如焦循）、常州學者（如張惠言）與「戴震」都有相當淵源，他們繼承並深化了戴學之思想。以見禮論思想復活，所以荀子「禮教秩序」方為兩派熱絡討論的課題。因此，經世思想是否亦在此醞釀？此亦提供一個值得思考的空間。

李貴生先生：〈汪中、凌廷堪文學思想析論——揚州學派文學思想的兩個方向〉，此文旨在對汪中、凌廷堪的文學思想作探究，進而論述揚州學派文學思想的兩個方向，即：一是為文不專主一體，二是以《騷》、《選》為文之正宗。然此偏向文學思想方面論述與比較。

蔣秋華先生的〈大陸學者對清乾嘉揚州學派的研究〉則針對大陸學者對乾嘉揚州學派的研究情形作概論：於 1980 年前，對此研究頗少，直至 1985 年後，在祁龍威先生大力推動下，揚州師院對揚州學派研究方有豐碩成果。如：通論方面有孫洵〈揚州學派簡論〉、趙航〈揚州學派散論〉、張承宗〈揚州學派簡論〉、徐復〈揚州學派新論序〉、王俊義〈論乾嘉揚州學派〉、〈再論乾嘉揚州學派〉、〈論乾嘉揚州學派的特色〉、〈關於揚州學派的幾個問題〉、陳祖武〈揚州諸儒與乾嘉學派〉、黃愛平〈王念孫王引之父子與乾嘉揚州學派〉、王章濤〈阮元與揚州學派〉、華強與陳文和〈戴震與揚州學派〉、吳裕賓〈清代揚州學者的數學研究〉、阮家鼎〈清代揚州學者的數學成就〉、許衡平〈淺論揚州學者在方志學方面的成就〉、趙葦航〈清代揚州歷史地理學家之成就〉。在各別學者方面有對汪中、汪喜孫、王念孫、王引之、凌廷堪、江藩、阮元、焦循、劉文淇、劉寶楠、劉恭冕等研究。總共統計單篇論文將近有二百五十篇，專書有十八部，然大多仍針對揚州學者於小學（文字、聲韻、訓詁）方面成就論述，所以蔣先生末後結語部分則云：「真正有意識專門研究揚州學派

的著作，其實僅屬少數。」而且「能夠突破觀點，創立新解的，並不多見」。
〔註66〕可見大陸學者對於揚州學派研究情況，偏重小學方面研究，眞正專門
研究及有所創見者，並不多見。這是否亦表明：專門對揚州學派哲學義理方
面研究，提出新解與創見的，尚是一有待發展的空間。

　　楊晉龍先生的〈「清代揚州學術導言」〉與〈臺灣學者研究「清乾嘉揚州
學派」述略〉，前者提到傳統經學解讀重點有二：一在改善現在、過去或未來
的社會政治問題；二是接受發揮或拒絕駁斥當代或過去的學術觀點與內容。
近來學者頗注意乾嘉學術之研究，除吳派、皖派外，尚有一新軍突起的「揚
州學派」。繼而簡介「揚州學派學術研討會」之論文集：《清代揚州學術》的
各篇論文。其中，劉玉國先生的〈焦循《毛詩補疏》及其訓詁方法〉尚提到
焦循解《詩》的特色——「溫柔敦厚」詩教內涵之發揮。以「理」乃爭端之
源，「情」即息爭之鑰，故焦循解詩多以「情」之抒發爲重點，強調「情」的
社會功能，可謂開創新的解說視野。此稍與本論文相關，雖爲焦循解《詩》
之說，但亦可見當時焦循已對「情」之重視，是以其解《詩》不採《詩序》
之詩教說，而以「情」之抒發爲要。後者則論及近幾年來，臺灣學者對清乾
嘉揚州學派研究概況：在基礎研究上，如學者生平、學術背景、著述內容、
研究方法等整理著述較多，成果亦較豐碩；但關於分析學術內涵、特色影響、
意義價值等進一步研究，則相對較少，是以這方面的發展空間是很大的。這
亦是本論文所欲研究之所在。

　　賴貴三先生：〈清代乾嘉揚州學派經學研究的成果與貢獻〉，此文針對清
乾嘉時，揚州學者對經學方面的著作與貢獻，作一彙整，可謂於本論文研究
有許多參考價值，讓我們藉此可一目瞭然所有揚州學人經學著作，可進一步
整體掌握揚州學者的經學貢獻。如文中提到：鍾褱——與阮元、焦循友善，
著有《論語考古》；阮元之子：阮福有《孝經義補疏》、劉台拱有《論語駢枝》、
成孺（蓉鏡）有《論語論仁釋》、《太極衍義》等著作，多鮮爲人知者，其中
是否蘊含許多新見？猶有待發掘？這些均是本論文所欲研究的範圍，個人儘
可能進行探討，以徹底展現出清乾嘉揚州學派情理論的所有觀點，而不僅是
大家如焦循、阮元之論而已。

　　趙宣先生那篇是書評，評趙航先生的《揚州學術概論》一書，文中提出

〔註66〕蔣秋華先生：〈大陸學者對清乾嘉揚州學派的研究〉，（《漢學研究通訊》，2000
　　　　年 11 月），頁 618。

趙航的《揚州學術概論》有六大特點，如：以嚴密科學方法予揚州學派準確界定，其次，以馬克思主義之理論糾正揚州學派埋首考據經典之研究，並非遠嫌避禍，而是挽救萎靡的民族；又首先提出「揚州學派」這名稱者是方東樹，第四特點即突出介紹揚州學人實事求是的科學精神，第五即介紹具有科學意義的「比例成說」、「因聲求義」的研究方法；第六是總結出揚州學人的學術品質、治學氣象，可謂鑒古以知今。

曹聚仁先生〈揚學〉六篇，從張舜徽先生《清代揚州學記》談起，繼而論及界定、特色，並分述個別學者成就，如王氏父子、汪中、阮元、焦循等等，大抵不離訓詁考據範圍，於義理思想方面只有「焦循」論述最多。

大陸期刊論文頗多，以通論，及探討王念孫、王引之、汪中、焦循、阮元、劉寶楠、劉文淇、劉師培等人學術成就爲多。關於成蓉鏡、鍾裹、劉台拱等則未見有人論及。此可由蔣秋華先生：〈大陸學者對清乾嘉揚州學派研究〉一文之評述，略窺大陸研究實況。

第四節　研究步驟（論文章節要義）

本論文研究步驟，大抵是：

第一部分，首先完成：

本論文的研究動機與目的、研究內容與方法、前人研究成果、篇章說明等部分論述，還有「情理」二字定義與來源，皆於本章說明，以明確界定本論文研究之意義與方向。

此即本論文第壹章：緒論內容。

第二部分：

針對揚州學派之緣起、學術淵源、與如何界定，各家學者說法有何不同，作一比較說明。

另外，情理論是如何產生？其最初之緣由爲何？內容爲何？在最初儒家經典乃至郭店楚簡對「性情」二字，是如何詮釋？還有明清學者的觀點又是如何？如何從宋明理學「存天理，去人欲」轉變至強調「達情遂欲」？這些，對揚州學派有哪些影響？揚州學者「情理論」究竟是如何？其道德觀與學統又是如何？兩者是否有關？

諸如上述，將於本論文第貳章作探討。

第三部分：

　　突破傳統個別論述，將從群體觀點、多元角度，分門別類作一綜合分析與歸納。且試圖以哲學角度，如所謂：宇宙論、本體論、人性論、知識論、義利之辨、乃至情欲論、道德實踐論等方面探析。清儒以「訓詁探索義理」，難道就沒有所謂的「宇宙觀」乎？其實不然，據鄭吉雄先生研析：也許我們不能說清儒沒有整體性的宇宙觀，而應該說他們的整體性宇宙觀，是以「社群意識」（consciousness of community）的型態建構的。〔註67〕然其所謂「社群」（community）是指：普遍意義的人群社會，並非某一地域、階級或行業下的社交圈。〔註68〕依此，提供予我們一「社群」觀點，可讓我們進一步深思：是否清儒所關注的問題已不再是抽象、形上的心性本體之道德理論，而是在普羅關照大眾的苦難，如：人群社會所制約出的禮制文化是否能制衡現實動盪的社會？若不行普遍制約，那麼，儒家所謂的「仁義禮智」或「忠信孝悌」等道德觀在社群發展與構成下，其價值與意義是什麼？是否別有一番新解？又如何具體落實與實踐？所謂「本體論」就一定是指宋明理學中的「形上（心性）本體」？體用之間如何靈活運用？我們在清儒如阮元論「仁」上，發現其不僅將「仁」視爲人之本體，且對「仁」解釋大異於宋明儒者，然其如何看待人（仁）之本體？又爲何焦循會提出「能知故善」？「智」與「性」有何關係？以往儒家思想告訴我們要：重義輕利，這樣才是一個有道德操守君子，然清儒卻告訴我們：「利不利，義不義也」，何也？又爲何「學禮復性」、「制禮節性」、「以情爲性」或者「天理在人欲之中」、「情可謂息爭之鑰」？又在「經學即理學」〔註69〕籠罩下，崇實黜虛的道德實踐修養功夫又是如何？諸如此類問題，本論文第參章打算以橫向剖析方式——「內在理路建構」，打破歷來各別分析之研究，改採綜合歸納法以深入研究，試圖有新的發現與見解；究其：一、人性論：性理探討；二、經驗界落實：情欲探討：三、實踐工夫：化情爲理實證工夫等項，探索其中的內涵。

〔註67〕鄭吉雄先生：〈論清儒詮釋的拓展和限制〉，（《兩岸三地詮釋學與經典解釋學術研討會論文集》，台北：世新大學，2007 年 5 月），頁 17。

〔註68〕同上注，頁 17。

〔註69〕此「經學即理學」之概念乃顧炎武所提出，顧炎武：〈施愚山書〉云：「古之所謂理學也，經學也。」《亭林詩文集》卷三，（台北：商務印書館，1965 年），頁 102；而「經學即理學」一說出自全祖望：〈亭林先生神道表〉，《鮚埼亭集》，（台北：華世出版社，1977 年），頁 144。

第四與第五部分：

所謂「縱向論述──揚州清儒情理論的發展」（一）與（二）；於本論文第肆章、第伍章分別論述。由於揚州學者頗多，若據楊晉龍先生所界定「揚州學者」而言，依其出生早晚及學派興盛狀況可分為：第一期：賈田祖（1714～1777）、李惇（1734～1784）、任大椿（1738～1789）、汪中（1744～1794）、王念孫（1744～1832）、劉台拱（1751～1805）、朱彬（1753～1824）等；第二期為：凌廷堪（1755～1809）、秦恩復（1760～1843）、鍾褱（1761～1805）、江藩（1761～1830）、焦循（1763～1820）、阮元（1764～1849）、王引之（1766～1834）、李鍾泗（1771～1809）、黃承吉（1771～1824）、凌曙（1775～1829）、劉寶楠（1777～1839）、徐復、汪光燨、宋綿初（1777 年貢生）、楊大壯、許珩等；第三期有：焦廷琥（1783～1821）、汪喜孫（1786～1847）、薛傳君（1788～1829）、劉文淇（1789～1854）、劉寶楠（1791～1855）、阮福（1802～？）、梅毓（1821～1850 年間舉人）等；衰落期為：成蓉鏡（成孺，1816～1883）、劉毓崧（1818～1867）、劉恭冕（1824～1883）、劉壽曾（1838～1882）等，共計 34 人。〔註70〕可謂盛況空前，學者雲集。本論文為避免繁複，是以擇取重要的大家，如汪中、王念孫、凌廷堪、江藩、焦循、阮元等人作代表，據其治學理念、治經特色等為分門別類依據，大抵分「天理」向「情理」的過渡者、「漢學為尊」的情理論者、現實關懷的情理經世者、光大「戴震」情理思想者、春秋學的情理論者，共五個部分作探究。原則上，慮及章節平分秋色之考量，是以前三項列入第肆章論述；後二項為第伍章探究。所以本論文第肆章：縱向論述──清儒揚州學派情理論的發展（一）；第伍章即：縱向論述──清儒揚州學派情理論的發展（二）兩部分。

第六部分：

清代揚州學者「道德觀」是迥異於往昔宋儒的「理學觀」，可謂由「天理」走向「情理」，亦「理」至「禮」之發展。〔註71〕對於後來嘉、道、咸間，學

〔註70〕 參見楊晉龍先生：〈臺灣學者研究「清乾嘉揚州學派」述略〉，《漢學研究通訊》，2000 年 11 月），頁 2。據本文所強調是乾嘉揚州學者，計有 34 人，實則據楊先生所論，「唯『醞釀期』的陳厚耀（1648～1722）、朱澤澐（1666～1732）、王懋竑（1668～1741）主要活動均在乾隆朝之前；揚學餘波的劉嶽雲（1849～1917）、劉師培（1884～1917）等已進入民國的學者，皆不予計之。」《漢學研究通訊》，頁 13。知若是不限乾嘉時期，整個清代知名的揚州學者，約計有 39 人。

〔註71〕 這方面，見張壽安先生：《十八世紀禮學考證的思想活力──禮教論爭與禮秩重省》，同注 42，頁 6；另於氏著：〈禮教與情欲：近代早期中國社會文化的內在衝突〉一文亦提及：「十七世紀以降情欲覺醒最直接促成的就是新情理觀

者們所強調的「經世致用」有無影響？若有，其影響有哪些？爲何晚清這時會有今文經學產生？爲何他們要新詮國故，批判傳統，既破壞又建設？又揚州學派發展至後來情況如何？對於後來學者的影響有哪些？章太炎、黃侃與此有何關係？本論文打算於第陸章對此作一探究。

第七部分：

揚州學派的這番「情理論」價值意義何在？其是否完美無缺，可以施行永久？是以第柒章針對揚州學派情理論作一評價與檢討。

第八部分：

結論（第捌章）。總結說明其意義與價值，乃至對未來研究的展望。

總之，揚州學派是繼乾嘉吳、皖派之後所興起的學派。其學術成就多元而燦爛。然本論文針對其情理思想方面作論析，希能將揚州學派群體觀點，完整無誤詮釋與展現。藉此一探析，希以證實揚州清儒的「考據以求義理」是有其宇宙觀、本體論、知識論、人性論等等思想與見解，並非一味尊古、佞古，惟漢是尊，埋首於故紙堆中，而無現實經世之想；相反的，其義理思想就是一形下的經驗現實關照的理論，所以不再是玄虛之理，而是理之落實——禮也。藉以「禮」經世，以禮代理，希以「禮」挽救漸衰政局或不良習俗。而「禮」的內在哲理就是「情理論」。另外，針對宋儒「存天理，滅人欲」提出充分反省，所以一反昔儒專制保守之思，走向現代個人自由民主之路，功利、現實、個人主義之在中國產生與蔓延絕非偶然，然這些究竟是如何產生的？關鍵何在？揚州儒學之情理論是否就是關鍵所在？諸如此類問題，則是本論文欲研究的目標。並一探清代學術史之發展與演變。

的出現，它的特點在：即事言理、即人我之情言理。『理』之所以能擔任『物則』『規範』的作用，不是因爲『理本諸天』，而是因爲『理原於情』。此一從『天理』走向『情理』的轉向，或可謂是近世思想文化的一大走勢」，（收入於洪國樑先生等編：《張以仁先生七秩壽慶論文集》，台北：學生書局，1998年），頁 752。

第貳章 清儒揚州學派「情理論」的緣起
與形成

第一節 清儒揚州學派的緣起

　　於上章（研究內容）所述，迄今「揚州學派」于學術界上的定位與學者
之分屬，仍是信者自信，疑者自疑。甚至，我們可以懷疑：清代學術史上究
竟有沒有一個揚州學派？又爲何「揚州的學術群體」卻著稱於世？關於此一
矛盾問題，勢必在此要作一正本清源的釐清，方可。

　　首先，令吾人疑惑的是：形成一個學派的基本原則是什麼？抑一個學派
確認的標準爲何？不可諱言，在中國學術研究中，已爲人們確認了許多學派
的客觀存在。據田漢雲先生研究，可知：我國古代的學術流派，具體名稱的
確定方式主要有四種類型：一是標舉學術主張，如儒家、道家、法家等。二
是揭示典籍依據，如兩漢經學中的今文學、古文學，清代經學中的公羊學。
三是稱述立派宗師，如王陽明爲代表的心學一派，世稱「王學」；顏元、李塨
特重實踐，世稱「顏李學派」。四是指明發祥區域，如宋代的濂、洛、關、閩
之學，清代的吳、皖之學。〔註1〕然在此四類定名方式中，依「地稱名」者爲
數最多，因此，「揚州學派」是否亦是依「地」而名？然若是依「地籍」而論，
爲何趙航的《揚州學派新論》（江蘇文藝出版社，1991年）乃依學術觀點、治
學方法是否一致等等，來論揚州學派的學者？而不以「籍貫」隸屬揚州來論

〔註1〕　田漢雲先生：〈關於進一步確認揚州學派的思考〉，林慶彰先生、祁龍威先生
　　　　等編：《清代揚州學術研究》（上），（台北：學生書局，2001年4月），頁123。

斷學者？

又「揚州學者」之殿軍者——劉師培，曾云：「戴氏弟子，除金壇段氏外，以揚州爲最盛。」〔註2〕以見「揚州學術思想」應受戴震影響最大。支偉成於《清代樸學大師列傳》中亦有言：

> 任大椿、王念孫皆揚州人。任傳戴氏典章制度，王傳聲音訓詁，皆
> 有名於時。既而，凌廷堪以歙人居揚州，與焦循友善。阮元問教於
> 二人，遂別創揚州學派。〔註3〕

另外，徐復先生於《揚州學派新論・序》亦表明揚州學派「首創者三家」即是：凌廷堪、焦循與阮元。〔註4〕在此，我們是否發現到：這位非揚州籍的客寓者——凌廷堪，幾乎爲後代學者歸屬於「揚州學派」的學者。是否「揚州學派」學者不當僅以籍貫來界定？王俊義先生云：

> 揚州學派既以揚州爲活動基地，其成員自然大都是揚州籍學者。但並
> 非凡是揚州籍學者，便一定屬揚州學派，而非揚州籍學者，也未見得
> 就不能屬揚州學派，還要看其師承淵源和學術傾向，如江藩，本是揚
> 州甘泉人，但他師承于余蕭客，是惠棟的再傳弟子，在治學上恪守吳
> 派的學術宗旨與治學方法，且門戶森嚴，在學術風格上與吳派一脈相
> 承。因此，其應屬吳派。另如凌廷堪，他原是安徽歙縣人，但卻久客
> 揚州，又深受戴學影響，與揚州學派中的劉台拱、汪中、焦循交往也
> 很密，在學術風格上更接近揚州學派，理應屬於揚州學派。〔註5〕

又孫洵先生亦云：

> 揚州學派在形成過程中受到以惠棟爲首的吳派和以戴震爲首的皖派
> 的影響。……事實上，揚州學者並不等于都從屬于"揚州學派"。所
> 謂之學派，是指一門學問中由於學說、師承不同而形成的派別。〔註6〕

馮乾先生亦云：

> 清代揚州學派自乾隆中期產生，以師友關係相聯繫，學者大量湧現，

〔註2〕 劉師培：〈南北學派不同論〉，《劉申叔遺書》（一），（台北：臺灣大新書局，
　　　　1965 年），頁 666。

〔註3〕 支偉成：《清代樸學大師列傳》，（岳麓書社，1998 年），頁 76。

〔註4〕 徐復先生：〈揚州學派新論・序〉，趙航：《揚州學派新論》，（南京：江蘇文藝
　　　　出版社，1991 年），頁 1。

〔註5〕 王俊義先生：〈關於揚州學派的幾個問題〉，（《中國社會科學院研究生院學
　　　　報》，2003 年第 3 期），頁 75。

〔註6〕 孫洵先生：〈揚州學派簡論〉，（《東南文化》，1988 年 2 月），頁 77。

延綿至清末民初乃已。其學術活力之久，爲清代學術流派中僅
見。……乾隆朝的揚州學派，是揚州一地以追隨吳派惠棟、徽派戴
震所開創的樸學風氣而自然形成的一個學人群體。學人之間主要不
是以師承關係爲樞紐，而是以學友關係爲紐帶結合起來的。〔註7〕

郭明道先生亦云：

從乾嘉學派的學術主張和治學實踐來看，吳派、皖派、揚派互有差
異，各領風騷。……揚派識見通達，擴大治學範圍，力主創新和變
通，提倡漢、宋合流和經世致用。對漢學進行歸納總結，使漢學走
向集大成階段。揚派和皖派之間在學術思想上有繼承之處，但也有
著較大的差異。〔註8〕

若依師承、學友及學術傾向標準來看，是否有揚州地籍者未必屬於揚州學派？
如王俊義先生所提出的「江藩」一例，即歸屬於吳派，非揚州學派，但在趙航：
《揚州學派新論》與《概論》中，均以「江藩」列入「揚州學派」中，〔註9〕
又於孫洵一文中亦以爲：「在"揚州學派"中，江藩是一位博通經史又有豪俠氣
概的學者。」又「江藩在當時，與焦里堂齊名，人稱"二堂"。」〔註10〕

如此，關於學者們不同論述，我們該如何看待？又該如何定位揚州學者？
田漢雲先生說得好，其云：

人們所公認的各種學派，雖然陣容強弱千差萬別，畢竟都是由一定
的"學術群體"構成的。單個學者即令成就卓著，一般不被視爲一
個學派，因爲根本無此必要。所以，擁有一個學術群體，是判斷一
種學派存在的最外在、最基本的標準之一。〔註11〕

依此「學術群體」來作一學派的判斷標準，問題是如何依此「學術群體」作
揚州學派的斷定？倘若揚州學派是一學術群體，那這學術群體的組成因素爲
何？是否除了「地緣契合」外，亦應包含有學者們的「群體意識？那這共同
的「群體意識」是如何形成的？是否有源自故鄉與宗親之情？畢竟「鄉梓之

〔註7〕　馮乾先生：〈清代揚州學派簡論〉，（《史林》，2005 年第 2 期），頁 31。
〔註8〕　郭明道先生：〈清代揚州學派當議〉，（《求索》，2006 年 3 月），頁 227。
〔註9〕　趙航先生：《揚州學派新論》第十章：漢學之鈎沉；《揚州學派概論》第五章：
　　　　鈎沉漢學，皆是論述「江藩」者，（江蘇：文藝出版社，1991 年 11 月）、（揚
　　　　州：廣陵書社，2003 年 11 月），前者頁 165～182、後者頁 90～109。
〔註10〕　同注6，頁80。
〔註11〕　田漢雲先生：〈關於進一步確認揚州學派的思考〉，同注1，頁114。

情乃天然之聯繫」，﹝註12﹞此外，「地緣之親與交往之密」，是否亦是揚州學者之所以形成一學派的重要條件？亦即上述馮乾先生所謂：「以學友關係爲紐帶結合起來的。」若是，個人打算試以外緣環境（地緣之親）、內緣之傳承（宗親學友之情）與共同的群體意識之有無，探究揚州學派的產生。

一、外緣環境影響——學術環境的發展

爲何「外緣環境」是促成「學派」形成的關鍵？湯志鈞先生有云：

> 學派的地區特點，也較顯著，則反映了一定歷史時期學術研究的延續性和地區的相對獨立性。從地區而言，清代揚州的經學研究卻是出了很多大家，有人主張應稱爲揚州學派，並從事專題研究。……清代揚州轄境相當今江蘇寶應以南、長江以北、東臺以西、儀徵以東地，當運河交通要衝，經濟文化繁榮，經學大師輩出，稱之爲揚州學派。﹝註13﹞

知「地區特點」，可以反映當時歷史時期學術研究的延續性與獨立性。清「揚州」蔚爲當時交通要道，經濟繁榮富庶，大家輩出，治經風尚盛行，於此「揚州」學術特色凸顯，是以有學者（如張舜徽先生）會主以「地籍」爲學派劃分之依據。

又「地域特性」並非指這一地區一群人與一堆作品而言，若無一共同創作趨向與風格特徵，亦無以凸顯其地域的學術文化的。﹝註14﹞所以風格傳承與漫延，形成一共識，乃至一共有的特色，都是構成一地文化的重要因素。當然，鄉黨之間，親戚族屬彼此影響；或壤地相接，聞風興起；鄉賢對同鄉後輩的啟迪示範，都是形成一特殊文化的類屬狀態。﹝註15﹞

事實上，揚州不少學者如：高郵王氏、寶應劉氏、儀徵劉氏，或者，江藩等人，其治學方法、風格取向，實與清代經學的吳派或皖派，篤守漢儒家

﹝註12﹞ 同上注，頁 116。

﹝註13﹞ 湯志鈞先生：〈清代經學學派及其異同〉，林慶彰先生、祁龍威先生等編：《清代揚州學術研究》（上），頁 18。

﹝註14﹞ 龔鵬程先生〈區域特性與文學傳統〉中有云：「地域特性與文學傳統，非指自然地理區域中之一群人與一堆作品。這群人與這一堆作品，若未顯示出一種共同創作趨向及風格特徵，便無法稱得上是文學傳統。」（《聯合文學》第 8 卷第 12 期，1992 年 10 月），頁 160。

﹝註15﹞ 同上注，頁 168。

法，是相當類似的。然雖類似，但仍有不同，是以民初即有不少學者懷疑：
寶應劉氏三世，可以移吳入皖，那麼，儀徵劉氏是否可移皖入吳？對於此，
章太炎《訄書》則云：

　　儀徵劉孟瞻本凌曉樓弟子，學在吳、皖之間，入皖可也。〔註16〕

儀徵劉氏可入「皖」，亦是「學在吳、皖之間」。可見吳、皖雖有分派之異，
實有方法之同。不過，揚州經學吸取了「吳、皖之長」，也別有自己的特色。
既像吳、又似皖，又在吳與皖之間，是無法歸類於吳派或皖派的。知此以地
區劃分，清代揚州的經學特色，足以凸顯，方可別於吳、皖之派。

　　另外，清代乾隆以後，「理學儘管仍在北京享受著政治性的供奉」，〔註17〕
但在學術界上，漢學已取得了統治地位。所謂「家家許鄭，人人賈馬，東漢學
術燦爛如日中天」。〔註18〕可見整個大環境是籠罩在「漢學」研治上，從經典據
實考證，蔚為治學趨向。其中，學人游幕風氣頗盛，據學者研究指出：在康熙
中期至嘉慶末期的一百多年間，至少有 1/3 以上的有一定地位和影響的學人有
過游幕經歷。〔註19〕在這些規模較大的學人幕府，如盧見曾、朱筠、畢沅、阮
元幕府中，單就經學家而言，計有：李塨、程廷祚、惠棟、錢大昕、江聲、余
蕭客、戴震、段玉裁、王念孫、凌廷堪等人參與；而他們所從事的活動又多以
「修書、著書、校書」為主。〔註20〕如朱筠幕府中最重要的校書活動，即是《說
文解字》的校刻，為此，即請王念孫等人校正刊行。許氏之學大行，但亦促進
學者們相互交流、學習的機會。據孫星衍撰朱筠《行狀》云：

〔註16〕章太炎先生：〈答支偉成書〉，支偉成：《清代樸學大師列傳》，（長沙：岳麓書
　　　　社，1986 年）卷首，頁 11。

〔註17〕艾爾曼（Bebjamin A. Elman）著、趙剛先生譯：《從理學到樸學——中華帝國
　　　　晚期思想與社會變化面面觀》，（南京：江蘇人民出版社，1995 年），頁 38。

〔註18〕梁啟超先生：《清代學術概論》，（上海：古籍出版社，2005 年），頁 74。

〔註19〕尚小明先生：《學人游幕與清代學術》，（北京：社會科學文獻出版社，1999
　　　　年），頁 31。

〔註20〕同上注，尚小明先生指出：游幕者中包括許多著名學人，且遍及各個學術領
　　　　域，擇要有經學家、史學家、地理學家、金石學家、校勘目錄學家、歷算家、
　　　　諸子學家、戲曲家、小說家、古文家。就經學家而言，有李塨、程廷祚、惠
　　　　棟、錢大昕、錢坫、沈彤、江聲、余蕭客、江藩、孫星衍、王聘珍、李惇、
　　　　臧庸、陳壽祺、李貽德、戴震、程瑤田、段玉裁、王念孫、凌廷堪、丁杰、
　　　　阮元、張惠言、馮登府、洪頤煊、洪震煊、徐養源、李黼平、焦循、劉文淇、
　　　　凌曙、金鶚、嚴元照、鈕樹玉、袁廷椿、朱駿聲、沈大成、嚴杰等等。游幕
　　　　活動主以修書、著書、校書為主，其次詩酒唱和、襄閱試卷、佐理翰墨等等。
　　　　《學人游幕與清代學術》，頁 32～40。

邵學士晉涵、王觀察念孫諸人，深於經術訓詁之學，未遇時皆在先
生幕府，卒以撰述名於時，蓋自先生發之。〔註21〕

另外，汪中一生貧苦，靠游幕爲生。在朱筠幕府中，亦識邵晉涵、王念孫。
三人俱以古經義小學相切磋。〔註22〕

此學人游幕之盛，是否亦是促成學者交流一大關鍵？學者互動交流中，
亦造成學術研究之盛，形成一學術研究的大環境，是以治學趨向大都以訓詁、
考據等小學爲主要治學方法，取證經典亦還原經典之實爲主。

揚州，熱鬧繁榮，書肆鼎盛，藏書風氣頗盛。除了書院藏書外，「私家藏書」
也很豐碩。如劉台拱，《揅經室二集》卷二〈劉端臨先生墓表〉載其：「生平無
嗜好，唯聚書數萬卷，及金石文字而已。」〔註23〕又如焦循爲了買書，曾數次
變賣田產與妻之飾物。其《雕菰集》卷十六〈修葺通志堂經解後序〉云：

乾隆丙午，連歲大饑，余疊遭凶喪，負債日迫於門。有良田數十畝，
爲鄉獪所勒買，得價僅十數金。時米乏，食山薯者二日，持此銀泣
不忍去。適書賈以此書至，問售，需値三十金，所有銀未及半。謀
諸婦，婦乃脫金簪易銀得十二金，合爲二十七金，問書賈，賈曰：「可
矣。」蓋歉歲寮購書者，而棄書之家，急於得値也。余以田去而獲
書，雖受欺於獪，而尚有以對祖父，且喜婦賢能成余之志。是夕餐
麥屑粥，相對殊自懌也。〔註24〕

見其嗜書如命，視「黃金如糞土」，「書」乃無價之寶，寧忍飢受凍，亦不可
無書。又阮元藏書之地，就有多處，如有文選樓、積古齋、唐宋舊經樓、雷
塘庵、泰華雙碑館、琅嬛仙館等地。〔註25〕除了藏書豐富外，揚州學者更是
強調「好學」之要，如江藩曾云：

竊怪近日士大夫藏書以多爲貴，不論坊刻惡抄，皆束以金繩，管以
玉軸，終身不寓目焉。夫欲讀書，所以蓄書。蓄而不讀，雖珍若驪

〔註21〕 孫星衍：〈筍河先生行狀〉，《筍河文集》卷首，（《畿輔叢書》99，《百部叢書
集成》1492，台北：藝文印書館，1966年），頁22。
〔註22〕 同注19，頁90～91。
〔註23〕 阮元：〈劉端臨先生墓表〉，《揅經室二集》卷2，（北京：中華書局，1993年），
頁400。
〔註24〕 焦循：〈修葺通志堂經解後序〉，《雕菰集》卷16，（台北：鼎文書局，1977年），
頁261～262。
〔註25〕 劉建臻先生：〈第一章 揚州學派與清代學術思潮〉所提及，《清代揚州學派
經學研究》，（南京：揚州大學古代文學博士論文，2003年5月），頁34。

珠，何異空談龍肉哉！〔註26〕

由此以見其主張「蓄書」是為了「讀書」，倘若蓄而不讀，那便是附庸風雅。對那些徒為虛名，藏書富卻讀書甚少之輩，作一斥責與輕蔑。

整體觀之，揚州商業繁榮，刻書之風頗盛，書肆書賈眾多，是以藏書好學風氣亦盛。除了蓄書之外，學者游幕亦多，是以相互交流，互通有無，彼此砥礪切磋，治學上亦頗多有展獲。

二、內緣因素牽繫──宗親學友的傳承與互動

我們知道，在清代中前期，揚州即以學者眾多而顯名於世。觀《清史稿》與《清代樸學大師列傳》記載，可知揚州籍的著名學者有陳厚耀、王懋竑、喬僅、朱澤澐、劉台拱、王念孫、王引之、汪中及其子汪喜孫、賈田祖、顧九苞、顧鳳毛、任大椿、任兆麟、阮元及子阮福、焦循及子焦廷琥、江藩、鍾褱、朱彬、劉寶楠及子劉恭冕、凌曙、方申、劉文淇、劉毓崧、劉壽增、梅毓、成孺、羅士琳、黃承吉、宋綿初、汪德奎、徐復、汪光燨等等。〔註27〕這些學者中，不乏是父子、叔侄、舅甥、祖孫或姻親乃至學友的關係。或許宗族、親戚關係亦帶來學術授受之便。在此，依其家學、姻親、學友關係作一探究。

（一）家學淵源

就清代的揚州府治二州（高郵、泰州）、六縣（江都、甘泉、儀徵、興化、寶應、東台）言「揚州」所在地，可發現在「高郵」、「江都」、「儀徵」、「寶應」等地，學術世家頗多。

高郵王氏，依〈王念孫行狀〉記載，可知：其高祖王開運，「治《尚書》有聲」，曾祖王式耜，「博通五經」，祖王曾祿「理學湛深」。〔註28〕而父親王安國與王念孫及子王引之乃繼承先業，「成一家之學」。〔註29〕

在江都，如汪中與其子汪喜孫。據阮元《揅經室再續集》卷三〈汪容甫先

〔註26〕江藩：〈石研齋書目・自序〉，轉引自趙航：《揚州學派概論》，（揚州：廣陵書社，2003 年），頁 95。

〔註27〕見清・趙爾巽編《清史稿》卷 580～582，（北京：中華書局，1998 年），頁 13098～13307；支偉成：《清代樸學大師列傳》，（長沙：岳麓書社，1986 年），頁 56～58、78～125。

〔註28〕王箴傳：〈王念孫行狀〉，清・錢儀吉纂：《碑傳集》，（北京：中華書局，1993 年），頁 1339。

〔註29〕見《清史稿》卷 304〈王安國〉，同注 27，頁 10498。

生手書跋〉載:「孟慈之學,大得父教。其不偕於俗,亦略有父風。」〔註30〕
知喜孫承繼父教,亦傳襲性情。又焦循一家,據《揅經室二集》卷四〈通儒揚
州焦君傳〉所云,可知:「其曾祖源,江都縣學生,為《周易》之學」;「祖鏡、
父蔥,皆方正有隱德,傳《易學》」。顯見其一家,三世傳《易》。至焦循,亦「承
先祖父之訓」,〔註31〕勤思敏學,有「易學三書」行世,成為有清一代的《易》
學大家。其子「焦廷琥」,阮元亦稱其「能讀書,傳父學」。〔註32〕又黃承吉,
從祖黃生,精於小學,雖寄籍江都,卻能承祖之學,後世所刻的《字詁義府合
按》,即黃氏家學一脈相承的見證。〔註33〕

　　于儀徵,阮元之父阮承信,擅「治《左氏春秋》」,〔註34〕阮元身為顯
宦,但精于經史,其長子阮常生,通於經術,次子阮福亦承家學,精於治經。
〔註35〕劉文淇之父劉錫瑜,「年十二,始入家塾讀四子書,《詩》、《書》、《易》
三經」,〔註36〕劉文淇亦能秉承父業以經學名于時,而其子劉毓崧,則「從
父受經,長益致力於學。」〔註37〕而毓崧之子劉壽增,亦「紹明家學,志
尚闊遠」。〔註38〕

　　寶應一地,據劉建臻先生研究,可知「朱氏、王氏和劉氏之家學相當顯赫。」
〔註39〕其中朱氏一門多才子,知名者即有朱克簡、朱克生;克簡之子朱約、朱
經;朱經之子朱澤澐,孫朱光進;朱約之子朱澤況、孫朱宗光、朱宗贄;克生
之子朱續、朱繢,族弟朱宣等人。據《清史列傳》載,可知:朱克簡曾「與諸
生講明:朱子聖學」。而朱約「工於治《易》,著有《易經引事》一書」。〔註40〕
而朱澤澐,「嘗侍祖御史公庭側,得《性理全書》,觀之,心悅神怡,景仰聖賢,

〔註30〕阮元:〈汪容甫先生手書跋〉,《揅經室再續集》卷3,同注23,頁1072。
〔註31〕焦循:〈上王述庵侍郎書一〉,同注24,頁197。
〔註32〕阮元:〈通儒揚州焦君傳〉,《揅經室二集》卷4,同注23,頁481。
〔註33〕劉建臻先生:〈第一章　揚州學派與清代學術思潮〉所提及,同注25,頁26。
〔註34〕阮元:〈雷塘阡表〉,《揅經室二集》卷2,同注23,頁382。
〔註35〕見《清史稿》卷364〈阮元〉,同注27,頁11421。
〔註36〕劉文淇:〈先府君行略〉,《青溪舊屋文集》卷10,(《續修四庫全書·集部·別
　　　　集類》,上海:古籍出版社,2002年),頁73。
〔註37〕王鍾翰先生點校:《清史列傳》卷69〈劉毓崧〉,(北京:中華書局,1987年),
　　　　頁42。
〔註38〕孫詒讓:〈劉恭甫墓表〉,《籀廎述林》卷5,(《孫籀廎先生集》,台北:藝文印
　　　　書館,1963年),頁312。
〔註39〕劉建臻先生:《清代揚州學派經學研究》,同注25,頁25。
〔註40〕見《清史列傳》卷67〈朱澤澐〉,同注27,頁23。

撫膺歎慕不能自已」。〔註41〕其專治朱子之學乃受到祖父朱克簡之影響而來的。而朱彬，則是朱澤澐的從孫。〔註42〕王懋竑，其叔父即「王式丹」，據《清史稿》載，知其「少從叔父式丹學，刻勵篤志，精研朱子之學，身體力行。」〔註43〕而其子即「王箴傳」，即是劉台拱的業師。〔註44〕而寶應劉氏的家學淵源，據江藩《國朝漢學師承記》載，知可上溯至明末，所謂：「君六世祖永澄問學於蕺山，以躬行實踐爲主，子孫傳其學。」〔註45〕劉台拱之父即「劉世蕃」，「好讀書，至老不倦，而尤深于朱子之學」，〔註46〕至劉台拱，亦「深研程、朱之行，以聖賢之道自繩」。〔註47〕其弟「劉台斗」，乃「傳經學於其父兄」。〔註48〕其侄子乃劉寶樹與劉寶楠兄弟。〔註49〕而寶楠之子恭冕，「守家學，通經術。」〔註50〕

　　據陳寅恪先生云：

> 　　東漢以後，……漢族之學術文化變爲地方化及家門化矣。故論學術，
> 　　只有家學之可言，而學術文化與大族盛門常不可分離也。〔註51〕

想必「揚州學派」的形成與發展，定和「大族盛門」的關係是密不可分的。從上述，我們可以看出揚州家學最爲人津津樂道者有二：一是儀徵劉氏的三世研治《左傳》；二是寶應劉寶楠、恭冕之父子專攻《論語》。而父子或祖孫共治一經，或一書尚有王念孫與王引之父子的《廣雅疏證》、焦循與焦廷琥父子的《孟子長編》、阮元與阮福父子共治六朝文、朱彬父子的《經傳考證》、黃生與黃承吉祖孫合力完成之《字詁義府合按》等等，〔註52〕都可看出是一

〔註41〕王箴傳：〈朱先生澤澐行狀〉，（清・錢儀吉纂：《碑傳集》卷129），同注28，頁3832。

〔註42〕同上注，頁3838。

〔註43〕見《清史稿》卷480〈王懋竑〉，同注27，頁13141。

〔註44〕江藩：〈劉台拱〉，漆永祥纂釋《漢學師承記箋釋》卷7，（上海：上海古籍出版社，2006年），頁747。

〔註45〕同上注，頁747。

〔註46〕劉台拱：〈先府君行狀〉，《劉端臨先生遺書》卷4，（嚴一萍輯：《原刻景印叢書菁華本》，台北：藝文印書館，1972年），頁6。

〔註47〕江藩：《漢學師承記箋釋》卷7，同注44，頁747。

〔註48〕阮元：〈江西銅鼓營同知劉君傳〉，《揅經室二集》卷6，同注23，頁512。

〔註49〕張舜徽先生：〈揚州學記第八〉，《清儒學記》，（濟南：齊魯書社，1991年11月），頁398。

〔註50〕見《清史列傳》卷69〈劉恭冕〉，同注27，頁63。

〔註51〕陳寅恪先生：〈崔浩與寇謙之〉，《金明館叢書初編》，（上海：上海古籍出版社，1980年），頁126。

〔註52〕這方面，整理自劉建臻先生：〈第一章　揚州學派與清代學術思潮〉所云，同

門共治專學的例證。

另外，有學者研究指出：此家學的發展，持續時間長久，更是揚州學派的形成與持續發展的重要原因。所謂：

> 論及清代學術史，後人輒稱頌吳派惠氏家學，是爲確論。然而，相比之下，揚州之家學在時間上卻更具持久性。惠氏家學，前後相沿約八十年，而高郵王氏、儀徵劉氏、寶應劉氏則持續百年左右。……總體上，揚州學派家學持續的時間比蘇州惠氏長。雖然時間長短並不能完全說明事物之本質，但也應當重視"數字的份量"。一則，這有助於瞭解和認識揚州學派得益於家學這一基本事實；二則，也是總結和分析揚州學派後期乃至晚期學術發展之動因的重要途徑。若概括焦循、阮元、劉寶楠、劉毓崧、劉恭冕、劉壽曾等等學者學術形成的脈絡，就不能離開家學而述。同樣，綜論揚州學派的成因和發展，也不能忽視家學的特點。〔註53〕

據劉建臻先生所云，可知揚州學派或學圈形成，與家學親屬的發展有著密切關係。大抵高郵王氏是父子關係、汪中與喜孫、焦循與廷琥、阮元與阮福等亦是；寶應劉氏則是祖孫三代之傳承、儀徵劉氏更是四代相傳，皆是有著深厚的家學淵源。

（二）姻親關係

揚州學派陣容龐大，崛起迅速，持續發展長久，在清代學術史上影響甚巨。其所以有龐大陣容，廣泛影響力，除了家學淵源深厚外，最主要因素還在「裙帶關係」之複雜。通過姻親紐帶之連鎖，更加強了學術的聯繫，這就是揚州學派爲什麼能在乾隆中期而後有著如此龐大的陣容並迅速崛起的又一因素。〔註54〕據個人所收集資料的研究與觀察，發現他們的關係有：祖、父、子、孫、伯、叔、舅、侄、兄、弟，不然就是岳父、女婿、姊夫、妹婿、甥婿、外祖、表兄弟等親家關係，抑或是其師其友，是以人數眾多，關係既廣且複雜。若依劉建臻先生以「汪中、劉台拱、焦循、阮元」爲中心，所作的探究可看出：

1. 汪中——其妻是寶應詩人喬億的彌甥。而喬億與朱澤澐爲表親。《淮海英靈集》丁集卷〈朱宗光〉：「宗光雖承家學，尤得婦翁喬劍溪億指授，性情眞摯，

注25，頁26〜27。

〔註53〕同上注，頁27。

〔註54〕同上注，頁27。

詩亦藹然德音。」而朱澤澐既爲朱宗光族父，又與王懋竑結爲親家。同時，喬億還是劉寶楠的外曾祖。《念樓全樓》卷四〈皇朝登仕郎國子監典簿顯考劉府君行述〉：「府君諱字迪九，……元配喬孺人，……繼配喬孺人，……太學生億孫女。」方申之母汪氏，爲汪中族姪，正因其「幼讀書，明大義，族父汪容甫先生劇愛憐之。」〔註55〕方申則是「受學於文淇，通虞氏《易》」〔註56〕而劉文淇的舅父即是凌曙。趙航《揚州學派概論》即指出：「劉文淇學業根柢得力於其舅凌曙（曉樓）。」〔註57〕又《青溪舊屋文集》卷八〈汪母楊太孺人家傳〉云：「谷之女又許字余子毓崧。」〔註58〕以見汪中與劉文淇等人既是好友又是親家。

2. 劉台拱——朱彬《遊道堂集》卷三〈表弟劉保臨七十壽序〉云：「吾家高祖侍御公與劉氏締姻，先祖光祿公爲石埭公婿，吾姑母適蓼野先生。」〔註59〕可知：石埭公即劉台拱曾祖劉中從，而蓼野先生則爲劉台拱父親劉世薈，因此，劉台拱母親即是朱彬的姑母。又朱彬亦爲劉保臨的族姊夫，於〈表弟劉保臨七十壽序〉有云：「余娶和仲從姊，和仲亦婿于叔父。」〔註60〕所以，寶應朱氏與劉氏之間，自高祖至朱彬，可謂「婚姻洽比，於今五世矣。」〔註61〕知：朱彬爲朱澤澐從孫，而朱士瑞爲朱澤澐曾孫。（朱澤澐──→朱彬──→朱士瑞）朱澤況乃朱彬的叔祖，又朱澤況的妻子即是泰州陳厚積的女兒。依《寶應左氏朱氏家集彙稿・陳傳姜》載：「泰州陳厚積（字坤文）之女，俟齋公原配。」〔註62〕然其中的俟齋公即「朱澤況」。

3. 焦循——焦循乃阮元的族姊夫，兩家其實早已是親上加親。阮元之祖輩阮應武，即「康熙甲午武舉，官德州衛守備，娶于循從伯曾祖之子。」〔註63〕而阮應武之長子：阮承勳的小女兒，即是焦循的妻子。所謂「長諱承勳，太學生，生子嗣環，而以季女女循。」〔註64〕又焦循與王家關係亦頗密切，據《雕菰

〔註55〕見劉文淇：〈方節母家傳〉，同注36，頁60。

〔註56〕見《清史列傳》卷18〈方申〉，同注27，頁42。

〔註57〕同注9，頁186。

〔註58〕同注36，頁61。

〔註59〕朱彬：〈表弟劉保臨七十壽序〉，《遊道堂集》卷3，（清・沈赤然：《清代學術筆記叢刊》33，北京：學苑出版社，2005年），頁378。

〔註60〕同上注，頁379。

〔註61〕同上注，頁379。

〔註62〕轉引自劉建臻先生：《清代揚州學派經學研究》，同注25，頁27。

〔註63〕焦循：〈題阮代公先生把卷圖〉，《雕菰集》卷18，同注24，頁305。

〔註64〕同上注，頁19。

菰集》卷二十三〈先考事略〉載：「王氏世以《易》名家傳。……祖修以通儒為明經，以《易經》授徒，先考為明經外孫，得聞王氏說《易》之法。」〔註65〕蓋王氏——王納諫為明代吏部員外郎，著有《周易翼注》等書，其孫王方魏傳家學，著有《周易廣義》與《纂周易解》，王方魏之子王祖修，亦精於《易》，在里中教授《易經》。而王祖修之女即是焦循的祖母。所以焦循之父焦鏡熟於《易》，乃學於王祖修之故。而焦循曾祖父的《周易》之學，亦學于王氏。〔註66〕以見焦氏三世《易》學，皆與王氏之傳授密切相關。

　　4. 阮元——據阮元《揅經室二集》卷一〈誥封光祿大夫戶部左侍郎顯考湘圃府君顯妣一品夫人林夫人行狀〉載：「琢菴公元配汪淑人，贈一品夫人，候選州同知，江都浩公女。……先妣林夫人，……父梅谿公，諱廷和。」〔註67〕可知：阮元父親阮承信（梅谿公），其元配為江都汪氏，側室甘泉林氏即為阮元生母。又《淮海英靈集》戊集卷四〈林廷和〉有云：「林廷和之母太孺人，高郵大學士王文通公曾孫女也」〔註68〕又林廷和第五子「林閬之」繼配，「亦文通公之元孫女也」。〔註69〕此「王文通公」，即是吳偉業為之撰墓誌銘的清初大學士王永吉。另據《雷塘庵主弟子記》卷三記有：阮元長子阮常生，娶劉台拱長女為妻。後來阮元孫子阮恩海又娶妻于寶應劉氏，此即劉端臨先生之孫女也。〔註70〕

　　上述四者，可以看出「他們姻親關係複雜，但此並不意味著是以他們為核心，但他們盤根錯結的姻親網絡中，足以肯定是，已涵蓋許多揚州學派重要學者」。〔註71〕

　　揚州學者聯姻，再進一步分析，似乎可發現到：很多聯姻乃因學術關聯而來。據學者研究，此關聯的型態有兩類：〔註72〕

〔註65〕焦循：〈先考事略〉，《雕菰集》卷23，同上注，頁375。

〔註66〕阮元：〈通儒揚州焦君傳〉，《揅經室二集》卷4，同注23，頁475。

〔註67〕阮元：〈誥封光祿大夫戶部左侍郎顯考湘圃府君顯妣一品夫人林夫人行狀〉，《揅經室二集》卷1，同上注，頁373。

〔註68〕阮元：〈林廷和〉，《淮海英靈集》戊集卷4，（《續修四庫全書‧集部‧總集類》1682，上海：上海古籍出版社，2002年），頁288。

〔註69〕阮元：〈例贈儒林郎候選州同知蘭汀林公墓表〉，《揅經室續一集》卷2，同注23，頁1051。

〔註70〕清‧張鑑等編《雷塘庵主弟子記》卷3、卷7，（《北京圖書館藏珍本年譜叢刊》129，北京：北京圖書館，1999年），頁6、頁278。

〔註71〕揚州學人姻親複雜關係，可見劉建臻先生：《清代揚州學派經學研究》所附圖一，此圖將其錯綜複雜關係表現無遺，同注25，頁173。

〔註72〕同上注，頁29。

1. 原爲姻戚，因賞識其學而親上加親。

此如：焦循爲阮元的族姊夫一例。焦氏原與阮氏祖輩聯姻，至焦循時，兩家更互有來往。這時，阮承勳又賞識焦循的才學，方將小女許於焦循。在《揅經室二集》卷四〈通儒揚州焦君傳〉記載，可知：「焦君名循，……八歲，至公道橋阮氏家，與賓客辨壁上馮夷字，曰：此當如《楚辭》讀皮冰切，不當讀如縫。阮公賡堯大奇之，遂以女字之。」〔註73〕

2. 互尊學術而成兒女親家。

如阮元之于劉台拱，輒以「先生」相稱。阮元的《揅經室二集》卷二〈劉端臨先生墓表〉載有：「阮公，……吾鄉人也，且學友也。」又「元與先生友學最深」，〔註74〕可看出他們皆是學友，但亦因此，結爲秦晉之好；如阮元長子阮常生與劉台拱之長女結姻親，又阮元長孫阮恩海與劉台拱孫女爲夫妻。

相反的，姻親關係亦促進了學術的發展。如劉文淇爲學，始于姻親舅舅凌曙的教導。《清史列傳》卷六十九〈凌曙〉載：「曙有甥儀徵劉文淇，貧而穎悟，愛而課之，遂知名，其學實則曙出云。」又《光緒江都縣續志》卷二十四下〈凌曙〉也載：「曙有甥儀徵文淇，少貧甚，曙愛其穎悟，自課之，且教且學，文淇齒有未壯，即以淹通經史知名江淮，由曙教也。」〔註75〕

由此以見，揚州學派學者眾多，除家學淵源外，其姻親等外家之學亦是一重要的影響力。

（三）師友互動與傳承

由於姻親與師友關係有時往往相互交織，所以揚州學派發展的不同時期，都有一些旨趣相類、聲氣相投的學友群體。

最初，朱澤澐與王懋竑共治朱子之學，爲知友，不僅易子而教，且結爲兒女親家。王懋竑之子王箴傳的《文林郎翰林院編修予中王公行狀》云：「府君與同邑止泉朱公，聯姻好，夙稱道德交。嘗與論朱子之學，書問往復，講摩辨難，必要於至當。」〔註76〕知二者不僅是姻親關係，更是聲氣相投的學友。

〔註73〕阮元：〈通儒揚州焦君傳〉，《揅經室二集》卷4，同注23，頁475。

〔註74〕阮元：〈劉端臨先生墓表〉，《揅經室二集》卷2，同上注，頁401。

〔註75〕前者見《清史列傳》卷69〈凌曙〉，同注37，頁39；後者見清·謝延庚、劉壽增等纂：《光緒江都縣續志》卷24下〈凌曙〉，（台北：成文出版社，1970年），頁1146～1147。

〔註76〕王箴傳：《文林郎翰林院編修予中王公行狀》，（《四庫全書存目叢書·集部·別集類》268，上海：古籍出版社，2002年），頁177。

前期，任大椿、汪中、王念孫、賈田祖、顧九苞、劉台拱、李惇、朱彬相與爲友，爲後人稱道。〔註77〕據《清史列傳》卷六十九〈朱彬〉：「承其鄉王懋竑經法，又與外兄劉台拱、高郵王念孫、引之父子、李惇、江都汪中、餘姚邵晉涵諸人互相切磋，每有所得，輒以書箚往來辨難，必求其是而後已。」〔註78〕見朱彬與劉台拱、王念孫父子、李惇、汪中、邵晉涵等人相與爲友，砥礪問學。

中期，阮元、焦循、凌廷堪、汪光燨、李鍾泗、江藩、黃承吉、王引之、鍾襃、顧鳳毛等人往來頻繁，結成關聯密切的學術群體。〔註79〕《光緒江都縣續志》卷二十四下載：「黃承吉與同郡焦循、李鍾泗、江藩以經義文事相切靡，時有江焦黃李四友之目。」〔註80〕知「江焦黃李」四友由來。

我們知道，焦循與阮元，是親戚又是摯友；而鍾襃與阮元、焦循「共爲經學，且夕討論，務求其是。」〔註81〕焦循與汪光燨、顧鳳毛「往來譚藝，契若金石」〔註82〕凌廷堪與阮元「以學問相益」〔註83〕與焦循、李銳爲「談天三友」。〔註84〕至於王引之，爲阮元的學生，又是阮常生的老師，亦師亦友，交誼匪淺。〔註85〕

後期，劉文淇、劉寶樹、劉寶楠、汪喜孫、方申、薛傳均、成蓉鏡、劉毓崧、劉恭冕、劉壽增等人的聯繫也很緊密。〔註86〕所謂「揚州二劉」，據《清史稿》〈儒林三〉載，即是劉文淇與劉寶楠。〔註87〕劉文淇對其交情，曾云：「朝夕相見，兩人相資益者實多。」〔註88〕又劉文淇對薛傳均、梅植之等人友誼，亦有記載：

> 余素少交遊，自姻親以外，生平相知至厚者，不過十數人。就中子

〔註77〕同注25，頁31。
〔註78〕同注37，《清史列傳》卷69〈朱彬〉，頁8。
〔註79〕同注25，頁31。
〔註80〕同注75，《光緒江都縣續志》卷24，頁1122。
〔註81〕同注37，《清史列傳》卷69〈鍾襃〉，頁24。
〔註82〕焦循：〈亡友汪晉蕃傳〉，《雕菰集》卷21，同注24，頁346。
〔註83〕阮元：〈次仲凌君傳〉，《揅經室二集》卷4，同注23，頁25。
〔註84〕阮元：《定香亭筆談》卷4，（台北：廣文書局，1968年），頁422。
〔註85〕同注25，頁31。
〔註86〕同上注，頁31。
〔註87〕見《清史稿》卷482載：「寶楠……爲諸生時，與儀徵劉文淇齊名，人稱揚州二劉。」同注27，頁13290。
〔註88〕劉文淇：〈劉楚楨江淮泛宅圖序〉，《青溪舊屋文集》卷4，同注36，頁24。

　　韻交最久，季懷、子敬、子駿、孟開次之，楚楨、儉卿、蘊生、仲
　　虞、賓叔、彥之又次之，最後乃得石州。〔註89〕

知其交遊廣泛，亦謙遜自認不多，但在學問上相得益彰。

　　劉寶楠與劉寶樹，二者爲兄弟，但寶楠亦「少受業於先生」。〔註90〕治學
亦在師友之間。劉毓崧與方申「每有撰述，必預討論」。〔註91〕而成蓉鏡、劉
毓崧、劉恭冕、劉壽增等人，據學者研究，得知「他們曾聚集於金陵書局，
同校典籍，共同爲學。」〔註92〕

　　整體而言，揚州儒學的發展，都有許多學術密友，在學術活動上，互動
頻繁。凌廷堪〈與阮伯元孝廉書〉云：

　　《大戴禮記》一書中，如〈夏小正〉、〈曾子〉十篇、〈武王踐阼〉、〈五
　　帝德〉、〈帝系〉、〈諸侯遷廟〉、〈諸侯釁廟〉、〈朝事〉、〈公冠〉等篇，
　　又〈三朝記〉七篇，何遽不如《小戴》？而世久廢之。……足下何
　　不因其有注者疏之，其失者正之，其無注者補注而復疏之，其諸本
　　異同之處，並仿陸氏之例，爲釋文一篇以附於末，庶幾此書體例與
　　《小戴》、《春秋三傳》同，此亦千古之業也。〔註93〕

凌氏有感《大戴禮記》不如《小戴禮記》廣爲流傳，主因是《大戴禮記》少
有學者爲之注疏，是以淹沒不彰，因此，鼓勵阮元回歸經典時，宜從「注」
疏解，有過則改，無則補注並疏釋；如果可以的話，還可效仿陸德明作「釋
文」附於末。關於此，阮元則有《曾子十篇注釋》，可能得益於凌廷堪的識見
而來。又凌氏《禮經釋例》亦云：

　　〈大射儀〉、〈公食大夫禮〉注皆有「相人偶」之文，疏未明析。又
　　〈中庸〉「仁者人也」，鄭注「讀如相人偶之仁」，孔氏無疏。朱文公、
　　王伯厚皆不知出於何書，俟考。〔註94〕

〔註89〕劉文淇：〈懷人六絕句效少陵存歿口號並序〉，《青溪舊屋文集》卷11，同上注，
　　　　頁81。

〔註90〕劉寶楠：〈皇朝修職郎安徽五河縣教諭劉先生行狀〉，《念樓全集》卷4，（《清
　　　　代稿本百種彙刊·集部》，台北：文海出版社，1974年），頁89。

〔註91〕劉毓崧：〈方氏易學五書序〉，《通義堂文集》卷2，（《原刻景印叢書集成續編》，
　　　　台北：藝文印書館，1970年），頁2。

〔註92〕同注25，頁32。

〔註93〕凌廷堪：〈與阮伯元孝廉書〉，《校禮堂文集》卷22，（北京：中華書局，1998
　　　　年），頁198。

〔註94〕凌廷堪：〈通例上〉，《禮經釋例》卷1，（台北：中研院文哲所，2004年），頁

知後來阮元有〈論語論仁論〉一文，考「相人偶」之「仁」，即引〈大射儀〉、〈公食大夫禮〉爲證。此是否亦是受到淩廷堪的啓發而來？

除了見其互相提問、指引外，亦有彼此勉勵，如焦循〈易通釋自序〉云：

> 循既學洞淵九容之術，乃以數之比例，求《易》之比例，向來所疑，漸能理解。初有所得，即就正于高郵王君伯申。伯申以爲精銳，鑿破混沌。用是憤勉，遂成《通釋》一書。〔註95〕

見焦循《易通釋》寫成，王引之的肯定與鼓勵，必有著重要的影響。學者們不僅勉勵，亦有質疑詰難的，如阮元對汪中尊崇有加，將「先生各著作彙刻入《皇清經解》內」，〔註96〕但對其失誤，則嚴肅辨正。其《揅經室續集》卷一〈明堂圖說〉云：

> 汪氏中《述學》之圖，謂明堂只一面向南之堂，無東、西、北三面之堂，以〈月令〉爲誕妄不經，非也。〔註97〕

又劉文淇對焦循的《六經補疏》亦有微辭，其《青溪舊屋文集》云：

> 焦里堂《六經補疏》以杜氏爲成濟一流，不爲無見。然以杜氏之妄，誣及《左氏》，則大謬矣。〔註98〕

由此以見揚州學者們在學術上的切磋、扶持，互相指陳、質疑，乃至虛心採納，彼此勵勉，都是促成其學派興旺發達，學術高遠成就的原因。

三、「通儒」意識的學術群體之展現

依前述，我們可以發現到：今有不少學者以爲揚州學派是淵源於吳派或皖派而來。不可否認，揚州學者確有不少是師承吳、皖派而來的（如王念孫、江藩等等），然而至今亦有學者推翻此一說，一如龔鵬程先生指出：若僅從「漢學」這個角度，論揚州學派僅從漢學陣營中「皖派」這個脈絡來談，是講不通的。雖首次指稱揚州學派的是方東樹，但方東樹並未將之歸入吳皖兩系之中。又若據師弟授受淵源及流派歸屬上推論，王念孫師承戴震，那麼，王念孫無論如何均該列入皖派之中，爲一名驍將，才是。〔註99〕所以若從戴震這

82。

〔註95〕焦循：〈易通釋自序〉，《雕菰集》卷16，同注24，頁263。

〔註96〕阮元：〈汪容甫先生手書跋〉，《揅經室再續集》卷3，同注23，頁1070。

〔註97〕阮元：〈明堂圖說〉，《揅經室續集》卷1，同上注，頁993。

〔註98〕劉文淇：〈與沈小宛先生書〉，《青溪舊屋文集》卷3，同注36，頁18。

〔註99〕整理自龔鵬程先生：〈清朝中葉的揚州學派〉一文，林慶彰先生、祁龍威先生等

一條線索看，揚州學派則無獨立門戶之資格，宜視爲皖派或皖派之分支。在此，我們不禁深思：若僅依「漢學師承」關係論定揚州學派的形成，是否仍不夠周全，存有許多的盲點？畢竟對於「轉益多師」的學者，仍是難以歸類的。〔註100〕

　　然而，最早爲「揚州學派」明確定義者——張舜徽先生的《清代揚州學記》中，論及揚州之學特色，有云：「余嘗考清代學術，以爲吳學最專，徽學最精，揚州之學最通。」〔註101〕以一「通」字綜論揚州諸儒特有的精神與風格。梁啓超先生亦指出：「他們研究的範圍比較廣博。」〔註102〕這一特色，在此我們不禁要問：是否做一「通儒」，是許多揚州學者共有的理想？抑即是他們有無意中的群體意識？正如焦循〈與孫淵如觀察論考據著作書〉云：

> 經學者，以經文爲主，以百家、子、史、天文、算術、陰陽、五行、六書、七音等爲之輔，匯而通之，析而辨之，求其訓故，核其制度，明其道義，得聖賢立言之旨，以正立身經世之法。以己之性靈合諸古聖之性靈，並貫通於千百家著書立言者之性靈。以精汲精，非天下之至精，孰克以與此？蓋經學可言性靈，無性靈不可言經學。……本朝經學盛興，在前如顧亭林、萬斯同、胡渭、閻若璩；近世以來，在吳有惠氏之學，在徽有江氏之學、戴氏之學，精之又精，則程易

編：《清代揚州學術研究》(上)，(台北：學生書局，2001 年 4 月)，頁 49～55。

〔註100〕如凌廷堪 (1757～1809) 便是一例。據張其錦先生：《凌次仲先生年譜》卷一，〈乾隆四十七條〉，知：其年二十六始因受知於翁方綱 (1733～1818)，才得入四庫館任校職，並開始習舉子業。(《安徽叢書》第 4 期，台北：藝文印書館，1971 年)，頁 10；另據清・支偉成：《清代樸學大師列傳》卷六，〈皖派經學家列傳第六〉云：「凌廷堪究心經史，冀爲其鄉先輩江、戴之學」，(湖南：岳麓書社，1998 年 1 月)，頁 160。張壽安先生在此亦提及：「廷堪早年慕其鄉賢江永、戴震之學，並以戴震『私淑』自稱，其後與戴震之同門學友程瑤田相互論學，並由瑤田處得窺戴學之全貌，深受二氏影響……」，張壽安先生：《以禮代理——凌廷堪與清中葉儒學思想之轉變》，(台北：中研院近史所，1994 年 5 月)，頁 25。然在阮元：《揅經室二集》卷 4，〈次仲凌君別傳〉則提及凌廷堪與阮元「以學問相益」，知廷堪亦與阮元互相問學請益，同註 23，頁 465。由此知：凌廷堪曾受教於翁方綱、戴震、程瑤田，乃至阮元。另在田漢雲先生：〈關於進一步確認揚州學派的思考〉一文亦指出：汪中雖然以惠、戴二先生爲治「古學」的宗師，但是說到自己的學術淵源，還是強調「少時問學，實私淑顧寧人處士。」同註 1，頁 132。知汪中則以惠棟、戴震、顧炎武爲宗師。

〔註101〕張舜徽先生：〈揚州學記第八〉，《清儒學記》，(濟南：齊魯書社，1991 年 11 月)，頁 379。

〔註102〕梁啓超先生：《中國近三百年學術史》，(台北：中華書局，1987 年)，頁 115。

疇名于歙，段若膺名于金壇，王念孫父子名于高郵，錢竹汀叔侄名于嘉定，其自名一學著書授受者，不下數十家。均異乎補苴掇拾者之所為，是直當以經學名之，烏得以不典之稱之所謂考據者混目于其間乎？〔註103〕

又阮元：〈傳經圖記〉云：

有陋儒之學，有通儒之學。何謂陋儒之學？守一先生之言，不能變通，其下焉者，則惟習詞章，攻八比之是務，此陋儒之學也。何謂通儒之學？篤信好古，實事求是，匯通前聖微言大義，而涉其藩籬，此通儒之學也。〔註104〕

二者均提出「通」之意，焦循論「治經」志在貫通、匯通，甚以經學乃是匯通諸子百家、史集、天文、歷法、算術、陰陽五行之學，最好是能「貫通於千百家著書立言者之性靈。」此方謂之「通經」之學者，絕非「補苴掇拾」者之所為，更非「考據」一名以混淆其間；蓋訓詁外，尚校勘、考證，此恢復經典本來面目外，還須條貫起理論體系，這方是其所謂的經學，即「經世之學。」〔註105〕阮元直接舉出「通儒」一詞來，相對於「陋儒」而言，以治學當實事求是，匯通前聖先賢之微言大義，而非僅守一家之言。知阮元治經重「通」，所尚是「通儒」之學。

以此共同的「群體意識」論及揚州學派的產生是否比僅僅「師承」關係論述較為客觀？周延？觀揚州學者互評與稱揚的崇高讚語，幾乎與「通儒」有關，據個人所整理的資料，則有如：

汪喜孫《容甫年譜》載：汪中「論次當代通儒僅八人」〔註106〕（其中則有王念孫、王引之父子）。

阮元〈傳經圖記〉云：「篤信好古，實事求是，匯通前聖微言大義，而涉其藩籬，此通儒之學也。……吾鄉有汪君容甫者，……殆所謂通儒之學者矣。」〔註107〕又其《定香亭筆談》卷四亦云：「甘泉江鄭堂藩，淹貫經史，博通群籍，

〔註103〕焦循：〈與孫淵如觀察論考據著作書〉，同注24，頁213。
〔註104〕阮元：〈傳經圖記〉，（黃節等編《景印國粹學報舊刊全集》第3期，台北：臺灣商務印書館，1974年），頁375。
〔註105〕曹聚仁先生：〈揚學六談〉，（收入於氏著：《中國學術思想史隨筆》（修定本），北京：三聯書店，2003年），頁333。
〔註106〕汪喜孫：《容甫年譜》，（《北京圖書館藏珍本年譜叢刊》111，北京：北京圖書館出版社，，1999年），頁85。
〔註107〕阮元：〈傳經圖記〉，同注104，頁375。

旁及九流、二氏之書，無不綜覽。」且阮元爲焦循作傳，逕以「通儒揚州焦君」名篇。〔註108〕

王鳴盛〈贈任幼植序〉云：「興化任子大椿，字幼植。年甫逾冠，而篤志經術，殫精稽古。……氣盛而志銳，求諸今世，實罕輩儔。進而不已，其將爲一代通儒無難也。」〔註109〕

江藩《國朝漢學師承記》卷七〈劉台拱傳〉：「君學問淹通，尤邃於經。」〔註110〕根據這些資料，此「通儒」的追求是否就是揚州學者的群體意識與當時學界的客觀評價？如果是，我們是否可依此判定揚州學派之形成？

然而此「通」的涵義是指何？據田漢雲先生研析，主要有三個意義：一是研究訓詁考據與義理的貫通，二是堅持「道」與「藝」兼重，三是具有寬廣的文化視野與卓越的創造能力。尤其據劉毓崧《通義堂文集》卷九〈吳禮北竹西求友圖序〉一文，總結百年揚學的描述，更可看出：揚州學者在眾多領域中都不滿足於「循風氣」，而是致力於「開風氣」，從而真正開拓了學術研究的新局面，其實就已確立了揚州學派的存在。〔註111〕

綜上所述，揚州學派之形成絕非單一元素使然，舉凡地緣、學緣、師承或學術宗尚相近，乃至有一群體意識持續進行學術交流者，都是促成揚州學派之產生。

又一學派的確立與定名，非當代人士之自我標榜，乃多緣於後人綜核評論而成立的。據最早爲揚州學派下定義者——張舜徽先生，想必就是以「通博」特色，爲揚州學派的奠定作一確立的標誌。

總之，作爲經學史上的一個學派，應具有相同特點。「單是一個人是形成不了學派的」。〔註112〕派別之間雖有著相同點，但仍有著相異之別，此相異處即是他們獨特的特點。如吳、皖與常州學派，他們皆遵奉以「孔子」爲代表的儒家經典，並憑藉此經典加以詮釋與發揮，這是他們的「同」；而他們對孔子的看法與對經書上的詮釋，則各自不同。如吳派「惟古是尊」，皖派「實事

〔註108〕前者即阮元：《定香亭筆談》，同注84，頁168；後者阮元爲焦循立傳，見其《揅經室二集》卷4〈通儒揚州焦君傳〉，同注23，頁475。
〔註109〕清·王鳴盛：《西莊始存稿》，《乾隆三十一年刻本》卷24，（《續修四庫全書·集部·別集類》1434，上海：上海古籍出版社，2002年），頁313。
〔註110〕同注44，頁747。
〔註111〕同注1，頁130。
〔註112〕湯志鈞先生：〈清代經學學派及其異同〉，同上注，頁3。

求是」並在古訓上闡明大義與哲理,而常州學派則是「崇今文,尙《公羊》」。正因爲如此,所以他們成爲中國經學史上不同的流派。〔註 113〕

學派「觀點」不同,並非一開始便樹幟區分,實也因其治學方法、思想內容,在後繼中逐漸豐富,是以自成一派的理論體系、思想方法與見解觀點。觀「揚州學者」治學方法、經學觀點頗多是承襲自吳、皖派而來,尤其闡述自「戴震」頗多,但不同是他們並非一味繼承,而是「能創」,「能通」。〔註 114〕是否此「通博」特性便是其「群體意識」?若是,依此形成一學派,亦是別具特色,獨一無二的派別,當無法歸入吳派或皖派之中,否則,「通儒」特色,便難以彰顯。

綜上所述,不論是師承或學友關係,我們可以確定的是:清乾嘉時期確實存有「揚州學派」,其形成的時間晚于吳派和皖派,但在學術淵源上,必受到吳派和皖派影響,可謂是從吳、皖兩派分化演變出來的一個學派。又學派成員除了揚州籍外,也包括有非揚州籍但長期活動於揚州地區者,如凌廷堪,雖如此,但彼此有著「師承」或「學友」關係,及「共同的學術傾向」。所以劃分「揚州學派」,雖以「地名」爲學派稱呼,但實不可拘限地籍學者,畢竟其師承、學友關係熱絡,觀點、見解亦相互交流,所以「通儒」群體意識,所見都有,形成一學術群體自是不可避免。除了以「學術群體」作界定「揚州學者」的關鍵內涵外,進一步可從他們彼此間的書信論辯的議題,看出「揚州學者」於清儒中特出的觀點與見解;如凌廷堪予阮元於「克己復禮爲仁」之「己」字論辯,彼此的書信互往可看出他們一致的觀點,皆以爲此「己」字據上下文所出現的「己」字,如「爲仁由己」等解釋,可知此「己」字絕非宋儒所謂「私欲」:若「爲仁由己」之「己」作「私欲」解,不就變成「爲仁由私欲」乎?此乃不通之論,是故凌氏與阮氏皆以此「己」字當作「自己」講即可;「克己」則就是「約身」、「修身」也。〔註 115〕

〔註 113〕整理自湯志鈞先生:〈清代經學學派及其異同〉,同上注,頁 1～6。

〔註 114〕張舜徽先生:〈揚州學記第八〉,《清儒學記》,(濟南:齊魯書社,1991 年 11 月),頁 379。

〔註 115〕凌廷堪:〈與阮中丞論克己書〉云:「前在甬上聞閣下談及《論語》『克己』之己字,不當做私欲解,當時即深以爲然。……即以《論語‧克己》章而論,下文云:『爲人由己,而由人乎哉?』人、己對稱,正是鄭氏『相人偶』之說。若如《集註》所云,豈可云爲仁由私欲乎?再以《論語》全書而論,如『不患人之不己知』、『夫仁者,己欲立而立人,己欲達而達人。』『己所不欲,勿施於人。』『古之學者爲己,今之學者爲人』、『修己以安人』、『君子求諸己,小

　　揚州學派的學者是否一定要「地籍」是揚州而言，或一定是乾嘉時期的揚州學者，方可算是揚州學派？此一問題，個人以為這些說法不是受到地籍限制，就是受到時間限制。「揚州」自古即是一繁華之地，南來北往的交通要道，此地文人雅士自古最多，但自清朝，學術研究風氣頗盛行，此乃前所未有盛況。所以確立揚州學派學者，是否宜以宏觀眼光看待：時間上不應限定僅是乾嘉時期，空間上更不宜限定是揚州籍者；凡清代不論是揚州籍或非揚州籍者，其治學上均有一「通儒」共識，且彼此相互往來，學問上共同切磋交流，有一群體意識者，個人以為均可為揚州學者。所以以「揚州」作為學術觀察的焦點，界定「揚州學派」學者分際，個人以為在範圍上，「揚州文化」多彩繽紛，無論是歷史上英雄人物、宗教、文學、戲曲、繪畫、雕塑、工藝，乃至風土民情、珍饈美食等，至今皆為人所津津樂道，不愧是一人文薈萃的文化城；〔註116〕然蔚為「揚州學派」則必須與「揚州經學」有關者為主；〔註117〕而在時間斷限而言，就要

────────────────

人求諸人。』皆人己對稱。此外之『己』字，如『無友不如己者』、『人潔己以進』……若作私欲解，則舉不可通矣。」《校禮堂文集》，（北京：中華書局，1998年），頁234～235。又阮元：〈論語論仁論〉中亦云：「然己不是私，必從『己』字下添『之私』二字，原是不安。至程氏，直以己為私，稱曰：『己，私欲』……而專以『己』字屬私欲，於是宋後字書皆注『己』作『私』引《論語》『克己復禮』為解，一作『私』解，其可通乎？且克己不是勝己私也。」，又引凌廷堪之言論述，阮元云：「凌次仲教授曰：『即以《論語》『克己』章而論，下文云『為仁由己，而由人乎哉？』『人』、『己』對稱，正是鄭氏相人偶之說。若如《集註》所云，豈可云為仁由私欲乎？……」可看出阮氏與凌氏所論一致，《揅經室集》（上），（北京：中華書局，1993年），頁182～183。

〔註116〕「揚州文化」精采豐碩，可參閱潘寶明先生主編：《維揚文化概觀》，（南京：南京師範大學出版社，1997年），頁1～246。此書第一章謂其「豐厚的文化沃土」、第二章「高峰迭起的文學」，從《水滸傳》至《紅樓夢》（明清小說）都與「揚州」有關。五四至新文學運動的兩大社團──文學研究會與創造社重要成員皆與揚州有關，如朱自清即是一例；第三章「五采繽紛的藝術」，所謂「揚州八怪」、「園林建築」、「佛像雕塑」等，乃至「徽班進京」與藝術家「梅蘭芳」、「揚州戲劇」等，皆膾炙人口；第四章「名聞遐邇的學術」，此方與「揚州學派」有關；第五章「發達的文化教育」，有培育英才的著名書院，如安定書院、敬亭書院、虹橋書院、梅花書院等；有叢書類書的編輯修纂、古色斑斕的雕版印刷、精博豐富的典籍收藏；第六章「諧趣的方音方言」、第七章「淳厚的風俗民情」、第八章「清幽的旅遊勝地」，舉凡古典園林、名勝古蹟、寺廟觀庵，皆蔚為熙來攘往的觀光景點；第九章「巧奪天工的工藝」、第十章「閒雅的花木魚鳥」、第十一章「獨特的風味美食」、第十二章「文化的中外交流」等，可看出古城揚州，實為江淮名邑，歷史悠久的文化名城。

〔註117〕祁龍威先生：〈對「揚州學派」研究的回顧與展望〉云：「揚州學派以經學顯，不研究經學，即不能登揚學之殿堂。」（《中國文哲研究通訊》第9卷第3期，

以「清代」為一斷限,不是隋唐亦非漢魏時期,因「揚州學派」是在「清代」產生的。然清代學術的「中堅」便是「經學」,此方可進一步得知:清代揚州的經學研究,為何一直相當活躍,成就非常突出的原因![註118] 然不限於乾嘉時期,據田漢雲先生指出:「清代揚州經學的初盛在寶應一縣。」[註119] 寶應的朱澤澐(1666~1732)、王懋紘(1668~1741)對後來揚州學者頗有顯著影響;江藩《國朝漢學師承記》卷七載:

> 劉台拱,字端臨。……君六世祖永澄,問學於蕺山,以躬行實踐為主,子孫世傳其學。至君,又習聞王予中、朱止泉之緒論,深研程朱之學,以聖賢之道自繩。……君學淹通,尤邃於經。解經專主訓詁,一本漢學,不雜以宋儒之說。[註120]

劉台拱(1751~1805),承襲家學──陽明心學而來,後來又受到朱澤澐、王懋竑等影響,所以深研程朱之學,並以聖賢之道自我約束。雖說如此,劉君治學主訓詁實證為主,一本「漢學」實事求是,不雜宋儒等論說。依此可知,學術史的發展脈絡不是簡單的線性延伸;清初朱、王的經學研究,則是一直影響到乾嘉時揚州學人,如劉台拱便是一例。焦循〈李孝臣先生傳〉亦云:「寶應王懋紘予中,以經學醇儒為天下重,於是詞章浮縟之風,漸化於實。」[註121] 他們開創了揚州學派樸實嚴謹的學風,亦影響後來揚州學者治學風尚,所以「揚州學派」這一最初的脈絡實不可棄;不過,如果說清代前期的揚學代表人物尊德性與道問學並重的宗風後來相沿不改,那麼,乾嘉

1999 年 9 月),頁 186。

〔註118〕 田漢雲先生:〈略說揚州學派與歷代揚州文化之關係〉一文表示:「梁啟超先生認為,清代學術的『中堅』是經學,這個論斷適用揚州學派。清代揚州的經學研究一直相當活躍,成就非常突出。論其淵源,與顧炎武、戴震等人關係甚為密切,與本地區的學術傳統也有深刻聯繫。如果說,相對而言,揚州學派與歷史上的揚州學術的聯繫,在文學研究、文字學研究方面是一種散點式的呼應,在經學方面則呈現群體式的紹承。」(《中國文哲研究通訊》第 9 卷第 3 期,1999 年 9 月),頁 182。

〔註119〕 同上注,頁 182。

〔註120〕 江藩:《國朝漢學師承記》卷 7,收入江藩、方東樹著,徐洪興先生編校:《漢學師承記》(外二種),(香港:三聯書店,1998 年),頁 745~748。

〔註121〕 焦循:《雕菰集》卷 21,(台北:鼎文書局,1977 年),頁 343。此文接著尚云:「乾隆六十年間,古學日起,高郵王黃門念孫、賈文學稻孫、李進士惇,實倡其始。寶應劉教諭台拱、江都汪明經中、興化任御史大椿、顧進士九苞,起而應之,相繼而起者,未有已也。」

揚州經師研究的重點則已由宗奉程朱理學轉向宗奉漢儒之學；〔註 122〕這個
學術轉變便是由提倡「道德節操」的理學，轉向經世致用的「實學」，治學
的規模則是以「漢學」爲盛，亦易引起後人誤以爲揚州學派當以「乾嘉時期」
爲主，〔註 123〕個人詳細考查，實非也。然迄於清季，儀徵劉師培（1884～
1917）紹承儀徵劉氏三世傳經的餘緒，蔚爲「揚州學派」的「殿軍」，〔註 124〕
實亦不可廢矣。所以在「人物取樣的標準」上，個人以爲當以創造「揚州儒
學」的主體爲主，即：一是揚州地區出身的學人；二是來自其他地區的學人，
但是他們的著述，必須是在揚州撰著的，〔註 125〕方可作爲「揚州學派」的
代表人物。因此，本論文在擇取人物代表方面，大抵分「天理」向「情理」
的過渡者，以朱澤澐、王懋紘、劉台拱爲代表探究；「漢學爲尊」的情理論
者，舉段玉裁、王氏父子、江藩、黃承吉等人探究；現實關懷的情理經世者，
則以汪中、汪喜孫爲主；光大「戴震」情理思想者，代表以凌廷堪、焦循、
阮元、劉寶楠、劉師培爲主；春秋學的情理論者，則是凌曙、劉文淇、劉毓
崧、劉壽曾等人作代表，共五個部分作探究。

　　最後，爲完善起見，個人以支偉成先生的《清代樸學大師列傳》（列舉清
代經學學者）、張舜徽先生的《揚州學記》（最早確立揚州學派者）與趙航先
生《揚州學派概論》（今探究揚州學派較完善的依據）等所列舉的學者，舉凡
學者之生卒年代、祖籍、親戚關係、師承關係、交游狀況、治學特色、學術
成就等等，均作一表格呈列出來（即下圖第 1 至第 8 項），並分別就支偉成先
生、張舜徽先生、趙航先生、曹聚仁先生、王俊義先生、楊晉龍先生、賴貴

〔註 122〕田漢雲先生：〈略說揚州學派與歷代揚州文化之關係〉，同注 118，頁 183。

〔註 123〕如郭明道先生：〈清代揚州學派當議〉，同注 8，頁 227。又如楊晉龍先生：〈臺
　　　　灣學者研究「清乾嘉揚州學派」述略〉云：「唯『醞釀期』的陳厚耀（1648
　　　　～1722）、朱澤澐（1666～1732）、王懋竑（1668～1741）主要活動均在乾隆
　　　　朝之前；揚學餘波的劉嶽雲（1849～1917）、劉師培（1884～1917）等已進入
　　　　民國的學者，皆不予計之。」（《漢學研究通訊》，2000 年 11 月），頁 13。

〔註 124〕張舜徽先生：〈揚州學記第八〉，《清儒學記》，同注 114，頁 471～472。又祁
　　　　龍威先生：〈對「揚州學派」研究的回顧與展望〉亦云其：「大大發揚了揚學
　　　　的成果，成爲清代『揚州學派』的殿軍。」同注 117，頁 186。

〔註 125〕這方面，據田漢雲先生：〈略說揚州學派與歷代揚州文化之關係〉闡述揚州學
　　　　術文化創造之主體，以知此有兩部分，即：「一是揚州地區出身的學人。……
　　　　二是來自其他區域的學人。他們的著述，必須是在揚州撰著，方可視爲特定
　　　　時期揚州學術文化的組成部分。……清代揚州學派對中國古代文化具有很強
　　　　的接受、消化、整合、創新的能力。」同注 118，頁 177。

三先生、與劉建臻先生等探究「揚州學派」之別（見第一章緒論），作一綜合表列，並以「1～8」等「數字」表明他們分類的依據，期以清楚看出揚州學者的特色，並找出共識所在，以爲揚州儒學學者作一清楚界定。

表一：揚州儒者之界定與各學者分類之依據

體例：依支偉成先生、張舜徽先生等所列的學者，依時間先後作排列，將其生卒年代、祖籍、親戚關係、師承關係、交游關係、治學特色、學術成就、共具的群題意識共八項一一表述。後並附相關討論者分類依據，則以「數字」表示。例舉：「喬萊」——生卒年代是 1642～1694、祖籍是寶應、學術成就惟著《易俟》一書，然此「喬萊」始見於賴貴三先生：〈清代乾嘉揚州學派經學研究的成果與貢獻〉一文（見第一章緒論所述），而賴先生分類依據是以「2」：「祖籍」爲主，故下列「2 始見」。

項目界定 ＼ 學者姓名	喬　萊	陳厚耀	朱澤澐	王懋竑	喬　菫
1 生卒年代	1642～1694	1648～1722	1666～1732	1668～1741	1672～1736
2 祖籍	寶應	泰州	寶應	寶應	寶應
3 親戚關係			王懋竑之子王箴傳爲其女婿	朱澤澐子朱光進問學於王氏	
4 師承關係		受業於李光地薦其天文算法	姪朱宗贄其子朱彬其外叔父汪中	受業於叔父王式丹	受業於朱澤澐
5 交游關係		友清聖祖與李光地	顧昞滋等東林遺緒	方苞喬崇修	
6 治學特色		精算學曆法	治朱學偏向尊德性	研究朱子重考證偏向道問學	
7 學術成就	著易俟一書	著春秋長曆一書	著朱止泉先生文集	著朱子年譜	
8 共具的群體意識			主學識淵博	重通核	
支偉成先生分類依據		列於算學家列傳 67			
張舜徽先生分類依據			2	2	
趙航先生分類依據					
曹聚仁先生分類依據					

項目界定 ＼ 學者姓名	賈田祖	李惇	段玉裁	顧九苞	任大椿
王俊義先生分類依據					
楊晉龍先生分類依據		1234567			
賴貴三先生分類依據	2 始見	2	2	2	2 始見
劉建臻先生分類依據			12345678	12345678	
1 生卒年代	1714～1777	1734～1784	1735～1815	1738～1781	1738～1789
2 祖籍	高郵	高郵	金壇	興化	興化
3 親戚關係				祖姑乃任大椿母	表弟顧鳳毛親弟任兆麟
4 師承關係		得宣城梅氏書盡通其術	師承戴震	母任氏	
5 交游關係	友李孝臣王懷祖李惇等人	友劉台拱王念孫汪中任大椿阮元等人	友王念孫等人	友焦循等人	友王念孫等人
6 治學特色	治左氏春秋	倡古學	文字聲韻訓詁考證	長毛詩三禮	精典章制度
7 學術成就	無傳	精毛詩、春秋三傳與曆算	著說文解字注與六書音韻表	對毛詩注疏與昭明文選研究最出色	著弁服釋例深衣釋例釋繪
8 共具的群體意識		博通	窮微極博	精於名物考證	創新
支偉成先生分類依據	附汪中之下67	列入吳派經學家67	列入皖派經學家暨小學大師列傳67	附汪中之下67	列入皖派經學家67
張舜徽先生分類依據					2
趙航先生分類依據		34567	34567		34567
曹聚仁先生分類依據			34567		
王俊義先生分類依據					
楊晉龍先生分類依據		1234567	1234567		1234567
賴貴三先生分類依據	2	2			2
劉建臻先生分類依據			12345678		12345678

項目界定 ＼ 學者姓名	劉玉麟	汪中	王念孫	張宗泰	劉台拱
1 生卒年代	1738～1797	1744～1794	1744～1832	1750～1832	1751～1805
2 祖籍	寶應	江都	高郵	甘泉	寶應

3 親戚關係		子汪喜孫從外孫乃方申	父王安國		表弟朱彬姪兒劉寶楠又以阮常生爲其女婿
4 師承關係		師承杭世駿私淑顧炎武	師承戴震		游於朱筠戴震等儒門且師承王箴傳
5 交游關係		友江藩江德量李惇劉台拱等人	友段玉裁等人		與王念孫段玉裁爲摯友
6 治學特色		批判儒學正統思想與現實關懷	文字訓詁校勘		兼宋學與漢學精三禮
7 學術成就	著爾雅補疏、爾雅校議、爾雅補注殘本等書。	對墨子荀子開闢治學途徑	著廣雅疏證讀書雜志	著有周官經注正誤等書	學識淵博
8 共具的群體意識		通核廣博	通核		列入皖派經學列傳 6
支偉成先生分類依據		列入吳派經學家暨諸子學家列傳 67	列入皖派暨小學大師列傳 67		7
張舜徽先生分類依據		2	2		2
趙航先生分類依據		34567	34567		34567
曹聚仁先生分類依據		34567	67		
王俊義先生分類依據		67	1234567		1234567
楊晉龍先生分類依據		1234567	1234562		12345267
賴貴三先生分類依據	2 始見	2	2	2 始見	2
劉建臻先生分類依據		12345678	12345678		12345678

學者姓名 項目界定	江德量	朱　彬	淩廷堪	秦恩復	鍾褱
1 生卒年代	1752～1793	1753～1834	1755～1809	1760～1843	1761～1805
2 祖籍	儀徵	寶應	安徽歙縣	甘泉	甘泉
3 親戚關係		朱澤澐爲其祖父表兄是劉台拱	爲阮常生王引之等師	乃羅士琳之舅	

4 師承關係		朱澤澐劉台拱等人	母授讀		
5 交游關係	友汪中	王念孫等人	友阮元等人	友李鍾泗	友焦循阮元等人
6 治學特色	精於小學	禮學	精禮學		經學
7 學術成就	著廣雅疏未成	著禮記訓纂遊道堂集	著禮經釋例等書	校勘列子盧重元本篤志好古，校勘精審，深究目錄之學。	著敔匡考古錄
8 共具的群體意識			博通		
支偉成先生分類依據		列入皖派經學家 67	列入皖派經學家列傳 67		附焦循之下 67
張舜徽先生分類依據		2			2
趙航先生分類依據		34567	34567		
曹聚仁先生分類依據			34567		
王俊義先生分類依據		1234567			
楊晉龍先生分類依據		1234567			1234567
賴貴三先生分類依據	2 始見	2	2	2	2
劉建臻先生分類依據		12345678	12345678	1234567	12345678

學者姓名 項目界定	江　藩	顧鳳毛	焦　循	阮　元	汪光爔
1 生卒年代	1761〜1830	1762〜1788	1763〜1820	1764〜1849	1765〜1807
2 祖籍	甘泉	興化	甘泉	儀徵	儀徵
3 親戚關係	侄子江懋鈞子江璧又是劉富曾之岳父	父顧九苞表兄任大椿	乃阮元之族姊夫	焦循為其族姊夫其子阮常生為劉台拱之女婿	父汪棣
4 師承關係	師承余蕭客乃至惠棟	師承大昕之從父錢塘與父	師承吉夢熊	師王念孫遠祖戴震	師承阮元之弟阮亨
5 交游關係	友汪中黃承吉阮元等人	友焦循等人	友鍾襄李鍾泗錢大昕徐復顧鳳毛等人	友李鍾泗鍾襄李惇黃承吉	友惠棟等人
6 治學特色	專治漢學	通五經	精經學算學戲曲	經學金石算學	深於尚書，兼習毛詩、禮記，尤好易，彙集漢魏諸家考而釋之。

7 學術成就	著漢學師承記等書	著毛詩集解、毛詩韻考等書	著雕菰樓易學等書	士林泰斗以經術主持風會，並編皇清經解等書。又創詁經精舍與學海堂造就人才	辨惠氏易爻辰圖之謬
8 共具的群體意識	通核	通核	通儒	博通	
支偉成先生分類依據	列入吳派經學家 67	附汪中之下 67	列入皖派經學家列傳暨算學家列傳 67	列入皖派經學家列傳暨金石家列傳與提倡樸學諸顯達列傳 67	
張舜徽先生分類依據	2		2	2	
趙航先生分類依據	34567		34567	34567	
曹聚仁先生分類依據			34567	34567	
王俊義先生分類依據	1234567		34567	34567	
楊晉龍先生分類依據	1234567		1234567	1234567	1234567
賴貴三先生分類依據	2	2	2	2	2
劉建臻先生分類依據	12345678		12345678	12345678	1234567

項目界定 \ 學者姓名	李鍾泗	黃承吉	李銳	凌曙	徐復
1 生卒年代	1771～1809	1771～1824	1773～1817	1775～1829	1777～？
2 祖籍	甘泉	安徽歙縣寄籍江都	元和	儀徵	江都
3 親戚關係		黃生之族孫		為劉文淇之舅	
4 師承關係		師承族祖黃生	受家學	師承劉逢祿	
5 交游關係	友焦循阮元黃承吉秦恩復	友江藩焦循阮元李鍾泗等人	友顧廣昕焦循阮元等人	友包世臣阮元等人	友焦循
6 治學特色	精算學與江藩焦循黃承吉並稱江焦黃李	精文字聲韻訓詁學	精算學曆法	精春秋公羊學	
7 學術成就	治經精左氏春秋，著規過一書，抑劉伸杜	著字詁義府合按與字義起於右旁之聲說	著李氏遺書	著公羊禮疏四書典故覈春秋繁露注等書	著論語疏證

8 共具的群體意識	焦循稱其精博			
支偉成先生分類依據			列於算學家列傳 67	列入皖派經學家列傳 67
張舜徽先生分類依據		2	2	
趙航先生分類依據		34567		
曹聚仁先生分類依據				
王俊義先生分類依據				
楊晉龍先生分類依據		1234567	1234567	1234567
賴貴三先生分類依據	2 始見	2	2	2
劉建臻先生分類依據				1234567

學者姓名 項目界定	劉寶樹	黃奭	陳逢衡	焦廷琥	羅士琳
1 生卒年代	1777～1839	？	1778～1884	1783～1821	1784～1853
2 祖籍	寶應	甘泉	江都	甘泉	甘泉
3 親戚關係	叔劉台拱			父焦循	舅秦恩復
4 師承關係	承家學劉台拱劉履恂		朝夕校讎黃奭所刊漢學堂經解二百餘卷。	承父學	師承阮元
5 交游關係			友黃奭等人	友鍾褱等人	友阮元等人
6 治學特色	精研經訓	學精鄭氏		禮學算學	精說文六書之學,涉獵天算,專精研究
7 學術成就	著經義說略	著爾雅古義		著讀書小記地圓說	著春秋朔閏異同、疇人傳續編。
8 共具的群體意識	通核	阮元稱其勤博		通核	廣博
支偉成先生分類依據	附劉台拱之下 3467			附焦循之下 67	列於算學家列傳 67
張舜徽先生分類依據	2			2	
趙航先生分類依據	34567				
曹聚仁先生分類依據					
王俊義先生分類依據					
楊晉龍先生分類依據	34567			1234567	
賴貴三先生分類依據	2	2 始見	2 始見	2	2
劉建臻先生分類依據	12345678			12345678	

學者姓名＼項目界定	易之瀚	汪喜孫	方申	薛傳君	劉文淇
1 生卒年代	不詳	1786～1847	1787～1840	1788～1829	1789～1854
2 祖籍	甘泉	江都	儀徵	甘泉	儀徵
3 親戚關係		父汪中	母為汪中族姪		為凌曙之舅甥
4 師承關係		承父學汪中	承其父方世堂受國學與師承劉文淇	肄業於梅花書院	受學於舅凌曙
5 交游關係	與羅士琳為同學友。	友劉寶楠等人	受凌曙重視並為其子之師	與劉文淇等人相交	友劉寶楠等人
6 治學特色	精算術	創新批判與現實關懷	精易學	精十三經注疏與	精春秋左氏傳
7 學術成就	著四元釋例	承繼父學發揚光大	著方氏易學五書		著左傳舊疏考證與春秋左氏傳舊注疏證
8 共具的群體意識		通核廣博		資治通鑑	博通
支偉成先生分類依據	附於羅士琳之下 67	附汪中之下 67	附於凌曙之下 67	著文選古字通義疏與說文答問疏證	列於皖派經學家列傳 67
張舜徽先生分類依據		2		列於小學家列傳 67	2
趙航先生分類依據		34567			34567
曹聚仁先生分類依據		34567			
王俊義先生分類依據		67			
楊晉龍先生分類依據		1234567			1234567
賴貴三先生分類依據	2	2	2	1234567	2
劉建臻先生分類依據		12345678	12345678	2	12345678

學者姓名＼項目界定	劉寶楠	董祐誠	梅植之	陳潮	阮福
1 生卒年代	1791～1855	1791～1823	1794～1843	1801～1835	1802～1883
2 祖籍	寶應	陽湖	江都	泰興	儀徵
3 親戚關係	兄劉寶樹	兄董基誠	子梅毓		阮元之子阮常生之弟
4 師承關係	承家學劉台拱等人				

5 交游關係	與劉文淇等人交			
6 治學特色	訓詁之學奠基深厚	律曆與地理名物	承先志,擬爲穀梁正義刱通條例,長編已具,未寫定而卒。	工小篆,精音韻,又擅周髀之學
7 學術成就	著論語正義	著水經注圖說		
8 共具的群體意識	通博			
支偉成先生分類依據	附劉台拱之下 3467	列於地理學家暨算學家列傳 67		附於阮元之下
張舜徽先生分類依據	2			2
趙航先生分類依據	34567			
曹聚仁先生分類依據				
王俊義先生分類依據				
楊晉龍先生分類依據	34567			
賴貴三先生分類依據	2	2 始見	2 始見	2
劉建臻先生分類依據	12345678			

學者姓名 項目界定	薛　壽	劉熙載	成　孺	劉毓崧	梅　毓
1 生卒年代	1812～1872	1813～1881	1816～1883	1818～1867	1821～1850
2 祖籍	江都	興化	寶應	儀徵	甘泉
3 親戚關係				父劉文淇岳父是汪谷	詩人稽庵:梅植之子
4 師承關係			受學於母與師承羅士琳	受學父劉文淇	受父學
5 交游關係			乃劉貴曾之師	友曾國藩等人	友劉文淇包世臣劉寶楠等人
6 治學特色	精於說文	曆學典章音韻	承父志深於左傳學		通經術與詞章
7 學術成就	著讀經箚記	以藝概一書聞名	著禹貢班義述與心巢文錄	著春秋左氏傳舊注疏證	著疏穀梁傳
8 共具的群體意識			通博不拘一格		

支偉成先生分類依據			列於皖派經學家列傳 67	列於皖派經學家列傳 67	列於皖派經學家列傳 67
張舜徽先生分類依據			2	2	
趙航先生分類依據				34567	
曹聚仁先生分類依據					
王俊義先生分類依據					
楊晉龍先生分類依據			1234567	1234567	
賴貴三先生分類依據	2 始見	2 始見	2	2	2
劉建臻先生分類依據			12345678	12345678	

學者姓名 / 項目界定	劉恭冕	劉壽曾	劉嶽雲	劉師培	楊大壯	許珩
1 生卒年代	1824～1883	1838～1882	1849～1917	1884～1917	？	？
2 祖籍	寶應	儀徵		儀徵		
3 親戚關係	父劉寶楠	父劉毓崧外祖父汪谷	劉恭冕族弟	劉貴曾之子母李汝萱		
4 師承關係	劉寶楠等人	受父學與沈戢門先生		受母學與遠師成孺		
5 交游關係		友曾國藩馮夢龍等人		友蔡元培章太炎等人		
6 治學特色	經著加荀子等	致力左傳學		倡揚州學派自任		
7 學術成就	著論語正義	著春秋左氏傳舊注疏證	著五經算術疏義等書	著春秋左氏傳舊注疏證		
8 共具的群體意識	廣博					
支偉成先生分類依據	附劉台拱之下 3467	列入皖派經學家列傳 67		列入皖派經學家列傳 67		
張舜徽先生分類依據	2	2		2		
趙航先生分類依據	34567	34567				
曹聚仁先生分類依據						
王俊義先生分類依據						
楊晉龍先生分類依據	34567	1234567	列爲民國學者		於此始見	同上
賴貴三先生分類依據	2	2	2			
劉建臻先生分類依據	12345678	12345678		列於受劉氏之學影響者		

　　由上述表格可知，舉凡研究者所論述的揚州學者，大抵都以親戚、師承關係、交游狀況、治學特色、學術成就，乃至群體意識等作分類依據，所不同是有的強調乾嘉時期揚州學者（如王俊義先生、楊晉龍先生），有的以地籍為主（如張舜徽先生、賴貴三先生），然不論如何，他們都有著學術互動關係，是以若宏觀來看，列屬於揚州學者應無大礙；由於學者頗多，本論文則舉大家共識的代表人物，始自清初：王懋竑、朱澤澐，乃至王氏父子、段玉裁、寶應劉氏（劉台拱、劉寶楠）、汪中、汪喜孫、黃承吉、江藩、凌廷堪、焦循、阮元、凌曙、儀徵劉氏（劉文淇、劉毓崧、劉壽曾）、到民初：劉師培等人作論述。

第二節　清儒揚州學派情理論的形成

　　「問世間情為何物？直教人生死相許！欲望是罪惡的淵藪，還是人類文明的根源？」〔註126〕余安邦先生此一提問，似乎警醒了我們：情與欲的價值判斷，是否可貶為萬惡淵藪？至清乾嘉時，我們知道出現一位主「理本於情」說的學者，那就是戴震（1723～1777）。其大力推翻宋儒「太極圖說」後，大口品嚐白米芳香，正視起生民之欲。當有鑑於宋學「性理」探討空疏，回歸原始「儒家經典」之實證、求索，則發現原來孔孟有許多「以情絜情」之論說。〔註127〕是以主張「情之不爽失，謂之天理」。〔註128〕一反宋儒所謂「存天理，去人欲」之說。

　　在此，不禁使我們好奇：難道儒家原始經典，如《詩》、《書》、《易》、《禮》《春秋》、《論語》、《孟子》等等，即富涵許多「情理」論述？然何謂「情理」論？又儒家原始經典的「情理」內容為何？戴震又是如何論述與彰顯？而繼戴震之後，是否後繼有人？又如何承襲與闡揚？方導至晚清不少學者汲汲衝破傳統禮教束縛，大力倡導「人權」之自由與民主？諸如此類問題，皆是本節欲探討的。

〔註126〕余安邦先生：〈遂人之欲，夫復何求〉（導言），熊秉真、余安邦先生等編《情欲明清——遂欲篇》，（台北：麥田出版社，2004年3月），頁9。

〔註127〕如《論語・衛靈公》載：「己所不欲，勿施於人。」《論語・雍也》：「己欲立而立人，己欲達而達人。」（朱熹《四書章句集註・論語》，台北：大安出版社，1991年2月），頁166、頁92。

〔註128〕戴震：《孟子字義疏證》上，《戴東原先生全集》，（台北：大化書局，1978年），頁265。

一、儒家「情理論」的界定與轉變

「人」存在世上，不可能沒有「感情」，且「只有情感，才是人最首要最基本的存在方式」。〔註 129〕不過，長久以來，這個「情」的問題，一直未受到哲學界重視。或許我們受到西方哲學影響，認爲「情感」問題不是一個哲學的問題；〔註 130〕又或許中國哲學發展至宋明時，理學掛帥，對「道德形上」本體過度且深入探討，惟「純粹理」方止於至善，而情、氣乃渣滓，〔註 131〕一如宋・程頤所謂，是邪僻、萬惡之端。〔註 132〕難道中國哲學沒有「情理」〔註 133〕論述？殊不知：倘若我們仔細溯究原始——中國正統哲學代表：儒家經典而論，我們似乎可以發現到：儒家對「情」的探討與論述，非常的多，且視爲「人（仁）學」〔註 134〕重要內容。如孔子云：「上好信，則民莫敢不用

〔註 129〕 蒙恬元先生：《情感與理性》，（北京：中國社會科學出版社，2002 年 12 月），頁 4。

〔註 130〕 這方面，哲學家們主要是認爲情感是私人的、主觀的、非理性的；如果討論情感問題，就會使哲學陷入非理性主義。見鄔昆如先生《哲學概論・倫理價值—善》：「人生的現象，在生命的整個過程中，經過許多成敗得失，在情緒上有許多喜怒哀樂；……這種由情緒所導引出來的一些結論，是否不夠理性？」（台北：五南圖書公司，2002 年），頁 392。另在蒙恬元先生：〈劉蕺山的人學思想〉，此文更進一步提出中國哲學於性情問題研究不夠，另一主要原因即是受西方康德影響。雖康德亦提出「道德情感」，但康德是道德形上論者，其對道德情感基本上持否定態度（只有敬畏之情除外），認爲道德情感是心理的、經驗的，不能實現道德形上學。現代分析哲學中有一派，否定康德的道德形上學，主張道德出於情感。但他們所謂情感是指個人愛好、態度之類，仍舊沒有改變西方傳統觀念，即認爲情感是個人的、主觀的、易變的，因而以情感爲基礎的道德也是主觀的、相對的、非科學的。見鍾彩鈞先生主編《劉蕺山學術思想討論集》，（台北：中研院文哲所，1998 年 5 月），頁 7～8。

〔註 131〕 此一說出自朱熹：《朱子語類》卷 1，其云：「理無形，氣便粗，有渣滓。」（北京：中華書局，1994 年），頁 3。

〔註 132〕 見程頤：《文集・顏子所好何學論》，云：「性其情，……情至於邪僻，桎其性而亡之。」（《二程集》卷 8，台北：里仁書局，1982 年），頁 577。

〔註 133〕 事實上，早在先秦時，即有「緣情制理」說，《管子・心術》云：「禮者，因人之情，緣義之理，而爲之節文者也。故禮者，謂有理也。理也者，明分以喻義之意也，故禮出乎義，義出乎理，理因乎宜者也。」見春秋・管仲著、清・戴望校：《管子》卷 13，（台北：臺灣商務印書館，1956 年），頁 64。以見「禮」乃「情理」的表達，反推而論，是否「情理」論述即是「禮學」的哲理架構？又個人所查資料顯示，發現到針對「情理論」成專門一書者，則是始見明，袁了凡（1533～1606）的《情理論》。然此書惟見於《明史》著錄，已佚已久，實際內容如何，難以得知。

〔註 134〕 李中華先生：《中國人學思想史》云：「將"仁"規定爲人的本質，是孔子所創

情。」（《論語・子路》）、曾子云：「如得其情，則哀矜而勿喜。」（《論語・子張》）、孔子云：「仁者愛人」（《論語・顏淵》）、「己所不欲，勿施於人」（《論語・衛靈公》）、「己欲立而立人，己欲達而達人。」（《論語・雍也》）、「父爲子隱，子爲父隱，直在其中矣。」（《論語・子路》）；〔註135〕孟子云：「夫物之不齊，物之情也。」（《孟子・滕文公上》）、「乃若其情，則可以爲善矣。」、「以爲未嘗有才焉者，是豈人之情也哉？」、「義理之悅我心，猶芻豢之悅我口。」（《孟子・告子上》）、「聲聞過情，君子恥之。」（《孟子・離婁上》）、「可欲之謂善」（《孟子・盡心下》）、「人皆有不忍人之心……無惻隱之心，非人也；……惻隱之心，仁之端也。」（《孟子・公孫丑上》）；荀子亦云：「性者，天之就也；情者，性之質也。欲者，情之應也。以所欲爲可得而求之，情之所必不免也。」（《荀子・正名》）；《禮記・中庸》亦云：「喜怒哀樂之未發，謂之中；發而皆中節，謂之和。」；《禮記・禮運》云：「飲食男女，人之大欲存焉。」又《禮記・樂記》亦云：「人生而靜，天之性也；感于物而動，性之欲也。物至知知，然後好惡形焉。」乃至《易・繫辭傳》：「寂然不動，感而遂通天下之故。」

　　上述除情字外，我們似乎可以發現到儒家所謂愛、欲、隱、乃至不忍人之心、中與和、感而遂通皆與「情性」探討有關，是爲「情感理性」等論述，這方面，有學者謂之「情理」；〔註136〕又儒者之教，總以性情之教爲先，如論詩則是「溫柔敦厚，詩教也」，〔註137〕孔子亦云：「〈關雎〉樂而不淫，哀而不

　　　的。但"仁"的思想則是早已有之的。……《尚書・金縢》：『予仁若考』。」又《詩經・鄭風・叔于田》：『洵美且仁』。《詩經・齊風・盧令》：『其人美且仁』。……在《國語》中仁出現 24 次，基本意義都是愛人。又如在《左傳》中，仁字出現 33 次，除了愛人這個意義之外，還把一些德目也算做仁。……孔子對"仁"作了初步的規定，認爲人的本質就是仁，就是愛人，是人的社會性所決定的。仁是內在的道德感情與思想，禮是外在的倫理行爲與禮法。……仁決定禮，禮反映仁。……仁按其本義是一種人道主義思想，強調人們之間的仁愛、諒解、關懷、容忍，也強調廣大人民物質生活的安定與提高（安、信、懷和庶、富、教）等等。」（北京：北京出版社，2004 年），頁 35～39。

〔註135〕朱熹釋：「父子相隱，天理人情之至也。故不求直，而直在其中。」同註131，頁 146。

〔註136〕蒙恬元先生云：「儒家的理性是情理，即情感理性而不是與情感相對立的認知理性，……儒家的理性是有情感內容的，是"具體理性"而不是純粹形式的抽象理性。與西方哲學將情感與理性對立起來的二元論哲學以及視情感爲純粹私人的、主觀的、非理性的情感主義倫理學相比較，儒家重視情感共同性、普遍性，因而主張情感與理性的同一。這是儒家哲學的最大特點。」同註129，頁 2。

〔註137〕見漢・鄭玄注、唐・孔穎達疏：《禮記正義・經解》，《十三經注疏本》（5），（台

傷。」即便是性情之教二大原則：盡可以興到而心明，情抒而性顯。〔註138〕
而重視禮樂教化，正是秉持性情之教而來。《禮記·儒行》篇所謂溫良、寬裕、
敬慎、遜接等等，皆是「仁」的表現，即是「實情」展露也。〔註139〕《禮記》
重「情」特色，即是承繼其孔孟性情之教。唐君毅先生對此有言：

> 先秦儒學之傳中，孔孟之教原是性情之教，〈中庸〉、《易傳》諸書，
> 皆兼尊人之情性，如〈中庸〉言喜怒哀樂之發而中節謂之和，明是
> 即情以見性德之語。……〈中庸〉原在《禮記》中，《禮記》中其他
> 之文，亦與〈中庸〉、《易傳》之時代相先後。今就此《禮記》一書，
> 除其述制度者不論，其言義理之文，亦對性情皆無貶辭，其善言情
> 並甚於言性。其言人情為禮樂之原，則旨多通孟子，而大有進於荀
> 子者在。〔註140〕

可見儒學是重「情」的；本真之情——實情——本性，是為儒學理論的核心
價值；不過，儒家更是偏重個體的生命關懷（此即包括道德情感），現實人生
的關照。

漢之董仲舒（179～104BC）「始推陰陽為儒者宗。」乃於善惡理欲之辨加
以陰陽之說。如其《春秋繁露·深察名號》云：

> 身之名取諸天。天兩，有陰陽之施，身亦兩，有貪仁之性。天有陰
> 陽禁，身有情欲袄，與天道一也。
>
> 身之有性情也，若天之有陰陽也。言人之質而無情，猶天之陽而無
> 其陰也。〔註141〕

　　　　北：藝文印書館，1981年），頁845。

〔註138〕程兆熊先生：《儒家思想——性情之教》，（台北：明文書局，1986年4月），
　　　　頁17。

〔註139〕《禮記·儒行》中「尊讓」，熊十力先生以為：「溫良者，仁之本也。敬慎者，
　　　　仁之地也。寬裕者，仁之作也。遜接者，仁之能也。禮節者，仁之貌也。言談
　　　　者，仁之文也。歌樂者，仁之和也。分散者，仁之施也。儒皆兼此而有之，猶
　　　　且不敢言仁也。其尊讓有如此者。」又程兆熊先生：《禮記講義》則云：「其不
　　　　敢言仁，是尊讓，亦是實情。其溫良是實情，其敬慎是實情。其寬裕是實情，
　　　　其遜接是實情，其禮節是實情，其言談是實情，其歌樂是實情，其分散是實情，
　　　　而所謂實情，又全是本性。其本性如此，故實情如此。其實情如此，故尊讓如
　　　　此！」皆轉引自程兆熊先生：《儒家思想——性情之教》，同上注，頁20。

〔註140〕唐君毅先生：《中國哲學原論——原道篇二》，（台北：學生書局，1978年），
　　　　頁80～81。

〔註141〕漢·董仲舒：《春秋繁露·深察名號》，（上海：上海古籍出版社，1989年），

以天地陰陽二氣降落人身，則爲性情（理欲）兩端；性（理）乃「陽」的表徵，情（欲）則爲「陰」的內涵。故性陽情陰，情欲在此則賦與「陰」之意涵。而班固的《白虎通・德論》論「情性」亦云：

> 性情者何謂也，性者陽之施，情者陰之化也。人稟陰陽而生，故內懷五性六情，情者靜也，性者生也。〔註142〕

《白虎通》引《孝經鉤命決》云：

> 性生於陰，欲以時念也。性生於陽，以就理也。陽氣者仁，陰氣者貪。

又《孝經援神契》云：

> 性生於陰以計念，性生於陽以理契。〔註143〕

知在此所謂的「性」富蘊著仁、契理、生於陽之意涵；而「情」則是有利欲、貪、生於陰之義理在。以見「性善情惡」，論主二元，已是漢代流行之學說。似乎「情」已有所轉變。魏晉更是自然天道觀盛行，視天理純乎自然，貪欲出於人爲造作，惟推至自然天理之道，方是聖人之道，是以有無、本末、體用等辯論不斷，針對聖人有情無情亦探討不休。〔註144〕

情欲論述發展至隋唐，如李翱（772～841）《復性書》，則是以爲人的本性是善的，寂靜無染，然現實上之所以少有人達此聖人境界，是因爲人的邪妄之「情」障蔽了「性」。人要成聖，就必須「滅情復性」。其所謂：

> 人之所以爲聖人者，性也；人之所以惑其性者，情也。喜怒哀樂愛惡欲七者，皆情之所爲也。情既昏，性斯匿矣，非性之過也。七者循環而交來，故性不能充也。……性者，天之命也；聖人得之而不惑者也。情者，性之動也；百姓溺之而不能知其本者也。……情之動弗息，則不能復其性而燭天地爲不極之明。〔註145〕

頁 266。

〔註142〕漢・班固：《白虎通・德論》第 8 卷，（王雲五主編《四部叢刊初編本・子部》（25），台北：臺灣商務印書館，1965 年），頁 60。

〔註143〕二者見清・黃奭輯《黃氏逸書考・通緯》(10)，（《原刻景印叢書集成三編》，台北：臺灣商務印書館，1955 年），頁 7、頁 26。

〔註144〕湯用彤先生：〈王弼聖人有情義釋〉一文，知魏晉時有不少學者針對聖人有情無情作探討，如：何晏、鍾會以爲聖人無喜怒哀樂之情，是以「聖人無情，故無累於物。」但是王弼不以爲然，其以爲聖人有情，所謂：「聖人茂於人者神明也，同於人者五情也。神明茂，故能體沖和以通無；五情同，故不能無哀樂以應物。然則聖人之情，應物而無累於物也。」此轉引自何紹《王弼傳》，（《魏晉玄學論稿》，《魏晉思想》乙種三編，台北：里仁書局，1995 年），頁 75。

〔註145〕李翱：《復性書》，（《李文唐李文公集》，東京：古典研究會，1977 年），頁 818。

知「情」在此乃被視爲邪惡的,當闇闇之情障蔽了本性,如此性善便無法彰顯,所以修養工夫首要在「滅情復性」。又性本寂靜,是以須由「澄靜」工夫以復性。以見「情」的發展至此,已根深柢固貼上「惡」的標籤。

至宋(元)明之理學,主道德爲第一義,探究形上抽象本體,則以天理、天道作代表,希由通過人心性涵養、正心誠意工夫實踐,使「人心」復歸於「道心」。是以宋儒建立起儒學的宇宙論,也爲人的道德本體建立了根源於天的形上源頭;所謂道德本體即是道體,性即是形上存有之本體。如:程頤(1033~1107)云:

> 秉於天謂性,感爲情,動爲心。〔註146〕

又:

> 心譬如穀種。生之性,便是仁;陽氣發處乃情也。〔註147〕

又:

> 人之所以不能安其止者,動於欲也。〔註148〕

又:

> 人心私欲,故危迫;道心天理,故精微。滅私欲,則天理明矣。
> 〔註149〕

朱熹(1130~1200)亦云:

> 性無不善。心所發爲情,或有不善,……情之遷於物而然也。

又:

> 聖賢千言萬語,只是教人明天理,滅人欲。〔註150〕

又:

> 天理存則人欲亡;人欲勝則天理滅。〔註151〕

在此僅列舉程頤與朱熹之見,我們即可發現到儒學義理發展至此,即落在形上抽象之理來講。視形上之理純然至善,相對地,亦意味其視形下「成形之氣」,駁雜不純。事實上,周敦頤(1017~1073)早云:「無欲則靜。」又「養

〔註146〕二程:《二程遺書》卷24,(上海:上海古籍出版社,2000年),頁370。
〔註147〕同上注,卷18,頁232。
〔註148〕程頤:《易傳》,(《二程全書》(釋艮卦象辭),台北:中華書局,1979年),頁391。
〔註149〕程頤:《伊川先生語十》,同注21,頁369。
〔註150〕前者見朱熹:《朱子語類》卷5〈性理二〉,後者見卷12〈持守〉,同注6,頁89、頁207。
〔註151〕同上注,卷13〈學七〉,頁224。

心不止於寡而存耳，蓋寡焉以至於無。」張載（1020～1077）亦云：「氣質之性，君子有弗性者焉。」〔註152〕見宋儒將「氣欲」與「性理」對立。以「性即理也」〔註153〕為人道德主體，亦是形上純然至善之理之落實；相對地，形下氣化一切，包括氣、欲、情等皆有清濁、昏明、善惡之別，甚至「欲」擾亂情性，使人放失本心，以致陷溺不善之源。因此，涵養工夫，就是要養心寡欲，乃至於「無欲」，不受紛雜私欲主使，一本良知本性作自己主宰，如此方能「無欲則剛。」如此，人心復歸於道心，便可知致、心正、而身修矣。

　　至明時，王陽明（1472～1529）更是提出心即是理、致良知、知行合一說，強調「天理自然明覺發現處」即是一「良知」，而「良知」即是「心」的本體，是以主體自覺努力即可知天理，至「至善」。然情與欲皆是良知之蔽矣；其云：

> 喜怒哀樂愛惡欲謂之七情，七者具是人合有的，但要認得良知明白。……七情有著俱謂之欲，俱為良知之蔽。

又：

> 無善無惡者理之靜，有善有惡者氣之動，不動于氣，即無善無惡是謂至善。〔註154〕

知「致良知」以存「天理」。涵養工夫不外是去除人性中不合乎「天理」的東西，即「人欲」。所以「存天理，去人欲」更是彰顯。儒家「情欲價值觀」更是一律打至陰朝地府，永無見天日之時。此時，加在婦女的枷鎖更是繁複，「浸豬籠」之說便是在此盛行。〔註155〕

〔註152〕周敦頤之說見《通書》20章，（朱子注《通書注》，《朱子全書》第13冊，上海：上海古籍出版社，2002年），頁116；後者見《周子全書》卷17，（台北：廣學書社，1975年），頁334；張載之說見《正蒙‧誠明》，王夫之注《張子正蒙注》，（台北：河洛出版社，1975年），頁92。

〔註153〕同注146，《二程遺書》卷22，頁347。

〔註154〕前者見王陽明：《陽明全集‧傳習錄下》；後者見《陽明全集‧傳習錄上》，（上海：上海古籍出版社，1992年），頁111、頁29。

〔註155〕關於「浸豬籠」始於何時，今無從得知，但據《民明書房刊》──『古辭語大百科』中，可知是：在明代盛行「御敕貞節牌坊」的年代裏，一個女人如果被發現有婚前性行為，或是紅杏出牆的情事，是一件極為嚴重的事情，是對整個鄰里的一種恥辱，那時鄉親們會動用私刑，浸豬籠、火刑、鐵掃帚等刑罰。而且有極少數的鄉鎮同時擁有五座以上的貞節牌坊可以構成天堂路。另外，最常見的刑罰，謂之「破麻」，就是將人裝進麻布袋裡群毆致死。由於群情激憤出手特重故幾乎不會有活口，而事後麻布袋更是破爛不堪。是故後人就以「破麻」形容沒有貞操不守婦道的女子。此資料摘自：http://tw.knowledge.yahoo.com/question/?qid=1005010901967。

　　陽明之後，所謂「心學」分化，〔註156〕然不論如何分化，其論述重點則是強調「現成良知」、「心外無理」之頓悟，不然即是「歸寂」體道之漸修；前者如王畿（1498～1583）所謂：「君子之學，貴得於悟。」又「工夫只求日減，……減得盡便是聖人。」〔註157〕後者一如聶豹（1487～1563）倡「主靜則氣定，氣定則澄然無事，此便是未發本然……。」〔註158〕以見均是重「主觀內省」工夫，對於陽明「學問思辨」的修養與體證方法，皆已棄之不顧。至泰州學派（王門左派），〔註159〕如王艮（1483～1541）更是鄙視「見聞之知」，所謂：「反求諸身，把柄在手，……便是宇宙在我，萬化生身矣。」又「良知原有不須知，……沒有良知之外知。」〔註160〕知王學末流已走向倡談「空疏之義理」、「內省修身」之途，於「明道濟世」漸行漸遠。

二、「存天理，滅人欲」的反動思潮

　　雖然「存天理，去人欲」之說盛行，但不可否認，儒家的「情理論」至明末正是暗潮洶湧，俟機而動。據張壽安先生云：「觀察十七世紀以降的文化走向，將之分為兩大流派，一是情欲論述，一是禮教反省。」〔註161〕或許與其社會環境變化——工商業繁榮、西方文化入侵，乃至生活富庶有關，是以人們方正視「情欲」價值，尤其文學作品表現更是如此（如《金瓶梅》言情小說產生），而著名文學家：馮夢龍（1574～1646）更是奉六經皆「情教」之

〔註156〕于化民先生：《明中晚期理學兩大宗派的對峙與合流》提出：僅《明儒學案》所列，就有姚江、浙中、江右、南中、楚中、泰州等學案。關於王門後學之分派，就當時已有「二派說」（王門高足聶豹首倡其說）、四派說（係王門弟子胡瀚提出）、六派說（為王畿所持之論）。（台北：文津出版社，1993 年 2月），頁 39～41。

〔註157〕王畿：《王龍溪先生全集》卷 1、卷 6，（台北：華文出版社，1970 年），頁 97、頁 484。

〔註158〕黃宗羲著、沈芝盈先生點校：《明儒學案》卷 17，（台北：華世出版社，1987年），頁 379。

〔註159〕同註 156，于化民先生云：「此「王門左派」不過是一政治社會上的概念，如果從哲學上考察，泰州學派則極大地闡發了王守仁的主觀唯心論思想。又一次把它推向極端。」頁 58。

〔註160〕王艮：《王心齋先生全集》卷 2，（台北：廣文書局，1975 年），頁 65、頁64。

〔註161〕張壽安先生：〈我欲立情教，教誨諸眾生——跨越時空論「達情」〉（序言），張壽安先生、熊秉真先生合編《情欲明清——達情篇》，（台北：麥田出版社，2004 年 9 月），頁 10。

經典，欲教誨諸眾生。〔註162〕

　　當時學術可謂一股暗伏思潮汨汨而動，那就是對理學反省與批判的思潮，這亦就是明清之際思想最大轉變，有學者以爲此轉變最大特色即是所謂「情欲解放」。〔註163〕如：呂坤（1536～1618）即云：

　　世間萬物皆有欲，其欲亦即天理人情，天下萬世公共之心。〔註164〕

又：

　　物理人情，自然而已。聖人得其自然，以觀天下……拂其人欲自然之私，而順其天理自然之公。故雖有倔強錮蔽之人，莫不憬悟而馴服。則聖人觸其自然之機，鼓其自然之情也。〔註165〕

又：

　　私，則利己徇人，而公法壞。……公法壞，則豪強得以橫恣，貧賤無所控訴，多愁怨。〔註166〕

知此明末時，對「私欲」有所肯定，但對「我執」，「利己之私」則不表認同。然於情於理皆視爲「自然」表現，只是有從公與從私之別。而一直視爲與天理相對的「人欲」也不再貶値，反而具有「天理人情」之意義；此「欲」似乎在此亦不再僅限「個己」生理、本能的情欲，而是富涵生活領域各方面，或是進取、安頓之圖謀，或是希求利他、爲眾、爲公的道德領域。日本溝口雄三先生則以爲這「自然人欲」一辭，乃是「人欲」一詞開始轉爲正面的最早例子。〔註167〕

　　因強烈飢餓感，打破三教界限道統觀，是以有番自我主張的李贄〔註168〕

〔註162〕馮夢龍《情史類略・情史敘》云：「六經皆情教也。《易》尊夫婦，《詩》有〈關雎〉，《書》序嬪虞之文，《禮》謹聘奔之別，《春秋》於姬姜之際詳然言之。豈非以情始於男女，凡民之所必開者，聖人亦因而導之，俾勿作於凉。」(《古本小説集成》第68冊，上海：上海古籍出版社，1981年)，頁8。

〔註163〕李明輝先生：〈情欲解放乎：論劉蕺山思想中的「情」〉，收錄於張壽安先生、熊秉眞先生合編：《情欲明清——達情篇》，同註161，頁83。

〔註164〕呂坤著、朱恆夫注評：《呻吟語》卷5，(南京：江蘇古籍出版社，2002年)，頁379。

〔註165〕同上注，卷五，頁391。

〔註166〕呂坤：《呂子節錄》卷上，(台北：廣文書局，1975年)，頁75。

〔註167〕日・溝口雄三先生著、陳耀文先生譯：《中國前近代思想之曲折與展開》，(上海：上海人民出版社，1997年8月)，頁14。

〔註168〕李贄：《焚書》卷3〈子由解老序〉云：「道之於孔、老，猶稻黍之於南北也，……使子之於道若今之望食，則孔、老暇擇乎！」(張建業先生主編《李贄文集》，

（1527～1602）亦云：

> 穿衣吃飯即是人倫物理。

又：

> 夫厥初生人，唯是陰陽二氣，男女二命耳，初無所謂一與理也，而何太極之有！〔註169〕

又：

> 夫天下之民物眾矣。若必欲其皆如吾之條理，則天地亦且不能。是故寒能折胶而不能折朝市之人。……何也？富貴利達所以厚吾天生之五官，其勢然也。是故聖人順之，順之則安之矣。〔註170〕

又：

> 夫私者人之心也，人必有私而後其心乃見，若無私則無心矣。〔註171〕

其為了證明「人必有私」，進一步舉例說明：

> 如服田者，私有秋之獲而後治田必力。居家者，私積倉之獲而後治家必力。如學者，私進取之獲而後舉業之治也必力。……然則為無私之說者，皆畫餅之談，觀場之見，但令隔壁好聽，不管腳根虛實，無益於事。只亂聰耳，不足採也。〔註172〕

又：

> 蓋聲色之來，發乎情性，依乎自然，是可以牽合矯強而致乎？故自然發乎情性，則自然止乎禮義，非情性之外復有禮義可止也。惟矯強乃失之，故以自然之為美耳，又非于情性之外復有所謂自然而然也。〔註173〕

以見情欲至此不再視為與「天理」相抗，相反的，情性是自然而然的情性，禮義更非外在的強制，而是人「發乎情性」，「依乎自然」的表現，此乃是真誠的禮義，否則，則是虛矯，虛矯則偽也，此乃不合人的本性。而一切生命肇始於陰陽二氣之化育，陰陽二氣猶如「夫婦」，夫婦之間惟有「情」在維繫，

　　　　北京：社會科學出版社，2000年），頁103。
〔註169〕前一則見李贄〈答鄭石陽〉，後一則見李贄《初潭集・夫婦篇總論》，同上注，頁4、頁1。
〔註170〕見李贄〈答耿中丞書〉，同上注，頁16。
〔註171〕見李贄：《藏書・德業儒臣後論》，同上注，頁626。
〔註172〕同上注，頁626。
〔註173〕見李贄：《焚書・讀律膚說》，同上注，頁123。

所以「一」或「理」皆玄遠，不如「情」方能「保合太和，各正性命」。又「私」
——人皆有之，正因有「私欲」，所以可激發其向上、進取，積極努力改善貧
苦生活之意圖。又人們追求物質利益的欲望是遏制不住的，上位者只有順應
人們追求利益之欲望，使人們各因其才而各遂其欲，方能建立一既有競爭又
平和的社會，否則，無論如何高倡義利之辨，人民眼見上位者窮奢極欲，而
自己卻不得溫飽，這天下豈有太平、豈有不亂者乎？然李贄對於人有「私欲」
圖利之傾向，雖持有積極正面看法，但並非主張聖人「恣情縱欲」說。所謂：

> 今不思致慮之由，而但享逸豫之福，固宜其盡喪于豫而福反為禍
> 矣。……聖人之樂，初不出于發憤之外，舍發憤而言樂，曾是知
> 樂？……食亦不直，憂亦不知，老亦不知，惟終身發憤為樂是知，
> 則其視人間逸豫之樂真不能以終日矣！〔註174〕

見李贄強調「自然發乎情性」，但不以恣情縱欲為樂；相反的，其以為聖人所
謂的「樂」，是以「發憤」為樂，是對真理、正義追求為樂。所以「滿街都是
聖人」即在「以情欲為性命」不停探索，在產生情欲根源處樂見性命之真，
實與「以情欲為情欲」眾生不同。

　　事實上，除李贄之外，明末「泰州學派」其他學者即已播下「情欲」論
述種子，〔註175〕不過，由於缺乏實踐工夫，流於猖狂蕩越之弊，是以埋下形
上與形下分崩離析的危機。〔註176〕其師蕺山亦評其墮落到「猖狂者參之以情
識」的流弊。〔註177〕所以有學者以為：學術上從道德形上學到「達情遂欲」
的典範轉移是另一路思惟，與此泰州學派的「縱情恣欲」說是不可簡單混為
一談的，畢竟這是兩條不同思路的。〔註178〕依此，本論文於泰州學派其他學
者「情欲」論則略述。

〔註174〕見李贄：《九正易因》，同上注，頁134。
〔註175〕如王心齋云：「百姓日用條理即是聖人之條理也。」《心齋全集》卷 3；羅近
　　　　溪云：「天命之性，固專為仁義禮智也已，然非氣質生化呈露發揮，則五性何
　　　　從而感通，四端何自而出見也耶？」《一貫編·大學》，《耿中丞楊太史批點近
　　　　溪羅子全集二十四卷》，《四庫全書存目叢書》，（台南：莊嚴出版社，1997 年），
　　　　集 129，頁 639。
〔註176〕關於此觀點，詳見鄭宗義先生：〈性情與情性：論明末泰州學派的情欲觀〉，
　　　　同注 161，頁 41。
〔註177〕劉蕺山：〈證學雜解·解二十五〉，《劉宗周全集》第 2 冊卷 8，（台北：中研
　　　　院文哲所，1996 年），頁 325。
〔註178〕同注 176，頁 41。

　　另外，我們也可發現到主「慎獨」的劉宗周（1578～1645），（亦是泰州學派的導師）對「情」亦是相當重視。但其將「情」的地位，與「仁義禮智」、「元亨利貞」統一論述，而賦與她與心、性、理同等位階。〔註179〕然在此吾們要辨明是：劉氏所謂的「情」，是專指《禮記‧中庸》所謂「喜怒哀樂」而言，並非所謂「喜怒哀樂愛惡欲」七情，只不過喜怒哀樂四氣可轉化為七情，所謂：

> 喜也而溢為好，樂也而溢為樂，怒也而積為忿懥，一哀也，而分為
> 恐、為懼、為憂、為患。非樂而淫，即哀而傷。〔註180〕

可發現到其以「喜」逾越常度，則變為「好」；樂過了頭則是「樂」（形下之樂）；怒蘊積後，則變為「忿懥」；而「哀」則有「恐、懼、憂、患」之情。學者以為此「情」論述類似斯賓諾莎（Spinoza，1632～1677）「情感」的分析。〔註181〕若是如此，劉氏之情便是一種「感觸」動因，非一般「情欲解放」所能企及。

　　觀明代民間善書《了凡四訓》作者──袁了凡（1533～1606），即有《情理論》一書產生。〔註182〕而在明末文壇公安派代表人物──袁宏道（1568～1610），對於「理（性）」與「情」關係問題上，即持有「理在情內」的觀點，〔註183〕為此在文藝創作上則有所謂「獨抒性靈，不拘格套」之說。〔註184〕

〔註179〕劉蕺山：〈學言上〉云：「喜怒哀樂，性之發也；因感而動，天之為也。」〈學言中〉：「《中庸》言喜怒哀樂，專以四德言，非以七情言也。……四時之氣所以循環而不窮者，獨賴有中氣存乎其間，於心為真實無妄之心，於天道為乾元亨利貞，而於時為四季。故自喜怒哀樂之存諸中而言，謂之中，不必其未發之前別有氣象也；即天道之元亨利貞，運於於穆者是也。自喜怒哀樂之發於外而言，謂之和，不必其已發之時又有氣象也；……惟存發總是一機，故中和渾是一性。如內有陽舒之心，為喜為樂，外即有陽舒之色，……推之一動一靜，一語一默，莫不皆然。」同注177，頁488～490。對此「情」，後來唐君毅先生視為「天情」，見其《中國哲學原論‧原教篇》，《唐君毅全集》卷17，（台北：學生書局，1991年），頁506～513。
〔註180〕同上注，頁487。
〔註181〕李明輝先生：〈情欲解放乎：論劉蕺山思想中的「情」〉，同注161，頁120。
〔註182〕據張廷玉等撰《明史》〈曆志〉、〈藝文〉與〈循吏列傳〉等記載，知袁了凡（本名袁黃、字坤儀）的著作包括《曆法新書》五卷、《寶坻勸農書》二卷、《皇都水利》一卷、《群書備考》二十卷、批削《四書》《書經集注》而成《刪正》等。其餘還有《寶坻政書》、《情理論》、《了凡四訓》、《祈嗣真詮》（醫書）等書。（《二十五史》（46～50），台北：臺灣商務印書館，1967年）
〔註183〕詳見袁宏道著、錢伯城箋校：《袁宏道集箋校》44卷〈德山塵談〉，（上海：古籍出版社，1981年），頁1290。

　　學術殿堂雖瀰漫著「王學」思想，但明末王學已走至「束書不觀，游談無根」之弊病，甚至，在花街柳巷中，尋究菩薩路；一如梁啓超先生所謂：

> 陽明這邊的末流，也放縱得不成話。如何心隱、李卓吾等輩，簡直變成一個「花和尚」。他們所提倡的「酒色財氣不礙菩提路」，把個人道德、社會道德一切藩籬都衝破了。〔註185〕

當清兵入侵時，天下尚王學者竟無一人敢挺身而出，而是一味空談玄理，是以眼睜睜地看著「明亡」了。清初學者，有鑑於理學空疏，無濟於世，故學者紛紛主「經世致用」之學，返回經典實事求是，探索義理，以經世濟民，如顧炎武（1613～1682）云：「君子之學，以明道，以救世也。」〔註186〕

　　此時學者對情與私，則更進一步有所發揮。如主「天理存在人欲」之見的陳確（1604～1677）云：

> 天理正從人欲中見，人欲恰好處，即天理也。……忠孝節義，獨非人之所欲乎？……欲即是人心生意，百善皆從此生。……即人欲即天理。〔註187〕

又：

> 眞無欲者，除是死人。〔註188〕

正視「人欲」之要，是人人基本需求，不可能無，除非是死人。人人皆有「欲」，但亦非放縱，而是恰到好處，無過無不及，這就是天理展現。對性、情、才與氣，則同等視之，所謂：

> 氣質即義理，……猶云性即理也。〔註189〕

又：

> 性之善不可見，分見於氣、情、才。情、才與氣，皆性之良能也。
> 〔註190〕

在此，陳確取消「氣質之性」與「義理之性」之分。視氣、情、才與性同，

〔註184〕同上注，卷4，〈敘小修詩〉，頁187。
〔註185〕梁啓超先生：《中國近三百年學術史》，（台北：里仁書局，2002年），頁4。
〔註186〕顧炎武：〈與人書二十五〉，《亭林文集》卷4，（收入《叢書彙編》第一編，台北：華文書局，1970年），頁3。
〔註187〕陳確：〈與劉伯繩書〉，《陳確集・近言集》，（北京：中華書局，1979年），頁466。
〔註188〕同上注，〈瞽言一〉，《陳確集・別集》，頁425。
〔註189〕同上注，頁465。
〔註190〕同上注，〈氣情才辨〉，《陳確集・別集》，頁451。

有善而無惡，且皆是「義理」之氣質性。另外，山西學者傅山（1607～1684）把形上天理落實到形下事理來談，將迷離恍惚的「理在氣中」具體化，所謂：

> 理之一字，在先聖贊《易》初見之，"君子黃中通理"。……物之縝密精微者，故理从玉。……韓非曰：理者，成物之文也。解理字最明切矣。

又：

> 氣蒸成始有理，山川、人物、草木、鳥獸、蟲魚皆然。若言理在氣先，但好聽耳，實無著落。〔註191〕

爲清初三大學者——（一）黃宗羲（1610～1695）云：

> 天地之間，只有氣，更無理。所謂理者，以氣自有條理，故立此名耳。

又：

> 抑知理氣之名，由人而造，自其浮沈升降者而言，則謂之氣；自其浮沈升降不失其則者而言，則謂之理。蓋一物而兩名，非兩物而一體也。〔註192〕

又：

> 有生之初，人各自私，人各自利也。後之爲人君者不然，……使天下之人不敢自私，不敢自利，以我之大私爲天下之大公，……向使無君，人各得自私也，人各得自利也。〔註193〕

黃宗羲在此以「理氣」之名是由人造出來的，然天地間無所謂「理」，只有「氣」；「理」是指這浮沈之「氣」不失其則，「氣」的變化自有條理，則謂之「理」。又人生之初，本自「自私自利」，皆爲保護自我以求生存的。後來君王使天下人不敢自私自利，要天下人爲上位者之私利汲汲營營，便成「以我之大私爲天下之大公」。倘若沒有這樣的君王，人人必謀自己之私利也。可看出明末李贄等人所倡「私」、「欲」、「穿衣吃飯皆是理」等說，在此皆擴大其範圍，深入探討。黃宗羲的思想，即是把治世的出發點置於民之「自私自利」來談，

〔註191〕傅山：《傅山手稿一束》，（劉貫文先生等編《傅山全集》，太原：山西人民出版社，1991年），頁514、515。

〔註192〕前者見黃宗羲：《明儒學案・肅敏王浚川先生廷相》，後者見《明儒學案・學正曹月川先生端》，《黃宗羲全集》第 8 冊，（杭州：浙江古籍出版社，2005年），頁487、355～356。

〔註193〕黃宗羲：《明夷待訪錄・原君》，（台北：金楓出版社，1987年），頁27。

惟使人民自利自得充足，則天下太平矣。因此，極反對「天下之利集於君主」
一人所擁有，此君主一己之大私謂之大公，乃是專制集權表現，是富足君主
一己，非恩施於天下百姓。所以黃宗羲思想是從「民本」出發，希能推翻傳
統一元專制，達到富民之境。此思想於晚清時影響甚巨，革命派與保皇黨都
將之視爲中國境內反君主制的先驅人物，或是民權主義的先驅。〔註194〕侯外
廬先生則以爲是「近代民主思想的先驅人物」。〔註195〕

（二）顧炎武（1613～1682）對此亦有所探討，其云：

> 孟子論性，專以其發見乎情者言之。

又：

> 天下之人，各懷其家，各私其子，其常情也。……爲天子、爲百姓
> 之心，必不如其自爲。

又：

> 自古帝王爲治之道，莫先乎親親。

又：

> 人人親其親，長其長，而天下平矣。

又：

> 自天下爲家，各親其親，各子其子，而人之有私固情之所不能免
> 矣。……人之有私，固情之所不能免矣。故先王弗爲之禁，非惟弗
> 禁，且從而恤之。……合天下之私，以成天下之公，此所以爲王政
> 也。……世之君子，必曰有公而無私。此爲後代之美言，而非先王
> 之至訓矣。〔註196〕

顧炎武則是對人的情與私是肯定的，且以「情」論「性」。將宋儒「性」——天
理落實形下氣化經驗界，所以「性發見乎情」也。此一說，學者以爲乃承襲明
末公安派「理在情內」思想而來。〔註197〕又因「私」，所以愛有等差，不論如

〔註194〕同注167，頁232。
〔註195〕侯外廬先生：〈十七世紀的思想啓蒙〉，《中國思想通史》卷5，北京：人民
　　　　出版社，1956年），頁155。
〔註196〕同注186，第一、二則見〈郡縣論五〉，《亭林文集》卷1，頁2、頁4；另依
　　　　序見其〈未有上好仁而下不好義者也〉、〈宗室〉、〈言私其豵〉，《原抄本日知
　　　　錄》，（台北：明倫書局，1970年），頁279、185、68。
〔註197〕這一說法見周可眞先生：《明清之際新仁學——顧炎武思想研究》，又云：「顧
　　　　炎武這個觀點和後於他一個世紀的清代學者袁枚（1716～1798）關於"性
　　　　不可見，于情而見之"和"即情以求性"的觀點一致。然此觀點源自明公

何，必先親其親，進而仁民愛物。如此，並非「不仁」，而是人自然本性，此毋可欺也，所以顧炎武的仁道觀，可謂是一「非私則仁無所寓」的論述。〔註198〕雖說其認同「私欲」，但亦揭露出一般人欠缺對群體、公眾的付出與關懷之欲。

（三）王夫之（1619～1692）云：

> 理盡則合人之欲，欲推即合天之理，于此可見人欲之各得，即天理之大同。

又：

> 人之施諸己者不願，則以此絜彼，而知人之必不願也，亦勿施焉。
>
> 以我自愛之心而爲愛人之理，我與人同乎其情，則又同乎其道也。
>
> 人欲之大公，即天理之至正矣。〔註199〕

王船山先生則以「人人有己」，可知他人之心，故可將心比心；己所不欲，想必亦是他人所不欲，如此，則勿施於人也。以自愛之心而爲愛人之理，人同此心，心同此理，是以「人欲」中「推己及人」，即是「天理」之至正。所以在「人欲」中可建立一「存人欲」的天理也。

之後，倡力行哲學，重實踐的顏元（1635～1704）、李塨（1659～1733）亦認爲「理氣一致」、「理在事中」，所謂：

> 蓋氣即理之氣，理即氣之理，烏得謂理純一善而氣質偏有惡哉！
>
> 〔註200〕

又：

> 夫事有條理曰理，即在事中。今曰理在事上，是理別爲一物矣。理虛字也，可爲物乎？天事曰天理，人事曰人理，物事曰物理。詩曰：
>
> 有物有則；離事物何所爲理乎？〔註201〕

可見事事皆有理，理乃物的法則，並非形上的天理謂之理。後來，唐甄（1630～1704）進一步提出「智」可燭照萬事萬物之「理」，乃修身修德之本，所謂：

安派"理在情內"思想而來。」（北京：中國大百科全書出版社，2006年），頁93。

〔註198〕此一觀點，見周可真先生：《明清之際新仁學──顧炎武思想研究》，同上注，頁95。

〔註199〕前者見氏著《讀四書大全說》，後者即《四書訓義》卷3，（《船山全書》，長沙：嶽麓書社，2000年），頁416、頁170。

〔註200〕顏元：《存性編》卷1，《顏元集》，（北京：中華書局，1987年），頁14。

〔註201〕李塨：《論語傳注問・子張》，（《顏李叢書》（3），台北：廣文書局，1965年），頁906。

> 性渾無物，中具大明，智所由出。苟善修之，物無不通。智之本體，
> 同于日月。……三德之修，皆從智入；三德之功，皆從智出。智之
> 眞體，流滿充盈，……仁得之而貫通，義得之而變化，禮得之而和
> 同，……以智和德，其德乃神。是故三德之修，皆從智入。……德
> 雖至純，不及遠大，皆智不能道之故。……是故三德之功，皆從智
> 出。此爲大機大要。〔註202〕

以「智」乃性中之「大明」，同於日月，爲仁、義、禮三德之本；有了「智」，
仁可貫通而廣大，義因時而變化，禮則變通而和同，故「智」乃道德修養的
關鍵。又「心之智識」可滿足美好生活之欲望，是五欲之要，而「欲」源於
「血氣」之中，是人性自然的存在與發展不可分割部分。所謂：

> 蓋人生於氣血，氣血成身，身有四官，而心在其中。身欲美於服，
> 目欲美於色，耳欲美於聲，口欲美於味，鼻欲美於香。其爲根爲質
> 具於有妊之初者，皆是物也。……心之智識，皆爲五欲之機巧，還
> 以助心之智識。〔註203〕

觀明至清「理、性、氣、欲」發展，可發現到學者多已主張「理落於事理、
物理，人倫日用中」，性不離氣，性氣同一，且強調「智識」爲入理關鍵，修
德之本；情欲一如性理，是人不可或缺元素，此欲不再僅指是生理本能之欲，
乃擴大至「動機」之意義，可對一切美好的追求或進取與突破。相對於宋明
理學所強調外在規範，以修德養性，缺乏內在自我充實，則不免「空洞」，至
此，則不再爲人所重。然此正視實際的「情欲之論」至清乾嘉，戴震方始正
式大聲呼籲與倡導，即所謂「達情遂欲」之說。

三、「情理論」闡揚與衍續

（一）情理論闡揚

　　「情理論」發展至戴震，則有所謂「戴震哲學」之說，依梁啓超先生研
究，則是所謂的「情感哲學」。〔註204〕是以有學者以爲此一「情感哲學」，正

〔註202〕唐甄：《潛書・性才》（台北：河洛出版社，1974年），頁47～48。
〔註203〕同上注，《潛書・七十》，頁106～107。
〔註204〕梁啓超先生云：「《疏證》一書，字字精粹，……綜其內容，不外欲以『情感
　　　　哲學』代『理性哲學』。」《清代學術概論》，（臺北：里仁書局，1995年），
　　　　頁38。

是「從中世紀幽冥王國中掙脫出來，爲人民百姓帶來現代都市社會的馨香」。〔註205〕

　　然戴震「情感哲學」主要出自其「儒家」義理著述，即《法象論》、《原善》、《緒言》、《孟子私淑錄》、《孟子字義疏證》等書。〔註206〕以見儒家「情理論述」經過漢「性善情惡」轉變，歷宋明「存天理，去人欲」推至極端後，這一千多年來沉淪埋沒後，於此大顯其價質與發揚其義理。然戴震「情理」內涵是什麼？在此，個人分幾點研析：

　　1.「理」——形下氣化萬物之理則

　　這方面，戴震以《易經》的「陰陽氣化」流行本身論「道」，所謂：

> 一陰一陽流行不已，夫是之爲道而已。……天道，陰陽五行而已矣。
>
> 人物之性，咸分於道，成其各殊者。〔註207〕

以「道」是陰陽五行氣化而來，是以現實一切皆有「道」、皆有「理」在，是以天下事各有其理；然所謂理：

> 理者，察之而幾微必區以別之名也，是故謂之分理；在物之質，
> 曰肌理、曰腠理、曰文理；得其分則有條不紊，謂之條理。〔註208〕

又：

> 舉凡天地、人物、事爲，不聞無可言之理者也。《詩》曰：「有物有
> 則」是也。就天地、人物、事爲求其不易之則是謂理。……就天地、
> 人物、事爲求其不易之則，以歸于必然，理至明顯也。〔註209〕

知戴震所謂「理」是指一切事物本身所具有的基本原則、原理。是以其《緒言》亦強調：

> 凡物之質，皆有文理，燦然昭著曰文，循而分之，端緒不亂曰理。
> 故理又訓分，而言治亦通曰理。……蓋氣初生物，順而融之以成質，

〔註205〕許蘇民先生：《戴震與中國文化》，（貴陽：貴州人民出版社，2000年10月），頁139～140。

〔註206〕段玉裁：《戴東原先生年譜》，此書尚載：「先生嘗言：『作《原善》首篇成，樂不可言，吃飯亦別有甘味。』」乾隆二十八年條、乾隆三十七年條等，（台北：崇文書店，1971年），頁70～73。

〔註207〕戴震：〈天道二〉，《孟子字義疏證》卷中，（《戴東原先生全集》，台北：大化書局，1978年），頁300。

〔註208〕同上注，〈理〉，《孟子字義疏證》卷上，頁288。

〔註209〕戴震：《孟子私淑錄》卷上，（戴震未刊稿，此見於余英時先生：《論戴震與章學誠》附錄）

> 莫不具有分理，則有條而不紊，是以謂之條理。以植物言，其根自
> 理而達末……以動物言，……血氣之所循，流轉不阻者，亦于其理
> 也。……舉凡天地、人物、事為、虛以明夫不易之則曰理。……《詩》：
> 「天生蒸民，有物有則，民之秉彝，好是懿德。」理也者，天下之
> 民無日不秉持為經常者也，是以云「民之秉彝」。凡言與行得理之謂
> 懿德，得理非他，言之而是，行之而當為得理，言之而非，行之而
> 不當為失理。好其得理，惡其失理，於此見得理者，「人心之同然」
> 也。〔註210〕

是以「理」指不變之則；應用在人身上，舉凡日用飲食、聲色臭味、喜怒哀
樂等種種欲求與情感表現，均是一合理常態，則就是「道」（理）呈顯，是以
道可再細分有：

（1）人倫日用皆是理

> 道有天道、人道。天道以天地之化言也；人道以人倫日用言也。

又：

> 在天地，則氣化流行，生生不息，是謂道；在人物，則凡生生所有
> 事，亦如氣化之不可已，是謂道。〔註211〕

知「道」不離人世間，於人倫日用飲食間，均有「道」、「理則」在其中，所
以「人欲」能「全乎理義」就是「理」表現，反之，無欲則無從表現理也。
是以「理存乎欲」，「欲」是一切事為的原動力，故其主「有欲有為則有理」：

（2）有欲有為則有理

> 凡事為皆有於欲。無欲則無為矣，有欲而後有為。有為而歸於至當
> 不可易，之謂理；無欲無為又焉有理？〔註212〕

據現象事實論之，有欲方有為，有為至「不易之則」，便是「理」。又「人」
乃血氣心知之氣化流行，所以除「欲」之外，尚有「情」，故其亦主：

（3）情之不爽失謂之理

> 理也者，情之不爽失也，未有情不得而理得者也。凡有所施于人，
> 反躬而靜思之：「人以此施于我，能受之乎？」凡有所責于人，反
> 躬而靜思之：「人之以此責于我，能盡之乎？」以我絜之人，則理

〔註210〕同注207，《緒言》卷上，頁336。
〔註211〕前者同注207；後者見〈道一〉，《孟子字義疏證》下，頁313。
〔註212〕同注207，《孟子字義疏證：後序》，頁1094。

解，天理云者，言乎自然之分理也；自然之分理，以我之情絜人之
情，而無不得其平是也。〔註213〕

以見戴震認爲「情」並非惡，相反的，其視「理在情中」。「理也者，情之不
爽失也。」所謂「情之不失」在「反躬自省」以「情絜情」；在有所作爲時，
先設身處地爲別人著想，己所不欲則勿施於人，這樣做，便是情之理也。然
人之所以有不善，那是因「欲」之失——「蔽」與「私」造成，所謂：「人之
不盡其才，患二：曰私，曰蔽。」〔註214〕是以「止於至善」之實踐工夫必先
做到：「學以去其蔽，恕以去其私」。

2. 踐履性善之道在「學」與「絜矩」

戴震主「性善」論，但是其「性善論」是從踐履角度、事實結果的「人
能全乎理義」，而非源頭處來說的。〔註215〕畢竟其所主的「性」是氣之「分殊
性」，所以並非「性即是理」，性會因人之異而異，是以道德修爲落實在現實
世界中，必得經過「涵養」，而「涵養之道」在於：以學養其智，以恕去其私。
經過涵養後，人是可以擇善而「全乎理義」的。所以經過一番修爲努力後，
人是可以完成道德實踐至「條理無爽失」狀態，此便達至「理」境界。如此
踐履之行爲至無失無憾的境界，就是「性善」的完成。

然戴震論性、理，皆從「情欲」出發，爲何經過涵養後，可導之向善？
學者研究指出：對戴震而言，「情欲」是可以導之向善的。他從「理義乃情欲
之歸趨」角度論性，因此，得到了「性善」就是以情欲之自然爲出發，而必
然地以理義爲歸趨———亦即道德實踐完成以後所呈現之善的結論。〔註216〕
其性善實踐工夫即是：

（1）以學養其智，去其蔽

余嘗謂學之患二：曰私，曰蔽。……儒者之學，將以解蔽而已矣。
解蔽，斯以盡我生；盡我生，斯欲盡乎義命之不可已；欲盡乎義命
之不可已，而不吾慊志也。〔註217〕

又：

〔註213〕同注207，《孟子字義疏證》上，頁265～266。
〔註214〕同注207，《原善》卷下，頁1085。
〔註215〕張麗珠先生：〈戴震「發狂打破宋儒《太極圖》的重智主義道德觀」〉《清代義
　　　　理學新貌》，（台北：里仁書局，2006年7月），頁152。
〔註216〕同上注，頁160。
〔註217〕同注207，〈沈處士戴笠圖題詠序〉，《戴東原先生全集》，頁212。

理義在事，而接于我之心知。血氣心知，有自具之能，……心能辨
乎理義，味與聲色，在物不在我，接于我之血氣，能辨之而悅之，
其悅者，必其優美者也。理義在事情之條分縷析，接于我之心知，
能辨之而悅之，其悅者，必其至是者也。〔註218〕

藉由人的心知可辨別事理、可悅於理義，所以人的心知即具有理性認識與思
辨的能力，如此，人當努力學習，以解蔽；儒學之要亦在「解蔽」矣。由此
可看出戴震以為人之所以有偏失、不善之處，端在「無明」，「無明」是以蔽
於事理，然解決「無明」之方，即是「學習」。所謂：

學以牗吾心知，猶飲食以養吾血氣，雖愚必明。〔註219〕

又：

人之幼稚，不學則愚。……學以養其良，充之至於賢人聖人。〔註220〕

又：

惟學可以增益其不足而進於智，益之不已，至乎其極，如日月有明，
容光必照，則聖人矣！〔註221〕

知其強調「學習」重要，不斷學習，除可充實自己心知外，更是達到「聖人」
之境必經過程。藉「以學養智」，使己知書達理，使己行為處事皆「全乎理義」，
如此方能達到「性善」理想實踐。

（2）以恕去其私

　　戴震以為人因自私，只求「守己自足」與「獨得於心」，是以無法通於他
人，此乃「私而不仁」，亦即宋儒所謂：「麻木不仁」；〔註222〕反之，若能以情
絜情，推己及人，知己欲而思他人亦有所欲，己欲「達」思他人亦欲有所「達」，
如此，己欲立而立人，己欲達而達人，便可「去私」盡仁。所謂：

人之有欲，通天下之欲，仁也；……飲食男女，生養之道也。天地

〔註218〕同注207，《孟子字義疏證》上，頁269。

〔註219〕同注207，〈與某書〉，《孟子字義疏證》附錄，頁1100。

〔註220〕同上注，〈才三〉，《孟子字義疏證》下，頁313。

〔註221〕同上注，〈理六〉，《孟子字義疏證》上，頁290。

〔註222〕程子曰：「醫書以手足痿痺為不仁，此言最善名狀。仁者，以天地萬物為一體，
莫非己也。認得為己，何所不至；若不有諸己，自不與己不相干。如手足之
不仁，氣已不貫，皆不屬己。故博施濟眾，乃聖人之功用。仁至難言，故止
曰：『己欲立而立人，己欲達而達人，能近取譬，可謂仁之方也已。』欲令如
是觀仁，可以得仁之體。」見於二程著：《程氏遺書》卷2上，（上海：上海
古籍出版社，2000年），頁65。

之所以生生。……是故去生養之道者，賊道者也。細民得其欲，君
子得其仁。遂己之欲，亦思遂人之欲，則仁不可勝用矣。快己之欲，
忘人之欲，則私而不仁。〔註223〕

然其中推己及人、以情絜情，即《大學》所謂「絜矩」之道、孔子所謂的「恕
道」──「仁」的表現。〔註224〕又：

天下之事，使欲之得遂，情之得達，斯已矣。惟人之知，小之能盡
美醜之極致，大之能盡是非之極致，然後遂己之欲者，廣之能遂人
之欲，達己之情者，廣之能達人之情。道德之盛，使人之欲無不遂，
人之情無不達，斯已矣。欲之失爲私，私則貪邪隨之矣；情之失爲
偏，偏則乖戾隨之矣；知之失爲蔽，蔽則差謬隨之矣。不私，則其
欲皆仁也，皆禮義也；不偏，則其情必和易而平恕也；不蔽，則其
知乃所謂聰明聖智也。〔註225〕

知人是可以將「達情遂欲」推廣至他人的。人之所以不能，在「欲之私」，因
私則貪邪隨之；在「情之偏」，偏則乖戾產生；在「知之蔽」，因蔽方形成差
謬。倘若人能有「己欲立而立人，己欲達而達人」，「己好亦要他人好，大家
都要好」的思想，那麼，就是去其私的表現，「去其私」就是「仁」、「恕」的
作爲，則情或欲皆是「禮義聖智」的流露。

3. 宋學乃「以理殺人」之意見

宋儒自證道德本體，甚至主「德性之知，不假見聞」，使得道德修養演變
成不須讀書窮理，有所謂「現成良知」出現，學者只求向內自修成聖，不顧
國事。清初學者鑑於此，又紛紛以漢學是宗，強調訓詁考證，實事求是。對
此學術兩大流派，戴震以爲：

有漢儒經學，有宋儒經學；一主訓詁，一主理義；此誠震之大不解
也者。夫所謂理義，豈可以舍經而空憑胸臆。將人人鑿空得之，奚
有于經學之云乎哉！……歧訓詁理義二之，是訓詁非以明理義，而

〔註223〕同注207，《原善》卷下，頁347。
〔註224〕前者見《禮記‧大學》云：「君子有絜矩之道也。所惡於上毋以使下，所惡於
下毋以事上，所惡於前毋以先後，所惡於後毋以從前，所惡於右毋以交於左，
所惡於左毋以交於右，此之謂絜矩之道。」同注137，頁903；後者見《論語‧
里仁》載：「曾子云：『孔子之道，忠恕而已矣。』」朱熹釋：「盡己之謂忠，
推己之謂恕。」同注131，頁72。
〔註225〕同注208，〈才三〉，《孟子字義疏證》下，頁312。

訓詁胡爲？〔註226〕

對於宋儒「舍經而空憑胸臆」，強調向內自省證悟的義理，戴震頗不以爲然。似乎此形上至善之理，只要經由「反身而誠」、「自反而縮」內向存省來自我察識，這樣人人便可自謂得理。〔註227〕亦即謂：「憑在己之意見，是其所是而非其所非。」〔註228〕所以宋儒自證之理便不客觀，戴震反對此空憑義理，主張回歸經典，實事求是，以訓詁求義理，較切合實際。然，「訓詁」志在明義理，非爲訓詁而訓詁矣。又對宋儒之理，其以爲是一罔顧民生實際的「意見」，其云：

> 雖視人之飢寒號呼，男女哀怨，以至垂死冀生，無非人欲。空指一絕情欲之感者爲天理之本然，存之於心，乃其應事，幸而偶中，非曲體事情，求如此以安之也；不幸而事情未明，執其意見，方自信天理非人欲。

又：

> 今既截然分理欲爲二，治己以不出于欲爲理，治人亦必以不出于欲爲理。舉凡民之飢寒愁怨，飲食男女，常情隱曲之感，咸視爲人欲之甚輕者矣。輕其所輕，乃曰：「吾重天理也，公義也。」言雖美，而用之治人，則禍其人。〔註229〕

罔顧饑寒愁怨、飲食男女等「人」本來的生之希求，且視爲人欲而捨棄，只論述形上「天理」，道德本體等等，此理無異是空談之理，理亦非理，應視爲「意見殺人」。〔註230〕戴震又云：

> 聖人之道，使天下無不達之情，求遂其欲而天下治。後儒不知情之至於纖微無憾是謂。而其所謂理者，同于酷吏之所謂法。酷吏以法殺人，後儒以理殺人。浸浸乎捨法而論理，死矣，更無可救矣。

以爲在此「理」名教下，人之性情被壓抑、禁錮，活似死人般，此理則如同殺人武器。是以又云：

〔註226〕同上注，〈題惠定宇先生授經圖〉，《戴東原先生全集》，頁1114。
〔註227〕同注215，頁162。
〔註228〕同注207，〈理五〉，《孟子字義疏證》上，頁289。
〔註229〕同注208，《孟子字義疏證》下，頁323。
〔註230〕段玉裁：《戴東原先生年譜》載：「先生丁酉正月十四日，作書與玉裁曰……古賢人聖人，以體民之情，遂民之欲爲得理。今人以己之意見不出于私爲理，是以意見殺人。咸自信爲理矣。」同注206，頁68。

> 尊者以理責卑，長者以理責幼，貴者以理責賤，雖失，謂之順；卑
> 者、幼者、賤者以理爭之，雖得，謂之逆。〔註231〕

以離情欲所言之理，未能顧及他人之情與欲，則是一種自以爲的必然之理，於是不合己之理者，便強以一己之理爲理，責於他人必從之，便是一種以強凌弱、「適成忍而殘殺之具」的權勢壓迫。〔註232〕戴震對此不具經驗基礎、缺乏普遍意義的一己之理，認爲是一種挾「天理」之名對他人所造成的一種「壓迫」，是故其以爲「使人任其意見則謬，使人自求其情則得。」〔註233〕主「理」必要先通情而後始能達理也。

（二）情理論之衍續

戴震大力推翻宋儒〈太極圖說〉後，則提出一套頗有系統的「情欲論述」，呼籲所有人正視「情欲」，但非縱欲；然此一哲學理論並不見重於當世。〔註234〕誠如侯外廬先生所云：戴震學說在當時並未成爲支配的學說，沒有起著社會影響，因而歷史價值也是有限的。〔註235〕但問題是「戴震哲學」就因此蕩然無存乎？實不然也，殊不知後續闡述者竟連綿不絕，如：史學大師錢大昕、四庫館總纂修之紀昀、揚州學派的汪中、焦循、阮元與凌廷堪、乃至孫星衍、俞正燮、包世臣、著《鏡花緣》的李汝珍、主今文經學圖強救國的龔自珍以及至同治時的黃式三等等學者，都有相關著作與論述。〔註236〕以見「戴震哲學」對後世學者或多或少仍有所影響。

在此，舉例說明以見其梗概。戴震「以理殺人」說影響，如史學大師錢大昕（1728～1804）對宋儒所謂「餓死事小，失節事大」吃人禮教，相當反對，視爲「非人道」之謬論。其云：

〔註231〕同注208，前者見《孟子字義疏證》下，頁323；後者見《孟子字義疏證》上，頁298。

〔註232〕同注215，頁180。

〔註233〕同注207，〈理五〉，《孟子字義疏證》上，頁290。

〔註234〕如其門生洪榜：〈與朱筠書〉云：「《孟子字義疏證》……然則非言性命之旨也，訓故而已矣！度數而已矣！」又朱筠亦云：「可不必載，性與天道不可得聞，何圖更於程朱之外復有論說！戴氏可傳者不在此。」見江藩著、錢鍾書主編：《漢學師承記》（外二種），（香港：三聯書店，1998年），頁117、119。

〔註235〕氏著：《中國思想通史》，（北京：人民出版社，1956年），頁462。

〔註236〕許蘇民先生：《戴震與中國文化》第八章至第九章均有相關論述，（貴陽：貴州人民出版社，2000年10月），頁195～288。

去婦之義，非徒以全丈夫，亦所以保匹婦。後世閭里之婦，失愛
於舅姑，讒間于叔妹，抑鬱而死者有之；或其夫淫酗凶悍，寵溺
嬖媵，凌迫而死者有之。准之古禮，固有可去之義，亦何必束縛
之，禁錮之，置之必死之地以為快乎！先儒戒寡婦之再嫁，以為
餓死事小，失節事大，予謂……去而更嫁，不謂之失節。使其過
在婦歟？不合而嫁，嫁而仍窮，自作之孽，不可逭也。使其過不
在婦歟，出而嫁于鄉里，猶不失為善婦，不必強而留之，使夫婦
之道苦也。〔註237〕

對「改嫁之女」謂為「失節」，提出強力反論；且亦揭露出宋儒「吃人禮教」
專制，將戴震所謂宋儒「以理殺人」之說，進一步具體闡揚。

另外，與戴震頗有「肝膽批露，情話分明」〔註238〕深情的紀昀（1724～
1805），表面上雖反戴震批判理學思想，但從其著作中，如《四庫全書總目提
要》與《閱微草堂筆記》等，可發現到其與戴震學說近乎一致。如戴震斥宋
儒「天理」乃「一己之意見」，紀昀亦說宋人談道學者「各執意見」。在《四
庫全書總目提要》中論《伊洛淵源錄》指出：

宋人談道學者宗派自此書始，而宋人分道學門戶亦自此書始。……
其君子各執意見，或釀為水火之爭；其小人假借因緣，或無所不至。
〔註239〕

在其《閱微草堂筆記》中更是以故事方式，具體批駁宋學「存天理，去人欲」
之弊。〔註240〕

戴震主「訓詁明義理」治學一途，力從考據中開出義理者，如章學誠（1730
～1802），其〈書〈朱陸〉篇後〉一文，即肯定戴君學術地位，其云：

凡戴君所學，深通訓詁，究於名物制度，而得其所以然，將以明道
也。時人方貴博雅考訂，見其訓詁名物有合時好，以謂戴之絕詣在

〔註237〕錢大昕：〈答問五〉《潛研堂文集》卷8，（上海：上海古籍出版社，1989年），
　　　　頁108～109。
〔註238〕紀昀：〈三十六亭詩・偶懷故友戴東原成二絕句錄示王懷祖給事，給事，東原高
　　　　足也〉云：「批肝露膽兩無疑，情話分明憶舊時。宦海浮沉頭欲白，更無人似此
　　　　公癡。六經訓詁倩誰明，偶展遺書百感生。揮麈清談王輔嗣，似聞頗薄鄭康成。」
　　　　（《紀曉嵐文集》第1冊卷11，石家莊：河北教育出版社，1991年），頁531。
〔註239〕紀昀：《四庫全書總目提要》，（北京：中華書局，1965年），頁519。
〔註240〕這方面，詳見許蘇民先生：《戴震與中國文化》第八章論述，同註236，頁213
　　　　～220。

此。及戴著《論性》、《原善》諸篇，于天人理氣，實有發前人所未

發者，時人則謂空說義理，可以無作，是固不知戴學者矣。〔註241〕

於此章學誠再次肯定戴學「絕詣」，乃是在義理方面，非一般人之見——名物訓詁考證而言。此外，其並主「考證」、「辭章」與「義理」三者並重。〔註242〕以見學術應由「考據」走出至「義理」治學思路，是與戴震相同之見。

另外，據張舜徽先生研究：揚州學派可謂「戴學衍續」。〔註243〕實則揚州不少學者「義理思想」更是承繼「戴震」思想而來，如：汪中（1744～1794）〈大學平議〉反宋學教條與獨斷；又其〈女子許嫁而婿死從死及守志議〉更是對程朱所強化的「節烈觀」提出嚴厲批判。〔註244〕

曾自許治學私淑于戴震的焦循（1763～1820），亦提出「以理殺人，與聖學兩。」說法，高度認同戴震學說；其治學更是主張「性靈解經」，排除「道」作先驗「天理」意蘊，而是還原為人性與人倫日用。尤其焦循「性善說」主「能知故善」說，將戴震「心知」悅「理義」之道德連結作更進一步說明。〔註245〕

力主「以禮代理」的凌廷堪（1755～1809），於人性亦不過是「好惡兩端」，一反拂人性——「好人之所惡，惡人之所好」的程朱理學。又聖人之道，亦

〔註241〕章學誠：《文史通義・內篇二》，《文史通義新編》，（上海：上海古籍出版社，1993年），頁76。

〔註242〕同上注，《章氏遺書鈔本》，（台北：漢書出版社，1973年），頁183。

〔註243〕張舜徽先生：《揚州學記》云：「大抵揚州諸儒學術，……實衍戴學遺續。」，《清儒學記八》，（濟南：齊魯書社，1991年），頁451。

〔註244〕汪中：〈大學平議〉云：「孔門設教，初未嘗以為至德要道，而使人必出于其途……宋儒標〈大學〉以為綱而驅天下從之，此宋以後門戶之爭，孔氏不然也……。」〈女子許嫁而婿死從死及守志議〉云：「先王之惡人以死傷生也，故為之喪禮以節之，其有不勝喪而死者，禮之所不許也，其有以死為殉者，尤禮之所不許也。」《述學》，（汪中著、田漢雲點校《新編汪中集》，揚州：廣陵書社，2005年），頁381、頁376。

〔註245〕焦循：〈讀書三十二贊〉中贊《疏證》云：「性道之談，如風如影。先生明之，如昏得朗。先生疏之，如示諸掌。人性相近，其善不爽。唯物則殊，知識囿之。仁義中和，此來彼往。各持一理，道乃不廣。以理殺人，與聖學兩。」其治經主：「以己之性靈，合諸古聖之性靈，並貫通于千百家著書立言者之性靈。」；「能知故善」說出自其〈性善解三〉：「性何以善？能知故善。」又〈性善解一〉亦云：「性無它，食色而已。飲食男女，人與物同之。……有聖人出，示以嫁娶之禮，而民知有人倫矣；示以耕耨之法，而民知自食其力矣。以此示禽獸，禽獸不知也，則禽獸之性不能善；人知之，則人之性善矣。……惟其可行故性善也。……唯人能移，是可以為善矣！」見氏著：《雕菰集》，（台北：鼎文書局，1977年），頁85、頁127、頁127。

認爲：「至平且易也」，〔註246〕主「道」在人倫日用中顯，非先驗之理。

　　身爲乾嘉經學領袖——阮元（1764～1849），甚至是「扮演了總結十八世紀漢學思潮的角色」者，〔註247〕其治學遵訓詁以通經義，關於「人性」論，則有〈性命古訓〉探究，其性說不離戴震「血氣心知」的「人性論」。〔註248〕

　　當然，揚州學者尚有許多，然有關這方面進一步論述，可參閱本論文：天理與人欲之爭——清儒揚州學派「情理論」的發展第肆與第伍章。

　　李汝珍（1763～1830）的《鏡花緣》，雖是一小說，但裏面闡明許多「尊戴」學術思想與對傳統禮教批判。〔註249〕有學者以爲：其通過寫小說來宣傳戴震的人道主義思想，使戴震思想可以傳入尋常百姓之家。〔註250〕大力提倡男女平等，呼籲婦女解放的思想先驅——俞正燮（1775～1840），〔註251〕其〈節婦說〉公然鼓吹婦女再嫁的合理性；〈貞女說〉憤怒控述強迫女子「節烈」慘無人道之暴行；〈妒非女子惡德論〉大力抨擊傳統一夫多妻制，力主「一夫一妻制」。〔註252〕觀其諸論述，實深受戴學「情理論」影響，於程朱理學更加具體批判。

　　力究民生疾苦之弊的包世臣（1775～1855），推崇戴震之學爲「淹雅」；對於用兵之道，倡「三字者近人情，四字者不難爲人」之說。〔註253〕實與戴

〔註246〕凌廷堪：〈好惡論〉：「人性初不外乎好惡也。……好惡生于聲色與味，爲先王制禮節性之大原。」〈復禮論〉云：「聖人之道，至平且易也。《論語》記孔子之言備矣，但恆言禮，未嘗一言及理也。」（王文錦先生點校《校禮堂文集》，北京：中華書局，1998年），頁141、頁31。

〔註247〕同注195，侯外廬：《中國思想通史》，頁577。

〔註248〕阮元：〈性命古訓論〉云：「欲生於情，在性之內，不能言性內無欲。欲不是善惡之惡。天既生人以血氣心知，則不能無欲。」《揅經室一集》，（北京：中華書局，1993年），頁199。

〔註249〕李汝珍：《鏡花緣》第16、17、18回中，藉紫衣女子與老儒多九公反復辯難，闡明戴震學術思想；又第22回表明反對纏足；第51回表明反對男子納妾，要求男子應「反求諸己，將心比心。」又第42回主男女智慧平等。《鏡花緣》，（台北：華正書局，1978年），頁105～113、頁114～121、頁122～130、頁153～160、頁373～380、頁308～314。

〔註250〕同注236，頁272。

〔註251〕見周作人先生：《藥堂雜文集·讀初潭集》，《周作人全集》第四冊，（台中：藍燈文化出版社，1982年），頁250。

〔註252〕見俞正燮：《癸巳類稿》卷13，諸偉奇先生等校點《俞正燮全集》，（合肥：黃山書社，2005年），頁629～630、頁631、頁632～633。

〔註253〕包世臣：〈紀三先生九十壽序〉云：「其時淹雅推休寧庶吉士戴震……。」另一用兵之道見胡樸安先生：《包慎伯先生年譜·嘉慶四年條》，《包世臣全集》，（合肥：黃山書社，1991年），頁68、頁213。

震善體民情思想一致。又晚清時曾大力呼籲社會改革，批判君主專制的龔自珍（1792～1841），其〈明良論〉與〈乙丙之際著議〉等文，學者以為：此確立了龔自珍一生思想的主旋律，即：繼承和發揚戴震的社會批判精神，批判君主專制和社會習俗的專制，呼喚個性解放和社會改革。〔註254〕

由上述，我們可以發現儒學思想到清代，有一很大轉變，就是企圖擺脫宋明理學形上思辨的桎梏，而走向社會群體的具體建設。儒學發展至此，可能已不是個人內在道德修為——如何成聖成賢境界，而是如何在現實經驗中重整社會秩序或達到「經世致用」目的。

這個轉變可追溯至明末，一如泰州學派、李贄、呂坤，乃至劉蕺山先生等學者對情、欲與性、理、氣等，有異於往昔理學家之論述。張壽安先生說：「『達情遂欲』是晚明以降社會文化思想上的一大走向。」〔註255〕又溝口雄三先生亦以為：明清儒學思想有一「坐標轉移」，就是從「滅人欲的天理」到「存人欲的天理」。〔註256〕余英時先生對此儒學價值觀轉變亦視為是明清儒學「基調的轉變」。〔註257〕宋明理學本是「存天理，去人欲」，在此明清儒學則為「理存乎欲」中，正視人性情欲之私，視為人本然之理，是以此理不再是形上天理，而是形下經驗「不失其則」之理。所以「情之不爽失，謂之理」，益顯情欲合理之可貴，但絕非放蕩「情欲」。因此，人人自證抽象之理，自謂得理，還不如社會具體規範，所達成的共識。然此規範，姑且名之為「禮」，此「禮」勢必在人我情欲的理論上奠基，關於這「理」之轉型——從「理氣二元」、「性善情惡」說到「理氣一元」或「理欲一元」論，有學者命名為「從天理到情理」。而清儒對規範進行重省，就奠基于此「情理」。〔註258〕

此「情理」說至戴震，方正式形成一股驅動力，〔註259〕之後，引起不少

〔註254〕同注236，頁283。

〔註255〕張壽安先生：《十八世紀禮學考證的思想活力——禮教論爭與禮秩重省》，（北京：北京大學出版社，2005年），頁4。

〔註256〕溝口雄三先生著，林右崇先生譯：《中國前近代思想的演變》，（台北：國立編譯館，1994年），頁3。

〔註257〕余英時先生：《現代儒學的回顧與展望——從明清思想基調的轉換看儒學的現代發展》，收入氏著《現代儒學論》，（香港：八方文化，1996年），頁8～27。

〔註258〕同注255，頁6。

〔註259〕據張壽安先生云：「18世紀初，禮學興起，百餘年間以狂飆之勢披靡天下，挑戰程朱理學。這股乍看是以移風易俗為訴求的文化運動，終極攻伐的竟是宋明以降天理觀念下嚴屬尊卑的"三綱綱紀禮教"，包括理念與形式；而作為其驅動力的，正是戴震、凌廷堪以降"以欲為首出"的自然人性論」。同注

學者對傳統禮教「不合理」處紛紛提出，作一反省與改革。是以重省儒學禮教，亦強調「緣情制禮」、「禮以義起」與「禮，時為大」意義。

然不論如何，清儒「禮」之改革，根源於「理」之轉變，是以天理變至情理，戴震論說是一關鍵，在學術史上是不可抹滅與忽視的。其批判宋儒「以理殺人」，促使後來學者專對禁人欲之禮教，提出批判與改革，如錢大昕、汪中，乃至俞正燮等學者皆是，尤其對婦女之專制壓抑等禮教，如：纏足、婿死從死、改嫁失節等論，提出駁斥與批判。又戴震「以情絜情」去私求仁之論，至後來焦循亦提出「情通」之說，其更以《易》說解「旁通」，便是「彼此相與以情」，如此方是做到「己欲立達，則立人達人」之境。〔註260〕乃至阮元「相人偶」的「仁學」，強調人彼此間親愛互助。晚清譚嗣同的「衝決網羅」仁學，〔註261〕是否亦是一脈相襲而來？梁啟超主「公德」新道德說，〔註262〕是否亦是對傳統「仁學」反駁，轉向以民族、國家、社會、群體為關懷的新道德標準。

又戴震主考據進求義理，以義理為歸趨，此對於後來學術從考據走出義理，有一很大影響。如章學誠、揚州諸多學者等，求創新求博通，便是一顯著趨勢，爾後，今文經公羊學產生，龔自珍、魏源、康有為等倡變革，是否亦是一大覺醒！又戴震以「理義為情欲歸趨」，主心知之明為行善之端，此為後來焦循所倡「能知故善」說，以顯「重智」主義傾向。歷來「尊德性」重道德內修下，於「知識」、「科技」、「法理」旁落，在此清儒強調「學習去蔽」之要後，方凸顯其知識等價值，是以乾嘉頗多學者，於科技、算學、天文等方面，有不少著作，如焦循〈加減乘除釋〉、〈釋弧〉、〈釋輪〉、〈釋橢〉等；阮元《疇人傳》一書等等。

戴震肯定人情欲發展，但非放蕩情欲，只是視其有而非無，並非禁而是合理。此一論說，於後來學者對「人性」都正視實際生理本能，如凌廷堪主「性者，好惡兩端而已」，〔註263〕故強調「制禮節性」、「學禮復性」之要。主

255，〈自序〉。

〔註260〕焦循：〈寄朱休承學士書〉云：「《易》道但教人旁通，彼此相與以情。己所不欲，則勿施于人；己欲立達，則立人達人。此以情求，彼亦以情與。自然保合太和，各正性命。……孔子謂之仁恕，《大學》以為絜矩。此實伏羲以來聖聖相傳之大經大法。」，《雕菰集》卷13，同註245，頁245。

〔註261〕譚嗣同：《仁學》自敘，梁啟超《清代學術概論》（二十七）轉引。

〔註262〕梁啟超先生：〈論公德〉，《飲冰室專集》，（台北：中華書局，1978年），頁341。

〔註263〕凌廷堪：〈好惡說上〉，《校禮堂文集》，同註246，頁141。

「以禮代理」論說，風起雲湧。由此，清學——實學，不僅是道德修養之身體力行，更是強調實際實用之學，不談空虛之理，而是重具體依憑或規範，予人們一行為準則，方是。

　　總之，明清以來，社會文化有一大變遷，此變遷於學術上，也帶來許多轉變，可說是形上轉至形下探討，天理變至情理論述，性理至善還原人性本然，智識重視，荀學地位提昇，不談空理，而倡以禮代理，重省傳統吃人禮教，力圖改革，強調人權與民主，欲建立一社會群體公然之秩序觀與價值觀。

第參章 橫向剖析──清儒揚州學派「情理論」的內在理路建構

第一節 人性論述──性理探討

中國人喜言「理」，凡事講道理，然所謂的「理」何所指？許慎（約 58
～147）:《說文解字》云:「理，治玉也。」〔註1〕指玉石有自然紋理，治玉亦
順其紋理。引申為條理、事理，分理也。據馮契先生:《哲學大辭典》定義，
則是：在中國哲學史和中國倫理思想史範疇中，主要指法則或規律也。〔註2〕
然「理」一字最早見於《孟子‧告子上》:「心之所同然者何也？謂理義也。」
以「理」為待人接物當然準則，中國哲學將之隸屬於道德倫理範疇。〔註3〕

儒家思想順此「理」之道德運用，到宋時探究至深且遠，二程視「理」
為宇宙之本源，〔註4〕朱熹（1130～1200）更對「理」作系統論述，將「理」、
「氣」二分，視形上者為道、為理；形下者為氣、為器也。〔註5〕甚而以性為

〔註1〕 東漢‧許慎著、清‧段玉裁注:《說文解字注》，（台北：天工書局，1992 年），
　　　　頁 15。
〔註2〕 馮契先生主編:《哲學大辭典》，（上海：辭書出版社，2001 年），頁 816。
〔註3〕 同上注，頁 816。
〔註4〕 程顥云:「天者理也」；程頤云:「天下物皆可以理照，有物必有則，一物須有
　　　　一理。」又「一物之理即萬物之理」，前者見《二程遺書》卷 11，後者見《二
　　　　程遺書》卷 18、卷 2 上，（上海：上海古籍出版社，2000 年），頁 178、頁 242、
　　　　頁 63。
〔註5〕 朱熹:〈答黃道夫〉云:「天地之間，有理有氣。理也者，形而上之道也，生物
　　　　之本也；氣也者，形而下之器也，生物之具也。」又「有是理，便有是氣，但

理，以人類之本然之性為理，內具仁義禮智等理，是以有所謂「性即是理」
說。〔註6〕以人性是天理，未墮於形氣，是以純然至善（按：性是純然至善之
理嗎？對於人性，值得省思），相對地，形下之「氣」，有渣滓，〔註7〕附帶著
情與欲，昏濁、不明，故須「存天理，去人欲」，方是格致誠正修齊之道。至
王陽明（1472～1529）更以「心外無理，心外無義」表明「理」在心中，眾
理只應「心」中有，求理在心中。〔註8〕更著重於道德內在修養，而省略外在
讀書學習窮理之工夫。

　　然明清之際（約公元 16 世紀至 19 世紀），是中國傳統社會走向現代社
會的一段過渡時期。這一段歷史時期，有人將其比作歐洲的文藝復興時期，
〔註9〕有人將其看作是中國的早期啟蒙思想時期，〔註10〕也有人反對這種比
附性的說法。〔註11〕不管我們怎麼判定這一時期的哲學思想性質是如何，然
而有一點不可否認的，那就是始終圍繞著宋明理學學者所提出的有關「氣質
之性」與「義理之性」的二元人性論問題，探討不休。然這三百年來，許多
思想家們競相提出了是與之相反的論點。張壽安先生說得好，其云：

　　　　事實上，禮教與情欲的爭辯源始於十七世紀，並且一直活躍在十八、
　　　　十九世紀，是這三個世紀知識份子所熱切關懷並力圖平衡的大問
　　　　題。……最為學界陌生的是十八世紀，尤其是清代乾嘉這一段。乾

理是本。」前一則見《朱子文集》第 6 冊，（台北：德富文教基金會，2000 年），
頁 2798；後一則見《朱子語錄》卷1，（北京：中華書局，1994 年），頁 13。
〔註6〕　朱熹：「道是在物之理，性是在己之理。然物之理，都在我此理之中。」又「性
　　　　是實理，仁義禮智皆具。」見《朱子語錄》卷1、卷2，同上注，頁 15、30。
〔註7〕　朱熹云：「理無形；氣便粗，有渣滓。」見《朱子語錄》卷1，同上注，頁3。
〔註8〕　王陽明：〈與王純甫〉云：「心外無物，心外無言，心外無理，心外無義」又
　　　　〈陸澄錄〉：「虛靈不昧，眾理具而萬事出」，前者見《陽明全集》卷1，（上海：
　　　　上海古籍出版社，1992 年），頁 274；後者見葉紹鈞點注：《傳習錄》，（台北：
　　　　商務印書館，1991 年），頁 37。
〔註9〕　梁啟超先生：《清代學術概論》，朱維錚先生校注：《梁啟超論清學史二種》，（復
　　　　旦大學出版社，1985 年），頁3。
〔註10〕　侯外廬先生：《中國思想通史》第 5 卷，（北京：人民出版社，1956 年），頁3。
〔註11〕　見錢穆先生：〈第一章　引論〉云：「今自乾、嘉上溯康、雍，以及明末諸遺
　　　　老；自諸遺老上溯東林以及於陽明，更自陽明上溯朱、陸以及北宋之諸儒，
　　　　求其學術之遷變而考合之於世事，則承先啟後，如繩秩然，自有條貫，可不
　　　　如持門戶道統之見者所云云也。余故述三百年學術，而先之以東林，見風氣
　　　　之有自焉。……謂清初學風盡出東林，亦無不可。……考近三百年學術思想
　　　　之轉變者，於書院之興廢及其內容之遷革，誠不可不注意也。」《中國近三百
　　　　年學術史》，（台北：臺灣商務印書館，1996 年），頁 21～22。

嘉學術一向被視爲考據學，考據學之外無經世，考證之外無義理。
然而事實上，清乾嘉學者的考證背後不但有經世而且有義理，只是
不同於宋明性理形式的義理而已。其中更重要的是他們對人性另有
一套看法，即：緊緊扣住情欲。把情欲視爲人性的鮮活內容。〔註12〕
乾嘉雖考據掛帥，但不可否認，社會思潮隱隱有股趨勢，即十七世紀以來：
情欲覺醒與禮學復興。儒學由明至清有所轉變，即從理學走向禮學。重點是：
儒學擺脫了以個人內在心性修爲爲主的哲學型態，走上禮學實踐的社會型
態。〔註13〕對於人性論而言，學者統計研究，其中最爲代表性的論點有三種：

一、是以李贄、顧炎武爲代表的基於自然人性論基礎上的「人必有私論」。

二、是以王夫之爲代表的「繼善成性」、「習與性成」與「性日生日成」
　　的辯證、發展的人性論。

三、是以顏元、戴震等爲代表的「氣質之性一元論」。〔註14〕

不論如何，這三種人性論的觀點，可謂從不同面向展開了對宋明理學爲
代表的傳統倫理學的批判。學者謂「爲傳統的"重倫文"的倫理學向現代的
"重人文"的倫理學轉向奠定了人性論的基礎。」〔註15〕傅斯年先生云：

自明末以來所謂漢學家，在始固未與宋儒立異，即其治文辭名物之
方法，亦遠承朱熹、蔡沈、王應麟，雖激成于王學之末流，要皆朝
宗于朱子，或明言願爲其後世。其公然掊擊程朱，標榜炎漢，以爲
六經、《論語》、《孟子》、經宋儒手而爲異端所化者，休寧戴氏之作
爲也。（漢學家掊擊宋儒始于毛奇齡，然毛說多攻擊，少建設，未爲
世所重。）〔註16〕

然這三種理論，惟戴震（1723～1777）公然抨擊宋儒「以理殺人」，極其肯定
「情欲」的合理性；其說法可謂源遠流長，後繼頗多，影響最大。〔註17〕學

〔註12〕張壽安先生：〈禮教與情欲：近代早期中國社會文化的內在衝突〉，收入於林
　　　　慶彰先生等編：《張以仁先生七秩壽慶論文集》，（台北：學生書局，1998年），
　　　　頁738。
〔註13〕同上注，頁738。
〔註14〕吳根友先生：〈明清之際三種人性論與中國倫理學的近代轉向〉，《明清哲學與
　　　　中國現代哲學諸問題》，（北京：中華書局，2008年），頁171。
〔註15〕同上注，頁172。
〔註16〕傅斯年先生：〈引語〉，《性命古訓辨證》，（廣西：桂林師範大學，2006年），
　　　　頁1。
〔註17〕張壽安先生：〈禮教與情欲：近代早期中國社會文化的內在衝突〉云：「鮮爲

者指出：他的哲學思想，是繼王夫之（1619～1692）之後，對朱熹理學又一次批判性的總結。可謂真正啓蒙主義思想家，亦是理學演變中的最後一位思想家。〔註 18〕其後繼之而起者多爲揚州學者，是以至民初章太炎（1869～1936）、梁啓超（1873～1929）、胡適（1891～1962）等人，極力闡揚所謂「戴震哲學」，方使後人對戴震學說研究熱衷且重視不已。〔註 19〕

由於揚州儒學學者，頗多是戴震的學生，如段玉裁（1735～1815）、王念孫（1744～1832）等人，還有極欣賞戴震的學說，而欲私淑於他者，如淩廷堪（1757～1809）、焦循（1763～1820）、阮元（1764～1849）、劉師培（1884～1919）等人，可知承繼戴震之學說者，關於人性論的論述，大體而言，是偏向「氣質之性一元論」。其中，又以阮元於「性」、「命」之論述，影響最大。傅斯年先生云：

> 戴氏之書猶未脫乎一家之言，雖曰疏證《孟子》之字義，固僅發揮自己之哲學耳。至《性命古訓》一書而方法丕變。阮氏聚積《詩》、《書》、《論語》、《孟子》中之論性、命字，以訓詁學的方法定其字義，而後就其字義疏爲理論，以張漢學家哲學之立場，以搖程朱之權威。〔註20〕

學者指出：戴震之後，能代之而起進行情欲研究的學者，主要是阮、焦、淩等揚州學派人物，循序漸進，起而提倡禮學，推崇以禮代理，成爲清代中葉的學術新思潮。〔註21〕在此，個人深入揚州學者之原典，分別就「性」、「理」、「情」、「欲」與「工夫」論，作綜合的分析與探究；發現他們於「性」的探究，共通點大可歸納有二，即一是血氣心知爲性；二是好惡爲性，能知故善。

學界所知，戴震這種達情遂欲的思想在其身後一直傳衍下去，一般被學界認爲只知考據的乾嘉學者，事實上幾乎都在伸揚這種新的人性論、及新的達情遂欲觀念。」同注 12，頁 748。

〔註18〕 蒙培元先生：《理學的演變——從朱熹到王夫之戴震》，（北京：方智出版社，2007 年），頁 354。

〔註19〕 李帆先生：〈章太炎、劉師培、梁啓超對戴震理欲觀的評析〉云：「戴震在清代思想、學術史上具有重要地位，除考據學外，其義理學也頗具創見。戴學之成爲顯學，……與清末民初學者的大力闡揚密不可分。在這方面，章太炎、劉師培、梁啓超等人功不可沒。他們從不同視角對戴氏義理學所作的解說，甚至爲後世的戴震思想研究建立了某種"範式"」，（《北京師範大學學報》（社會科學版）第 188 期，2005 年 2 期），頁 79。

〔註20〕 傅斯年先生：〈引語〉，《性命古訓辨證》，同注 16，頁 1。

〔註21〕 王章濤先生：《阮元評傳》，（揚州：廣陵書社，2004 年），頁 277。

於「理」，大體一致主「以禮代理」、「情欲不爽失」爲「理」與「一陰一陽之謂道」。於此揚州學者以《易》所主「一陰一陽之謂道」爲立論依據，依此陰陽二氣是以「人」生，因「氣化」而來，不可避免有「情」有「欲」，是以人事中，情欲合理不失原則或不逾矩，謂之「理」。於「情」，他們返回經典主「情，實也」之說，與「以情旁通，推己及人」。於「欲」，其主「欲發乎情，緣於性，乃制禮之源」與「養情節欲」等說。於「實踐工夫」上，大體歸納有「重學習，多讀書」、「習禮爲行仁之方」、「絜矩力行，聖賢之道」與「修身在改過，改過以變通，變通以時行」。

一、性──血氣心知

對於「性」，歷來學者探討不休，揚州學者繼承戴震所謂：「血氣心知」〔註22〕之說，視「性」爲實體氣質之性，形下經驗界之性，非宋明儒的理氣二分，以性是純然至善之理，而氣寓欲，昏濁、雜然，必須去欲存理。然戴震的「性理觀」，是落實在現實社會中，「性」具血、氣、心、知；「理」是客觀的事理、物理，非得之於天、具之於心的與生具來內存的「性」。張立文先生指出：戴震的「性理觀」是以天道代替天命，人分有道而成性，便是人道，構成了天道──性──人道的哲學邏輯結構。〔註23〕畢竟天理法則有賴於物質欲望而存在，物之不存，哪來法則？無情欲，哪有天理？〔註24〕氣化生人，便有欲、情、知，即是人們的「血氣心知之自然。」正因「欲」以養其生，是人生的必要條件，然自然的情欲必須有一個「度」，這個「度」即是「理」。〔註25〕繼此者，有江藩（1761～1831）：「生之所以然者謂之性。」〔註26〕焦循（1763～1820）之「性無他，食色而已。飲食男女，與物同之。」〔註27〕與王引之（1766～1834）主：「形體出於天性，不可改也。」〔註28〕

〔註22〕 戴震：《孟子字義疏證》（中）云：「性者，分於陰陽五行，以爲血氣心知，品物區以別焉。」（收入於《戴東原先生全集》，台北：大化書局，1978 年），頁302。

〔註23〕 張立文先生：《中國哲學範疇發展史》（人道篇），（北京：中國人民大學出版社，1995 年），頁43。

〔註24〕 同上注，頁311。

〔註25〕 整理自張立文先生：《理》，（北京：中國人民大學出版社，1991 年），頁271。

〔註26〕 江藩：〈原名〉云：「生之所以然者謂之性，散名之在人者也。」《隸經文》卷4，收入漆永祥整理《江藩集》，（上海：上海古籍出版社，2006 年），頁66。

〔註27〕 焦循：〈性善解一〉，《雕菰集》卷10，（台北：鼎文書局，1977 年），頁127。

等論，以天所賦與「人」的本身，生之謂「性」，既有的形體，血肉之軀出於自然而然，不可改也，此謂之性。有此食色之性，必有人欲，方賴以維生與傳衍，所以不可能無欲，亦無法禁欲，惟「欲」不可縱，即戴震所謂「情之不爽失」，此便是「理」，然此理非「天理」，而是「情理」。〔註29〕而此理由血、氣、心、知的「性」而來。後來阮元論「性」，其〈性命古訓〉則明白表示：「血氣心知」就是「性」，其云：

> 性字從心，即血氣、心知也。有血氣無心知非性也，有心知無血氣非性也。血氣心知皆天所命，人所受也。人既有血氣、心知之性，即有九德、五典、五禮、七情、十義，故聖人作禮樂以節之，修道以教之。因其動作，以禮義爲威儀，威儀所以定命。……能者勤於禮樂、威儀，以就彌性之福祿；不能有惰于禮樂威儀，以取棄命之禍亂。是以周以前聖經古訓，皆言勤威儀以保定性命。〔註30〕

又阮元爲孫星衍（1753～1818）《問字堂集》作〈贈言〉，亦云：

> 漢人言性與五常，皆分合五藏、極確，似宜加闡明之。而宋儒最鄙氣質之性，若無氣質血氣，則是鬼非人矣，此性何所附麗？〔註31〕

阮元治學重漢儒注疏，〔註32〕但非「惟漢是崇」。其主治經「但求其是」且「凡事求是必以實。」〔註33〕所謂「實」，阮元以爲：

> 商周人言性命多在事。在事，故實，而易於率循。晉唐人言性命多在心。在心，故虛，而易於傅會。〔註34〕

以古聖先賢所論的性命，多有人爲的具體事實，故實；而晉唐以後論性命，

〔註28〕 王引之：〈小人革面〉云：「小人但改其顏面容色，則心未改，豈得遂謂之順從乎？至口在首上而爲面，則形體出於天性，又不可得而變改也。」《經義述聞》卷1，（南京：江蘇古籍出版社，2000年），頁29。

〔註29〕 張立文先生：〈第六節　戴震理爲物則的思想〉云：「情之不爽失。理便成了情理。」同註25，頁271。

〔註30〕 阮元：〈性命古訓〉，《揅經室一集》卷10，（北京：中華書局，1993年），頁217。

〔註31〕 孫星衍：《孫淵如先生全集》，（影印《國學基本叢書本》，台北：臺灣商務印書館，1968年），頁8。

〔註32〕 阮元：〈西湖詁經精舍記〉云：「聖賢之道存乎經。經非詁不明。漢人之詁，去聖賢爲尤近。……蓋遠者不若近者之實也。……舍詁求經，其經不實。」《揅經室二集》卷7，同註30，頁547。

〔註33〕 前者見阮元：〈焦里堂群經宮室圖序〉，《揅經室一集》卷11，同上註，頁250；後一者見其〈宋硯銘〉，《揅經室四集》卷2，頁748。

〔註34〕 阮元：〈塔性說〉，《揅經室續集》卷3，同上註，頁1059。

似乎憑心出於一意，師心自用，多穿鑿附會。阮元之崇實黜虛，故反晉唐以後性命之理，主回歸漢儒經典講究「性命」之眞實意義。其主性乃血氣心知之性，據許愼：《說文解字》云：「情，人之陰氣有欲者也。……性，人之陽氣性善者也。」〔註 35〕以氣質之性爲性，且性、情不可分割，喜、怒、哀、樂、愛、惡、欲等本於性，發於情者也。所以性乃天所命，人所受，是一血氣心知之性，故聖人制禮作樂以節之，修道以教之，皆祈以禮義爲威儀，勤威儀以保定性命。且以爲無氣質血氣，是鬼非人矣，因性何所附麗？後來劉寶楠（1791～1855）亦以「性」作「血氣」之性講，其云：

> 然言「性與天道」，則莫詳於《易》，今即《易》義略徵之。〈繫辭上傳〉：「一陰一陽之謂道。繼之者善，成之者性也。」……〈文言傳〉：「乾道變化，各正性命。」又曰：「利貞者，性情也。」〈說卦傳〉：「窮理盡性以至於命。」又曰：「昔者聖人之作《易》也，將以順性命之理。」此言性也。……鄭注此云：「性謂人受血氣以生，有賢愚。」案：受血氣則有形質，此「性」字最初之誼。……包氏汝翼《中庸說》：「性也者，天地之交氣也。天氣下降，地氣上升，交在於中，故〈傳〉曰：『人受天地之中以生』。性之於字，從心生，從生，人生肖天地，而心其最中者也。」案：包說即鄭《注》「人受血氣以生」之旨。血氣受之父母，父母亦天地之象也。孟子云：「形色，天性也。」形色即形質。人物各受血氣以生，各有形質。〔註36〕

從《易》所論的「性」講起，此性，最初鄭注之意爲：「謂人受血氣以生。」是以「人」在天地之中以生，是「氣」之聚散變化而來，當然，「性」則有父母之血氣形質之遺傳，故人物各受血氣產生，各有形質，此千古不變之理，不可改也。加上「性」字從心從生講，證明有食色生性，與心知之性。所以在此，劉寶楠主性乃具血氣心知之性。

最後揚州儒學殿軍者──劉師培（1884～1919）於「性」，亦認爲「血氣心知」乃性之實體。其以「性」字分解，「性」一從「生」，是以指「血氣」而言；另一從「心」，則指「心知」也，合而視之，「性」即「血氣心知」也。所謂：

〔註35〕同注1，頁502。
〔註36〕劉寶楠撰、高流水先生點校：《論語正義》，（台北：文史哲出版社，1990年），頁185。

血氣心知即性之實體。古代性字與生字同，性字從生，指血氣之性言也。性字從心，指心知之性言也。性生互訓，故人性具于生初。《禮記・樂記》篇云：「人生而靜，天之性也。」〔註37〕

鮑國順先生指出：由性字從生從心的字形構造等，證明人性稟於生初，血氣心知即為性之實體，其理論與方法，明顯是師從他的前輩學者戴震、阮元而來。〔註38〕他們以性作氣性來論，是一「以氣為本」的思想。據張岱年先生等學者研究指出：此氣化論的代表人物，實可追溯自宋張載（1020～1077）、羅欽順（1465～1547）、王廷相（1474～1544），並延續至顧炎武（1613～1682）、王夫之（1619～1692）、顏元（1635～1704）、戴震、焦循等人，並且以此系譜與程朱、陸王共三大思潮來涵括自宋至清的義理思想。〔註39〕所以性——

〔註37〕 劉師培：〈理學字義通釋・性情志意欲〉，《清儒得失論》，（北京：中國人民出版社，2004 年），頁 115。

〔註38〕 鮑國順先生：〈劉師培的人性思想研究〉，收入氏著《清代學術思想論集》，（高雄：復文出版社，2002 年），頁 185。

〔註39〕 張岱年先生：《中國哲學大綱・序論》云：「自宋至清的哲學思想，可以說有三個主要潮流。第一是唯理的潮流，始於程頤，大成於朱熹。……第二是主觀唯心論的潮流，導源於程顥，成立於陸九淵，大成於王守仁。……第三是唯氣的潮流亦即唯物的潮流，始於張載，張子卒後其學不傳，直到明代的王廷相和清初的王夫之才加以發揚，顏元、戴震的思想也是同一方向的發展。……可以說北宋是三派同時發生的時代，南宋、元及明初是唯理派大盛的時期；明中葉至明末是主觀唯心派大盛的時期；清代則是唯物派較盛的時期。」《中國哲學大綱》，（北京：中國社會科學出版社，1994 年），頁 26～27。另余英時先生：〈清代思想史的一個新解釋〉對於「明代，王廷相的思想」亦強調：「王廷相……強烈反對所謂『德性之知』。……如果不見不聞，縱使是聖人也無法知道物理。」其比喻得好，其云：「把一個小孩子幽閉在黑房子裏幾十年，等他長大出來，一定是一個一無所知的人，更不用說懂得比較深奧抽象的道理了。所以王廷相認為人雖有內在的認知能力，但是必須通過見聞思慮，逐漸積累起知識，然後『以類貫通』。……專講求德性之知的人，在他看來，是和在黑房子裏幽閉的嬰兒差不多的。……戴東原雖然未必讀過王廷相的著作，但是戴的知識論卻正走的是王廷相的路數，而且比王廷相走的更遠、更徹底。」收入於余英時先生等編：《中國哲學思想論集》（清代篇），（台北：牧童出版社，1976 年），頁 26；亦見於田富美先生：《清代荀子研究》，（台北：政大中文博論，2006 年），頁 143；張立文先生：《氣》，（北京：中國人民出版社，1990 年），頁 132～139、188～193、206～263、276～297；袁爾鉅先生：〈理學與心學考辨——兼論確認「氣學」〉，（《甘肅社會科學》總期第 49 期，1988 年 5 月），頁 27～31；日本學者：山井湧原、金谷治等著、張昭先生譯：《中國思想史》，（台北：儒林圖書公司，1981 年），頁 209～306；加藤長賢監修、蔡懋堂先生譯：《中國思想史》，（台北：學生書局，1978 年），

「氣」本論思想，非清儒戴震等人所創，乃前有所承，淵源有自，不過，可以肯定是「氣本論」思維在清代為盛，蔚為清儒主要的哲學思想。然與世界性現代潮流接軌的思想，不可否認，即是以「乾嘉新義理學」為主軸的「清代新義理學」，此「達情遂欲」的義理學，對現代化思維實具有導揚先路的作用，是以有學者亦表示：此「清代新義理學」不能被從賡續「宋明氣學」舊說、或「宋明理學」修正性理論的學說蛻變角度看待，那是一種和理學模式截然不同的新義理型態。〔註40〕個人以為：「氣本論」前有所承，以「氣」的角度看，清儒氣化形下之思，重經驗現實面，講實際具體血氣心知等論，與「氣本論」內容不無關係，只是清代新義理學不是僅「氣本論」一語以概括之，其內容肯定情欲、講經世致用，進而主「禮學經世」，由「理」至「禮」，天理轉向情理探討，甚至可說是「以禮代理」盛行的時代，此「禮學」非「氣本論」可以涵蓋，是清儒正視現實需要，所提出的「力軸」。〔註41〕所以它亦未必賡續宋明氣學舊說，而是修正宋明理學而來，它所反映是一時代學術潮流之趨勢。

二、好惡為性，能知故善

　　性是善是惡？從古至今爭論不休，莫衷一是，可謂立場不同，各自有理。然在揚州儒者中，多不明顯表態性是善抑是惡的，不過，一致是以好惡等欲在性內，強調學習、復禮或智識以引導「性」向善；凌廷堪云：

> 好惡者，先王制禮之大原也。人之性受於天，目能視則為色，耳能聽則為聲，口能食則為味；而好惡實基於此，節其太過不及，則復於性矣。《大學》言好惡，《中庸》申之以喜怒哀樂。蓋好極則生喜，又極則為樂；惡極則生怒，又極則為哀；過則溢於情，反則失其性

頁 174～177。對於氣的論述，稱為氣本論、氣學、氣的哲學，探討頗多。

〔註40〕 詳見張麗珠先生：《清代的義理學轉型》，（義理三書之三），（台北：里仁書局，2006 年），頁 297～398。

〔註41〕 「力軸」一語出自張壽安先生：〈禮教與情欲：近代早期中國社會文化的內在衝突〉一文，強調的是：從事歷史文化研究的學者，不應是批評議論，而是「深刻誠摯的反省這個文化轉型的『力軸』」，因為「任何社會的轉型都不可能是全盤式的改變，也絕不可能是迎頭趕上。文化是一種生活，……生活習俗不可能一刀切斷，文化也不可能一夜改變。文化，表現在每個人每日生活言行的舉手投足之間。因此，作為轉型的力軸，就必須對傳統文化重新給予其『實然』的地位。」同注 12，頁 736。

矣。先王制禮以節之，懼民之失其性也。然則性者，好惡二端而已。
〔註42〕

廷堪對人性而言，無所謂善惡分別，只簡單表示人性有二種素質：好與惡而已。
正因人有好惡，是以道德建立、禮則制定，都得依據此人我之好惡，來建立出
人我共遵循的禮則。〔註43〕好惡則生喜怒哀樂等情緒，過與不及，皆失其本性，
所以先王制禮以節性，源自於此矣。換句話說，先王制訂禮的目的，不是爲了
壓抑或滅除情欲好惡，而是在於「節其太過不及」，防止人民「失其性」，以「復
其性」；然此「復性」與宋明理學家所論回復到沒有情、沒有欲駁雜的「天理」
是不同的。〔註44〕然淩廷堪以好惡論性，實已落入現象界，屬經驗層次，或「氣」
之層次；和宋明理學主形上本體論性，大相徑庭。〔註45〕

　　和淩廷堪在學術上前後相呼應的，尚有焦循、阮元、劉寶楠等人；焦循
不主性善或性惡，其主「食色，性也」而「能知故善」乃「性善」；焦循云：

　　性無他，食色而已。飲食男女，與物同之。當其先民，知有母不知
　　有父，則男女無別也。茹毛飲血，不知火化，則飲食無節也。有聖
　　人出，示之以嫁娶之禮，而民知有人倫矣。示之以耕耨之法，而民
　　知自食其力矣，以此示禽獸，禽獸不知也；禽獸不知，則禽獸之性，
　　不能善；人知之，則人之性善矣。……人之性可引而善，亦可引爲
　　惡，惟其可引，故性善也。牛之性可以敵虎，而不可以使之咥人，
　　所知所能，不可移也。惟人能移，則可以爲善矣，是故惟習相遠，
　　乃知其性相近。若禽獸，則習不能相遠也。〔註46〕

又：

　　性何以善？能知故善。同此男女飲食，嫁娶以爲夫婦，人知之，鳥
　　獸不知之；耕鑿以濟飢渴，人知之，鳥獸不知之。鳥獸既不能自知，
　　人又不能使之知，此鳥獸之性，所以不善。……人之不善者，不能
　　孝其父，亦必知子之當孝乎己；不能敬其長，亦必知卑賤之當敬乎

〔註42〕淩廷堪：〈好惡說〉上，《校禮堂文集》卷16，（北京：中華書局，1998年），
　　　　頁140。
〔註43〕張壽安先生：《以禮代理──淩廷堪與清中葉儒學思想之轉變》，（台北：中研
　　　　院近史所，1994年），頁46。
〔註44〕田富美先生：《清代荀子研究》，（台北：政大中文所博論，2006年），頁171。
〔註45〕整理自張壽安先生：〈禮教與情欲：近代早期中國社會文化的内在衝突〉，同
　　　　注12，頁748。
〔註46〕焦循：〈性善解一〉，《雕菰集》卷10，同注27，頁127。

己。知子之當孝乎己，知卑賤之當敬乎己，則知孝悌矣。……故論
性善，徒持高妙之説，則不可定，第於男女飲食驗之，性善乃無疑
耳。〔註47〕

其主食色，性也。焦循另於《孟子正義·告子章句上》亦強調：「飲食男女，
人之大欲存焉。欲在是，性即在是。」〔註48〕又〈格物解二〉亦云：「飲食男
女，人之大欲存焉。」〔註49〕以生養欲求是人性的基本內涵，此實與禽獸無
別，但人與禽獸仍有所不同，不同端倪在於「人知」，人能「知之」，所以為
滿足飲食男女之欲求，則有嫁娶、耕鑿之禮儀與作為，來達成人生養欲求之
滿足。然禽獸不知此也，以此「知」可引性向善，否則，性可引至善亦可引
至惡，但人之「知」引性為善，所以性相近，習相遠也，亦在此。人：能知
故善，此「知」之正確與否、充實與否，乃人性變好變壞之關鍵，亦向善向
惡之鎖鑰，所以後天的努力與學習，是焦循力主「性」——引導為「善」的
重要論據。然人為善則命運可改，所以讀書與學習是改變人命運的關鍵。

阮元亦云：

《孟子·盡心》亦謂耳目口鼻四肢為性也。性中有味色聲臭安佚之
欲，是以必當節之。古人但言節性，不言復性也。〔註50〕

又：

欲生于情，在性之內，不能言性內無欲，欲不是善惡之惡。天既生
人之血氣、心知，則不能無欲，惟佛教始言絕欲。若天下人皆如佛
絕欲，則舉世無生人，禽獸繁也。此孟子所以說味、色、聲、臭、
安、佚為性也。欲在有節，不可縱，不可窮。……欲固不離性而自
成為欲也。〔註51〕

阮元視情欲為人性的內涵，亦人性有情有欲在，然欲非惡，所以性無所謂善
或惡，更毋須禁欲，亦不能禁欲，因人性既是血、氣、心、知，就不可能無
欲，畢竟「廩食足而知榮辱」，人世鬧饑荒時，遑論禮義廉恥？所以人欲不可
禁，但不可縱，端在「節制」，故節欲亦節性矣。此理欲論乃向下發展，是為

〔註47〕焦循：〈性善解三〉，同上注，頁127～128。
〔註48〕焦循：〈告子章句上〉，《孟子正義》下冊，卷22，（長沙：岳麓書社，1996年），
　　　　頁772。
〔註49〕焦循：〈格物解二〉，《雕菰集》卷9，同注27，頁131。
〔註50〕阮元：〈性命古訓〉，《揅經室一集》卷10，同注30，頁211。
〔註51〕同上注，頁228。

性情的範疇，然此欲是否一定是指各己之私欲而言？是否亦可為公為群體謀利之欲？若是為公之欲，則如張載（1020～1077）所云：「天下公欲，即理也；人人獨得，即公也。」〔註52〕所以為人人謀求之福利——公欲可為天理，然畢竟私欲與天理不兩立，所以自我創發之欲，是為促進社會群體進步而言者，是為公欲；若是自我享受物質欲望的無限性，便是私欲。此私欲，人們必須加以節制，即節欲。〔註53〕

　　後來，劉寶楠以「人性近於善，世所謂不善，是『習』造成」。所以其亦以為「性」可引，然引之端在「知」，亦即「學習」，故亦主「能知故善」說；其引焦循之語，對「性善」作一解釋：

> 焦氏循：「性善」解：「性無他，食色而已。飲食男女，人與物同之。當其先民知有母，不知有父，則男女無別也。茹毛飲血，不知火化，則飲食無節也。有聖人出，示之以嫁娶之禮，而民知有人倫矣。示之以耕耨之法，而民知自食其力矣。以此示禽獸，禽獸不知也。禽獸不知，則禽獸之性不能善。人知之，則人之性善矣。以飲食男女言性，而人性善不待煩言自解也。禽獸之性不能善，亦不能惡；人之性可引為善，亦可為惡。惟其可引，故性善也。……惟人能移，則可以為善矣。是故惟習相遠，乃知其性相近，若禽獸則習不能相遠也。」〔註54〕

然人性究竟如何？以今社會學家觀點來看，可以發現到現今社會學家所分析的「人性」，是：

> 人性就是人所具有的性格，從全人類來說有其共同性，從每個人來說也有某些特殊性。但總的說，人的共性或個性都不同於獸性。依靠語言、思維能力羣聚而居，互通聲氣，維護生存，以圖發展。人類就是這樣依據自然條件不同和各自的努力，分別地由低等到高等，由簡陋到豐裕地前進，發展情況不盡相同，人性則都一樣。否則，不同種族民族之間，怎能交往？〔註55〕

〔註52〕 張載：〈中正篇〉，《張子正蒙注》卷4，（上海：上海古籍出版社，2000年），頁163。

〔註53〕 張立文先生：〈第七節　理欲向義利公私和仁義的轉化〉，《中國哲學範疇發展史（人道篇）》，同註23，頁315。

〔註54〕 劉寶楠：《論語正義》，同註36，頁677。

〔註55〕 王康先生著：《人與思想——社會學的觀點》，（台北：自立晚報社文化出版部，

論人，只要是人均有人性，且不論種族、國別、地域不同，人性是一樣的。是人類所具有的基本性格，有共同性亦有個別性，如個性、性向之異，然此性絕不同於獸性，正因人有此共同性，所以不同類的人可以互相交往與溝通，尋圖發展，故人類可以由落後進展至前衛，改善人類生活品質，這亦是人之有欲求而來，若無「欲求」何以力圖改善與進步？然若是禽獸的話，就無法力求進步與改善，所以人性有知、有欲，可以判斷與追求，方以成一富而有禮的「人」的世界。

三、以禮代理

　　明清儒者重情性，清儒更是「尊情」。重視人情好惡的情性觀，實可以戴震、凌廷堪、焦循、阮元等人爲代表。他們以情論性，情不可滅，但須節性，不同宋明理學「性即理」，以「大理」論性，性（理）與情（欲）對立，欲須去除。清儒與宋明理學的「理」，不同在於清儒強調是「情理」，理學強調是「天理」、「性理」。所以清儒論道德實踐重心落在「制禮節性」之禮學講求上，〔註56〕肯定趙岐注孟所謂：「情禮相扶，以禮制情；人所同然，禮則不禁。」〔註57〕因此，他們所重是實際之「禮」，非玄虛之「理」，強調是「以禮經世」，主「以禮代理」。

　　關於此，實自汪中（1744～1794），即已具有人民性的社會思想。〔註58〕其反宋儒表彰的《大學》之「理」，甚至對清統治者視人命如草芥，表示了抗議。尤其對宋明以來，高唱天理道德等教條，棄人欲於不顧情況下，對婦女弱勢者的封建束縛，更是反對，其所謂的「理」絕不是宋明儒「形上天理」，而是「夫婦之禮」，所謂：

> 夫婦之禮，人道之始也。……許嫁而婿死，適婿之家，事其父母，爲之立後而不嫁者，非禮也。……今也，生不同室，而死則同穴，存爲貞女，沒稱先妣，其非禮孰甚焉！……先王惡人之以死傷生也，故爲之喪禮以節之，其有不勝喪而死者，禮之所不許也，其有以死爲殉者，

1990 年），頁 194。

〔註56〕 張麗珠先生：〈清代義理學轉型與《四書》詮釋〉，收入氏著《清代的義理學轉型》（義理三書之三），（台北：里仁書局，2006 年），頁 194。

〔註57〕 焦循：《孟子正義》，同注48，頁 1025。

〔註58〕 侯外廬先生：《中國思想通史》第 5 卷，（十七世紀至十九世紀四十年代），（北京：人民出版社，2004 年），頁 476。

尤禮之所不許也。……事苟非禮，雖有父母之命，夫家之禮，猶不得
遂也。……婚姻之禮，成於親迎，後世不知，乃重受聘。以中所見，
錢塘袁庶吉士之妹，幼許嫁于高秀水，鄭贊善之婢幼許嫁于郭。既而
二子皆不肖，流蕩轉徙，更十餘年，婿及女之父母咸願改圖，而二女
執志不移。袁嫁數年，備受箠楚，後竟賣之，其兄訟諸官，而迎以歸，
遂終於家；鄭之婢爲郭所窘，服毒而死。……若二女者可謂愚矣。本
不知禮，而自謂守禮，以隕其生，良可哀也！〔註59〕

以「夫婦之禮」爲「人道之始也」，見汪中對夫婦之禮的重視。然其所謂夫婦
之禮，不是宋明理學教條下，夫死殉節的婦道，強調的是婚姻之禮，成於親
迎，而非受聘。甚者，對於「許嫁而婿死」，爲夫殉節，或貞節守寡，汪中以
爲都是不合禮的，畢竟先王惡「人死傷生」，而有「喪禮」節之，更何況爲亡
者而殉，此乃先王制禮所不允許的。汪中在此，又舉袁枚之妹與鄭虎文的婢
女爲例，說明實不必爲未婚夫守貞與堅執不移的。執志嫁娶的結果，終以喪
失性命，悲劇收場。汪中以爲此二女子「可謂愚矣」，禮不當如此，其自謂守
禮，「良可哀也！」畢竟：古書中並沒有說「一受其聘，終身不二」，也沒有
說「不聘二夫」，而她們兩人卻以爲不聘二夫爲守禮，實在是「不知禮而自謂
守禮」。〔註60〕又學者指出：

在他同情封建社會婦女被壓迫的悲劇生活之言論中，可以看出他的
近代男女婚姻自由的思想，這是在古老的"禮"的外衣之下表明出
來的。……他不但主張男女社交自由，而且反對封建禮教束縛之下
的夫死殉節的婦道，暴露了女子不改嫁的貞節守禮的惡果。〔註61〕

其所主「夫婦之禮，人道之始也。」個人以爲無疑是「以禮代理」的先聲。之
後，其子汪喜孫（1786～1848）更是主張：「道在六經，道在五倫。」〔註62〕

〔註59〕 汪中：〈女子許嫁而婿死從死及守志議〉，田漢雲先生等編《新編汪中集》，（揚
州：廣陵書社，2005年），頁376。

〔註60〕 林慶彰先生：〈清乾嘉考據學者對婦女的關懷〉，收入氏等編：《乾嘉學者的義
理學》上冊，（台北：中研院文哲所，2003年），頁222。

〔註61〕 侯外廬先生：《中國思想通史》第5卷，（十七世紀至十九世紀四十年代），同
註58，頁476。

〔註62〕 汪喜孫：〈與朝鮮金正喜書〉（一）云：「堯舜之道，不外孝悌；周公孔子之道，
《詩》、《書》、《禮》、《樂》、《春秋》之文，不外倫常日用。道在六經，道在
五倫，誦法先王者在此，平治天下者在此，垂教後世者在此，相在爾室者亦
在此。」《汪孟慈集》卷5，（汪喜孫撰、楊晉龍先生主編：《汪喜孫著作集》

且強調是「經莫重於《禮》，《禮》莫重於〈喪服〉。」〔註63〕回歸經典論道，不尚空談，重實際的「禮儀規範」，甚且以「禮」甚於「經」，「禮」之中又以〈喪服禮〉為重。在此，汪喜孫已清楚表明「道在六經」，「經又以禮為要」，是否可以這樣視之：道之精要在於「禮」？是「以禮代理」的闡明？

明顯表示「以禮代理」的學者，是淩廷堪，其云：

> 聖人之道，一禮而已。……蓋性至隱也，而禮則見焉者也；性至微也，而禮則顯焉者也。……三代聖王之時，上以禮為教也，下以禮為學也。……蓋至天下無一人不囿於禮，無一事不依於禮，循循焉日以復其性於禮而不自知也。……夫其所謂教者，禮也。即"父子有親，君臣有義，夫婦有別，長幼有序，朋有有信"是也。故曰學則三代共之，皆所以明人倫也。〔註64〕

又：

> 〈復禮下〉口：「聖人之道，至平且易也。」《論語》記孔子之言備矣，但恆言禮，未嘗一言及理也。……其所以節心者，禮為爾，不遠尋夫天地之先也。其所以節性者，亦禮焉爾，不侈談夫理氣之辨也。……聖人之道，本乎禮而言者也，實有所見也；異端之道，外乎禮而言者也，空無所依也。……夫仁根於性，而視聽言動則生於情者也，聖人不求諸理而求諸禮，蓋求諸理必至於師心，求諸禮始可復性也。〔註65〕

開宗明義表示：「聖人之道，一禮而已。」回歸孔子所主張的「禮」乃立身之本。〔註66〕從人性、情等角度看，性中有情欲，是以必須有「禮」以節制，所謂：「禮者，因人之情而為之節文。」〔註67〕亦因性隱禮顯，故可「安情」。〔註68〕追溯上古時代，天下人皆以「禮」相守遵循，守禮復性自然合理。畢

　　　　上，台北：中研院文哲所，2003年），頁200。

〔註63〕汪喜孫：〈與戴金溪先生書〉云：「《經》莫重於《禮》，《禮》莫重於〈喪服〉。」同上注，頁404。

〔註64〕淩廷堪：〈復禮〉上，《校禮堂文集》卷4，（北京：中華書局，1998年），頁27。

〔註65〕阮元撰：〈次仲淩君傳〉，《揅經室二集》卷4，同注30，頁472～473。

〔註66〕見《論語·衛靈公篇》云：「子曰『不學禮，無以立。』」，（朱熹：《四書章句集註》，台北：大安出版社，1991年），頁174。

〔註67〕漢鄭玄注、唐孔穎達疏：《禮記正義·坊記篇》，（《十三經注疏本》（5），台北：藝文印書館，1997年），頁863。

〔註68〕關於安情，董仲舒：《春秋繁露·天道施》云：「夫禮，體情而防亂者也。民

竟：「飲食男女，人之大欲存焉。聖人知其然，制禮以節之。……徐以復性而至乎道。周公作之、孔子述之，別無所謂性道也。」〔註69〕古聖先賢之理，即是如此，「蓋以先王之制禮也，本於君臣父子夫婦昆弟朋友，皆爲斯人之所共由，乃爲天下之達道達德。舍禮實無可別求。」〔註70〕舉孔子爲例，孔子恆言禮，未嘗一言及「理」也；是以凌廷堪倡「以禮代理」，「禮」乃大經大法，〔註71〕而「理」則是師心自用。〔註72〕雖「天地之上爲何物」這個「物之本體」，一直是古人探索不已的，且視爲超越形而下的形而上者。〔註73〕問題是這個抽象的道德概念，必須藉由具體典章禮儀形式表現出，方爲人們所體認與實踐。

　　焦循承繼戴震「理爲事物的條理、分理」之意義。提出「理者分也；義者宜也。」〔註74〕之說。理有分，即有則，即是「禮儀尺度」，所以道之分，有理，得之理，有義；用於人事中，即是「禮」也。又焦循倡以「禮」制情欲與紛爭，是以隱約表明「以禮代理」，「禮」就是人事中「道之分」、「義之宜」的軌則，企圖以此建立一良好的社會秩序。其云：

> 禮論辭讓，理辨是非。知有禮者，雖仇隙之地，不難以揖讓處之。……
> 今之訟者，彼告之，此訴之，各持一理，嘵嘵不已。爲之解者，若
> 直論其是非，彼此必皆不服，說以名分，勸以遜順，置酒相揖，往
> 往和解。可見理足以啓爭，而禮足以止爭也。〔註75〕

在此，焦循提出「理」與「禮」最大之殊異，即是「禮論辭讓，理辨是非」，又「理足以啓爭，而禮足以止爭也。」抽象之理，各憑主觀，莫衷一是，故

之情不能制其欲，使之度禮，目視正色，耳聽正聲，口食正味，身行正道，非奪之情也。所以安其情也。」（見董仲舒著、清凌曙注、鍾肇鵬先生主編：《春秋繁露校釋》卷17，石家庄：河北人民出版社，2005年），頁1095。

〔註69〕凌廷堪：〈好惡說下〉，《校禮堂文集》卷16，同注64，頁143。

〔註70〕王家儉先生：〈清代禮學的復興與經世禮學思想的流變〉，（《漢學研究》第24卷第1期，2006年6月），頁282。

〔註71〕凌廷堪：〈復禮中〉云：「禮也者，不獨大經大法，悉本夫天命民彝而出之。」《校禮堂文集》卷4，同注64，頁30。

〔註72〕凌廷堪：〈復禮下〉云：「蓋求諸理必至於師心，求諸禮始可復性也。」《校禮堂文集》卷4，同上注，頁32。

〔註73〕張立文先生：《中國哲學範疇發展史》（天道篇），（北京：中國人民大學出版社，1989年），頁537。

〔註74〕焦循：《孟子正義》，同注48，頁451～452。

〔註75〕焦循：〈理說〉，《雕菰集》卷10，同注27，頁151。

是非不斷，彼一是非，此一是非，必爭論不休；然有「禮」則論長幼、尊卑、名分，即使仇隙，也得遜順、辭讓，所以欲求人世的和諧，必「以禮代理」。

阮元強調「理必附乎禮以行」，亦「以禮代理」之強調：

> 朱子中年講理，固已精實。晚年講禮，尤耐繁難。誠有見乎理必出于禮也。古今所以治天下者，禮也。五倫皆禮，故宜忠宜孝，即理也。然三代文質損益甚多。且如殷尚白，周尚赤，禮也，使居周而有尚白，若以非禮析之，則人不能爭；以非理析之，則不能無爭矣。故理必附乎禮以行，空言理則可彼可此之邪說起矣。〔註76〕

亦如凌廷堪所云，講「理」易師心自用，無一客觀的標準，彼一是非，此一是非就此產生；然論「禮」則具體可行，一視同仁，共同遵守，且五倫之理：父子有親、君臣有義、夫婦有別、兄弟有義、朋友有信——皆由禮來，教忠教孝由習禮產生，由習禮以知禮義，〔註77〕所以論禮不論理也，「理必附乎禮以行」。

後來重春秋學的凌曙（1775～1829）、儀徵劉氏，幾乎均主「禮治春秋」，以「禮」闡明其中的微言大義；凌曙云：「禮乃治亂之本。」又「六經之道，同歸禮樂之用。」〔註78〕重的是「禮樂」教化，〔註79〕以「禮」治天下，亦即禮學經世，即使治《春秋》，亦主禮明之，其侄劉文淇（1789～1854）則有所謂「釋《春秋》必以周禮明之。」〔註80〕說，文淇之孫：劉壽曾（1838～1882）主「區而秩之，無非禮也。」〔註81〕回復戴震、焦循所謂的「理」，乃事物的條理、分

〔註76〕阮元：〈書東莞陳氏學部通辨後〉，《揅經室續集》卷3，同注30，頁1062。

〔註77〕見《禮記·禮器篇》：「先王之立禮也，有本有文。忠信，禮之本也；義理，禮之文也。」（《禮記正義》，《十三經注疏本》(5)，台北：藝文印書館，1981年），頁449。可知聖人為民立禮法，即是為民立道。

〔註78〕凌曙：《春秋公羊禮疏·序》云：「觀乎古帝王之經理天下也，得禮治，失禮亂，得失之所關，治亂之所本，可不慎與？是以淫辟之罪多，昏姻之禮廢也；爭鬥之獄蕃，鄉飲之禮廢也；骨肉之恩薄，喪紀之禮廢也；君臣之位失，朝聘之禮廢也。由是觀之，六經之道，同歸禮樂之用。」（收入於《叢書集成初編》第3674冊，北京：中華書局，1985年），頁12。

〔註79〕林安弘先生：《儒家禮樂之道德思想》云：「禮是介於法律與道德之間，它具有使道德規範易於實踐，使人倫的關係合乎常理，使社會秩序納於正軌的功能。禮樂教化是一種人文教養，它與我們日常生活、人際關係、社會規範、政治安定，都有密切而不可分的關係。禮猶如軌道，樂猶如動力，有禮有樂，然後團體生活才有紀律，團員間才有情感。」（台北：文津出版社，1988年），頁3。

〔註80〕劉文淇等著：《春秋左氏傳舊注疏證·注例》，（北京：中國社會科學出版社，1959年），頁1。

〔註81〕劉壽曾：〈蘗窗吟草序〉，《傳雅堂文集》卷2，劉壽曾著、林子雄先生點校、

理之意義。以見清儒學術趨勢，從戴震至劉壽曾等人，似乎在尋一合情合性的「理則」，相對於宋明理學而言，正如張壽安先生所云：「此一轉變爲從『天理』到『情理』。」〔註82〕或許這階段學者，於「情理」覺醒，亦試圖不斷尋找當面對時移勢異，現實生活轉變後，適宜的「禮教」（禮制）爲何？抑新的合情之理，該是如何？禮教面對人情衝突時，該如何合理？學者指出：此時情感的發現與解放，不僅是解構傳統理念，也是建構新的理性的價值前提、準則與動力。或許感性的弘揚正是啓蒙主義的必經階段與有機組成部分。〔註83〕

四、情欲不爽失謂之理

清儒思潮，走向達情遂欲之發展，視情欲無爽失，謂之理，此一趨勢，絕非空穴來風；誠如張壽安先生所云：

> 蓋明清間的「情欲覺醒」，不僅呈現在大眾文化上，如馮夢龍倡導的「情教」，主張用情字抒解禮教，或《金瓶梅》、《牡丹亭》一類言情論欲小說戲曲的大量出現；也反映在上層思想界。清儒自戴震（1723～1777）揭示理學「以理殺人」，主張「達情遂欲」，其後之思想界即一直向著這個方向發展。這表現在一方面思想界對「人性」內涵之重新界定，另方面對「規範」必須與「情欲」配合。正如焦循（1763～1820）、程瑤田所言：「理」絕非「此亦一是非，彼亦一是非」的「公說公有理，婆說婆有理」，而應該是合眾人之情理的「公是」和「公非」。〔註84〕

所謂「理」已不是形上本體論之探討，而是即事言理，就人我之情言理。是一從「天理」至「情理」之轉向；揚州學者對於情理看法，亦如是，以「理原於情」而來。基本上，戴震的學生——段玉裁即主：「理乃情之無憾。」在其《說文解字注》：「理，治玉也。」有云：

> 《戰國策》，鄭人謂玉之未理者爲璞，是理爲剖析也。……凡天下一

楊晉龍先生校訂：《劉壽曾集》，（台北：中研院文哲所，2001 年），頁 87～88。

〔註82〕 張壽安先生：《十八世紀禮學考證的思想活力——禮教論爭與禮秩重省》，（北京：北京大學出版社，2005 年），頁 4。

〔註83〕 張光芒先生著：《啓蒙論》，（上海：上海三聯書店，2002 年），頁 16～17。

〔註84〕 張壽安先生：〈嫂叔無服，情何以堪？——清代「禮制與人情之衝突」議例〉，收入熊秉眞、呂妙芬等編：《禮教與情慾：前近代中國文化中的後/現代性》，（台北：中研院近史所，1999 年），頁 171。

事一物必推其情至於無憾而後即安，是之謂天理，是之謂善治。……
古人之言天理何謂也？曰理也者，情之不爽失也。未有情不得而理
得者也。天理云者，言乎自然之分理也；自然之分理，以我之情絜
人之情，而無不得其平是也。〔註85〕

以見段玉裁於「理」之看法。一如戴震主張：「理也者，情之不爽失也。」
〔註86〕情欲不失其則，就是天理。亦即「情至無憾」，俯仰無愧，心安理得，
就是「理」。「天理」不外自然之分理，在人與人之間就是「不欠一分人情」，
亦即段玉裁所謂「情至於無憾而後即安」，做到如此，必須「以我之情絜人
之情」，推己及人，將心比心，以同理心方式情同他人，同情互助，親愛愛
人，以「愛」，化解紛爭與不平；乃至融化罪惡淵藪，做到人者（仁）愛人
之本意，〔註87〕彼此心安理得，便是理；此已不再是宋明理學的「理欲二
分」說法。宋明理學主「存天理，去人欲」，其中的「去人欲」，即要克治人
的私欲，至「一毫不剩」的地步，畢竟對任何活著的人（包括聖人），都是
無法達到的目標。清儒正視此理之不合人性，故繼戴震之後，頗多主理源自
情來，主理（禮）在情欲之不爽失也。

　　凌廷堪倡「以禮代理」，亦認為「禮」即緣情順欲制訂而來，所謂：

好惡乃制禮之大原也。人之性受於天，目能視為色，耳能聽則為聲，
口能食則為味，而好惡實基於此。節其太過不及，則復於性矣。……
性者，好惡二端而已。……好惡生於聲色與味，為先王制禮節性之
大原。〔註88〕

以好惡為人性的兩端，是以有視、聽、嗅、味、觸、覺等本能，亦是所謂「情
欲」，正如《禮記・樂記》云：「人生而靜，天之性也；感於物而動，性之欲也。
物至智知，然後好惡形焉。」「喜、怒、哀、樂、敬、愛六者，非性也，感於物
而後動。」〔註89〕人有情有欲，感於物而後動者，是一接受外物誘使之「觸媒」，
無以自節，縱任發展，必有爭亂，所以須「禮」節制；如荀子所云：

〔註85〕東漢・許慎著、清・段玉裁注《說文解字注》，同注1，頁15～16。
〔註86〕戴震：《孟子字義疏證》卷上，《戴東原先生全集》，同注22，頁288。
〔註87〕見《論語・先進篇》云：「樊遲問仁。子曰：『愛人。』」（朱熹《四書章句集
　　　　註》，台北：大安出版社，1991年），頁139。
〔註88〕凌廷堪：〈好惡說上〉，《校禮堂文集》卷16，同注64，頁140。
〔註89〕見漢鄭玄注、唐孔穎達疏：《禮記正義・樂記》，（《十三經注疏本》（5），台北：
　　　　藝文印書館，1981年），頁666、679。

> 禮起於何？曰：人生而有欲，欲而不得，則不能無求。求而無度量
> 分界，則不能不爭。爭則亂，亂則窮。先王惡其亂也，故制禮義以
> 分之，以養人之欲，給人之求。〔註90〕

因人有欲望，必有所求，當求無止境時，就會產生紛爭，「爭則亂，亂則窮」，是以先王制「禮義」等「禮儀規範」，使人們遵循，以足人們的欲求。所以「禮」因人性本能制訂而來，嚴格說來，無疑是一種「戒律」，然「戒律」不是束縛人們的枷鎖，相反的，是人與人間相處的護身符。畢竟「知、情、意」三者是人類之「天性」，人是有情的眾生，情欲是與生俱來的，無法棄除，觀《禮記》載喪禮、祭禮，即可知此「禮」乃出自人的自然之情而來，如：「此孝子之志也，人情之實也，禮義之經也，非從天降也，非從地出也，人情而已矣。」〔註91〕「三日而斂」、「服喪三年」之禮，絕非勉強訂定，宜是出自子女對父母的孝思與親子之情而來。所以荀子有云：「三年之喪，何也？曰：稱情而立文。」〔註92〕所以「禮」乃源於人之性情，使情欲不爽失，做到合情合理地步，就是先王當時制定「禮儀規範」的目的；在此，淩廷堪更加以強調。然對於宋明理學之「存理去欲」主張，誠如翟志成先生所云，實不可能達成；其云：

> 被宋明理學家詬病最多的「軀殼起念」，其實正是人所以能自我保
> 存、自我發展、自我繁衍的憑藉，正是人的本能。即使我們願意完
> 全承認宋明理學家的說法：人的仁義禮智的道德性是人與禽獸相異
> 的本性（或本質），人的軀殼起念只不過是人與禽獸相同的動物性。
> 理學家警告我們，若失去了人的本性，人就會變成了禽獸。這當然
> 是正確的。但我們也願意提醒理學家：人若失去了動物性，人便不
> 但會做不成人，而且還會連禽獸也做不成。由此可見，對於人類的
> 存有而言，人的本能其實比人的本性更為根本。任何活著的人，其
> 實都無法完全克去自己的「軀殼起念」。明白了這一點，我們就能明
> 白，何以經過了長期五百多年的「滅私去公」，還未見到有任何一個
> 宋明理學家能成功地把自己改造成聖人。過高的標準，雖然可挑激

〔註90〕 見荀子：〈禮論篇〉，荀子著、唐楊倞注、清王先謙集解：《荀子集解》卷13，（台北：藝文印書館，1958年），頁583。
〔註91〕 見漢鄭玄注、孔穎達疏：《禮記正義・問喪篇》又云：「哭泣無時，服勤三年，思慕之心，孝子之志也，人情之實也」，《十三經注疏本》（5），同注 89，頁947～948。
〔註92〕 荀子：〈禮論篇〉，同注 90，頁 617。

起人們見賢思齊的志氣，但在許多時候，卻會讓人們因無論如何努力都無法達到而乾脆放棄。〔註93〕

主春秋公羊今文學的凌曙（1775～1829），於情於理，其認為是：

> 吾人為學自治經始，治經自三禮始。三禮書甚完具，二鄭、孔、賈發明其義甚明。且密推人情之所安，以求當於古先聖王制作之源，則莫不有合焉者。……禮本人情以即于安，故禮者治人之律，而春秋則其例也，春秋之旨，僅存于公羊，得何氏闡其說，然後知禮之不可頃刻使離于吾身。〔註94〕

主「禮本人情以即于安」，即使《春秋》義例，亦是以「禮」為主軸，貫串全書；公羊今文大義，亦是以「禮義」為依歸，闡發其中的道德意涵，此道德意涵即是內在的仁心與外在的義行，而「禮」本人情之所安而來，所以其主治經應自三禮始，即可知古聖先王制定典章儀則之用意。「禮」實源於人之性情，將「知、情、意」的天性闡揚，發揮「智、仁、勇」三達德，便是「禮」的精義。然「禮」內在的意蘊，亦必須靠不斷薰習、實踐以悟得，絕非空談玄理而來。所謂的「禮（理）」，儀徵劉毓崧（1818～1867）亦云：「理與禮其道一而已矣。」且「天理不外人情也。」〔註95〕

第二節 經驗界落實——情欲探討

一、情——實也

「情不知所起，一往而深。生者可以死，死可以生。」〔註96〕究竟「情」

〔註93〕翟志成先生：〈宋明理學的公私之辨與現代意涵〉，收入於黃克武先生等編《公與私：近代中國個體與群體之重建》，（台北：中研院近史所，2000年），頁56。

〔註94〕凌曙：《四書典故覈·序》，（《續修四庫全書·經部·四書類》（169），上海：古籍出版社，1995年），頁3。

〔註95〕劉毓崧：〈法家出於理官說下篇〉云：「理字本義為治玉，引申其義則為事理、物理之稱。而理之難明，莫若聽訟，故刑官謂之大理。蓋其剖析為至微矣。然天理不外乎人情，故情理可以互訓。而理官治獄，首貴乎得情，能準理以度情者，斯謂之忠恕，故法家當以忠恕為心，能緣理而因情者，斯謂之禮……儒家乃能精於法家，理與禮其道一而已矣。」《通義堂文集》卷10，（收入於嚴一萍先生編輯：《求恕齋叢書》（集部），《叢書集成續編》，台北：藝文印書館，1970年），頁17。

〔註96〕湯顯祖：〈牡丹亭記題詞〉，見湯顯祖著：《湯顯祖集》第2冊（上海：人民出

是何物？個人以爲「情」是「眞愛」的流露。據社會學家對「人情」看法是：

> 所謂人情，就是人的感情在不同角色中，不同情境中的表現。最寶
> 貴的是同情心，爲他人的幸福高興，爲他人的不幸同情支持；是正
> 義感，能爲不平的事，能對不合理的行爲仗義直言。可見，對人情
> 既不要把它當作唯心的東西予以否定，也不要因爲在社會風氣不好
> 的情境下所出現的消極現象，潑髒水連盆子也扔掉了。一個羣體或
> 一個社會裏，人們如果相對如冰，氣氛冷冷清清，相互存有戒心，
> 沒有同情心，沒有正義感，這就是社會危機。〔註97〕

又：

> 人自身還有一個禁區，就是古人（告子）所稱的「食色性也」。可見
> 被視爲「封建」、「頑固」的古代，當時的人並不諱言食和色，而且
> 認爲是天性，類似近代所說的本能。……再看看經過孔子刪削過的
> 《詩經》，仍可看到春秋時代及其以前，中原大地上的人民生活，是
> 充滿浪漫色彩，饒有風趣的，即使很講究禮儀節制的孔子也刀筆留
> 「情」。〔註98〕

畢竟人是有思想又有感情的，所謂「人非木石，豈能不悲」？然這些喜怒哀
樂等情，都是必須通過對他人、他事、他物才能反應出來。單獨一己，是無
法傳情達意的，人己互動中，方能將「愛」傳播出去，由「情」的流通以行
仁、愛人，達到和衷共濟，才是人與人相處意義。

　　清代，小學訓詁名家——王念孫曾云：「情，即誠字。」〔註99〕返回經典
考證，我們實可發現到先秦諸子對「情」，包括孔孟所謂的「情」，均非指情
感之意，《論語》中「情」乃「誠實」、「情實」之意講。〔註100〕據葛瑞漢（Graham）

　　　　　版社，1973年），頁1093。

〔註97〕王康著：《人與思想——社會學的觀點》，（台北：自立晚報社文化出版部，1990
　　　　　年），頁195～196。

〔註98〕同上注，頁196。

〔註99〕王念孫：〈情〉，《讀書雜志·墨子雜志》，（南京：江蘇古籍出版社，2000年），
　　　　　頁571。

〔註100〕據王念孫考證，先秦古書中頗多情與誠相通之例。王念孫：〈情〉云：「今天下
　　　　　王公大人士君子中，情將欲爲仁義，求爲上士；上欲中聖王之道，下欲中國家
　　　　　百姓之利，故當尚同之說而不可不察。念孫按：情即誠字，言誠將欲爲仁義，
　　　　　則尚同之說，不可不察也。〈尚賢篇〉曰：且今天下之王公大人士君子中，實
　　　　　將欲爲仁義，實亦誠也。〈非攻篇〉曰：情不知其不義也。故書其言以遺後世，
　　　　　若知其不義也，夫奚說書其不義以遺後世哉！情不知，即誠不知。凡《墨子》

先生研究，知：情在先秦文獻中是質實（essential）或情實（genuine）之義，作為情感（passions）解的情到宋代以後才出現。〔註101〕

　　劉寶楠於《論語・子路》：「上好信，則民莫不用情。」其《論語正義》釋「情」亦為：

　　　好惡之誠，無所欺瞞，故曰情實。〔註102〕

以誠實之好惡，不自欺欺人，謂之「情實」。此「情實」即「情」也；其「誠」，亦「忠也」。《論語・里仁》：「曾子曰：『夫子之道，忠恕而已矣。』」《論語正義》釋曰：

　　　《禮・中庸》曰：「子曰：『忠恕違道不遠。施諸己而不願，亦勿施
　　　於人。君子之道四，丘未能一焉。所求乎子以事父，未能也；所求
　　　乎臣以事君，未能也；所求乎弟以事兄，未能也；所求乎朋友先施
　　　之，未能也。庸德之行，庸言之謹，有所不足，不敢不勉；有餘，
　　　不敢盡。言顧行，行顧言。君子胡不慥慥爾！』」二文言忠恕之義最
　　　顯。蓋忠恕理本相通：忠之為言中也。中之所存，皆是誠實。《大學》：
　　　「所謂誠意，毋自欺也。」即是忠也。《中庸》云：「誠者非自成己

書中誠情通用者，不可枚舉。又《齊策》：臣知誠不如徐公美，劉本誠作情；《呂
氏春秋・具備篇》：三月嬰兒，慈母之愛諭焉，誠也；《淮南・繆稱篇》誠作情；
《漢書・禮樂志》：正人足以副其誠，《漢紀》誠作情，此皆古書誠情通用之證。」
同上注，頁 571；又歐陽禎人：《先秦儒家性情思想研究》云：「中國先秦時期
的傳世文獻中，「情」字的意涵絕大多數並不是情感的「情」，而是情實、質實
的意思。」又「質實往往指事物，而情實往往是針對性情、人品、德性而言的。」
（武漢：武漢大學，2005 年），頁 86、頁 90；陳昭瑛先生：〈「情」概念從孔
孟到荀子的轉化〉指出：「情」在《論語》中出現兩次，是指「誠實」和「實
情」的意思，與我們現在所理解的作為「感情」、「情感」、「情緒」的「情」是
有距離的。……《孟子》中的「情」也大致如《論語》中的「情」，一方面指
客觀的實情，另一方面指涉人的主體傾向的實然。《荀子》論情保留了《論語》、
《孟子》中兩種「情」的內涵，即實情的「情」和性情的「情」。荀子的轉化
主要表現在他賦予「情」另外兩個內涵，即具有道德主體內涵的「情」以及具
有美學內涵的「情」。見氏著：《儒家美學與經典詮釋》，（台北：臺大出版中心，
2005 年），頁 44、46、50。；張立文先生：〈性者天就情者質〉亦云：「《論語》
性字 2 見，情字 2 見。……情是實情。……情指真情。兩處均非與性相應之情
感。」見氏著：《中國哲學範疇發展史》（人道篇），同注 23，頁 477。

〔註101〕詳見張壽安先生：〈我欲立情教，教誨諸眾生──跨越時空論「達情」〉一文
　　　　　所引，收入於張壽安先生與熊秉真先生合編《情欲明清──達情篇》，（台北：
　　　　　麥田出版社，2004 年），頁 20。
〔註102〕劉寶楠撰、高流水點校：《論語正義》，同注 36，頁 525。

而己也，所以成物也。」《中庸》之誠即《大學》之「誠意」。誠者，
實也；忠者，亦實也。君子忠恕，故能盡己之性；盡己之性，故能
盡人之性。非忠則無由恕，非恕亦奚稱爲忠也？〔註103〕

以忠恕相通，皆作「誠實」講；所謂「誠實」即「毋自欺」，不自欺欺人，此
方能盡己之性，以至盡人之性。而忠恕，本在「誠實」——「毋自欺」，此另
一種說法即是：「忠於自己好惡的感受」，即劉氏所謂「好惡之誠，無所欺瞞。」
亦是所謂「情實」。眞實流露自我，無所謂誇大、掩飾或扭曲，原原本本的表
現，本來之我，便是「情實」，「誠實」也。學者於此亦指出：情實、質實乃
至性情之情，有一相通的特色，就在於眞誠，惟其如此，原始、眞實、質樸、
誠信就成了他主要的內涵。〔註104〕

二、以情旁通，推己及人

「以情旁通，推己及人」實就是「旁通以情，將心比心」。凡事「無我想，
先有他想。」先爲別人設身處地著想，最後再想到自己，便是旁通以情，推
己及人。人總有一個強烈的我執，執於自我，則凡事以我爲中心，便是私己，
是以見好吃好用等好處，都爲己奪取，人人如此，則是紛爭、搶奪、擾攘之
亂源；倘若「無我想，先有他想」，一如焦循所主的「旁通以情」，以情相通，
則紛擾之事不生，而是互相禮讓；焦循云：

> 自理道之說起，人各挾其是非，逞其血氣。激濁揚清，本非謬戾，
> 而言不本于性情，則聽者厭倦。……思則情得，情得則兩相感而不
> 疑，故示之於民則民從，施之於僚友則僚友協，誦之於君父則君父
> 怡然釋。不以理勝，不以氣矜，而上下相安於正。〔註105〕

有情則以情通，可化解彼此恩怨與紛爭，不以理在爭勝負。因同情反起慈愛
之心，爲他人設身處地著想，是以體諒、諒解而溶化彼此之怨氣；相反的，
彼此各堅執己「理」，則是是非非，僵持不下，則逞兇鬥狠之事產生。所以「情」
是人與人間相處的潤滑劑，人因有情，互相幫助，故可成一有情世界。西方
經濟學之父——亞當·史密斯（Adam Smith）則以「同情感」乃道德之源（morality

〔註103〕劉寶楠：《論語正義》，同上注，頁153。
〔註104〕詳見歐陽禎人先生著：《先秦儒家性情思想研究》，（武漢：武漢大學，2005
年），頁92。
〔註105〕焦循：〈毛詩鄭箋自序〉，同注27，頁272。

arises out of the feeling of sympathy in the human heart.），〔註 106〕藉由「同情」，可以自覺己與他人存在，創造出一個秩序來。〔註 107〕焦循在此主「理辨是非，禮論辭讓」，亦以同情爲本，化解是非之爭，相安於情通。對於此，其又云：

> 人欲即人情，與世通，全是此情。「己所不欲，勿施於人」，「己欲立而立人，己欲達而達人」，正以所欲所不欲爲仁恕之本。〔註 108〕

又其《論語通釋·釋仁》：

> 克、伐、怨、欲，情之私也；因己之情，而知人之情，因而通天下之情。不忍人之心，由是而達；不忍人之政，由是而立，所謂仁也。
> 〔註 109〕

人欲即人情，與世通全是此情。此相通以情，乃仁恕之本，亦是絜矩之道。此「旁通以情」之「情」，個人以爲此「情」絕非屬於男女之間「愛情」之「情」，因「愛情」是無法與人分享，那畢竟是兒女私情；而此情宜是「慈愛」之「情」，「慈愛」可以「博愛」，廣愛天下眾生，正因「博愛」所以「情通」，善心善行，方足以達成。也正因「愛」，是對他人的處境感同身受。有了同理心，人與人的衝突會減少，取而代之的是：鼓勵、諒解，與相扶持。如此，人與人的相處自然會和諧、互助。然此「愛」的善行意義在哪？個人以爲正可「離苦得樂」。眞正永恆的快樂，想必絕不是情欲滿足所解決的，應是愛人、助人，立人達人以成，所謂「助人爲快樂之本」道理在此。達賴喇嘛（Dalai Lama）曾云：

> 太著重於生活的表相並不能化解不滿足的問題。愛和慈悲，關懷他人才是歡喜的眞源。心中充滿善念，即使身處困阨，也不覺得苦。
> 但是，若是懷著憎恨，即使生活奢華，也不覺得樂。〔註 110〕

佛教講慈悲與智慧，重悲智雙運。其中，慈悲不外「無緣大慈，同體大悲」，

〔註 106〕亞當.史密斯（Adam Smith）著、謝宗林先生譯：《道德情感論》（The Theory of Moral Sentiments）亦云：「情感或心理的感受，是各種行爲產生的根源，也是品評整個行爲善惡，最終必須倚賴的基礎。」（台北：五南圖書出版公司，2006 年），頁 21；Knud Haakonssen：〈編者序〉云：「實務性想像創造出道德世界。這種型態的想像，史密斯稱之爲『同情』（sympathy）。」頁 22。

〔註 107〕Knud Haakonssen：〈編者序〉，同上注，頁 25。

〔註 108〕焦循：《孟子正義》卷 22，同注 48，頁 771。

〔註 109〕焦循：《論語通釋·釋仁》，（台北：藝文印書館，1966 年），頁 9～10。

〔註 110〕翁仕傑先生：〈愛人即愛己〉（代導讀）所引，達賴喇嘛（Dalai Lama）著、傑佛瑞·霍普金斯（Jeffey Hopkins,Ph.D.）英文編譯、蔡嫈婷先生譯：《眞愛無限》，（台北：天下雜誌股份有限公司，2006 年），頁 7。

慈愛、關愛他人，無有等差，頗似墨家的「兼愛」，雖如此，個人以為，其實在儒家所強調的「立人達人」上，焦循所主的「旁通以情」方面，是相通的，強調是那一念「愛心」、「仁心」，希望人好之心，不過，佛教主一視同仁，無遠弗屆。

儀徵劉毓崧曾云：

> 自來感恩而心悅者，以惠為重，惠者一人之私也；知己而誠服者，
> 以德為重；德者，天下之公也。〔註111〕

主「惠者一人之私也」，「德者，天下之公也。」亦強調為公眾服務，心悅誠服者，乃有德者行為，相對地，彼此私相授受，恩惠互往，不過是個人之私情罷了。事實上，凡事懂得為他人想，不總為己想，就是去私，就是忠恕。畢竟人與人的相處關係，沒有公式可言，只能以關心與愛為出發點。汪喜孫則以忠恕乃仁之用也。其云：

> 仁者純乎天道，誠者兼以人事，敬者純乎人事。忠恕者仁之用，恕
> 者忠之用，敬恕者仁之用，知勇者亦仁之用。義者所以行仁，禮者
> 所以履仁，信者所以成仁。仁兼體用，言體而不言用。〔註112〕

推廣忠恕之道，乃盡仁之至，「仁」——禮義知勇等理均包涵在內。簡單來說，「仁」即「愛人」，為仁之一即「忠恕」，盡己與推己及人。而禮、義、知、勇，都是為實踐「仁」而產生的。「仁」乃孔子全德之意義，由愛親至愛人，是吾人發自內心，由親擴及疏，從內到外的不容已的情懷。〔註113〕

三、欲發乎情，緣於性，乃制禮之源

清儒哲學是「氣本論」的思想，對於情與欲，是採正面肯定態度，大異往昔傳統理學所主的「存天理，去人欲」，視理與欲不兩立，有學者據此指出：這樣的轉變，是一「徹底的（drastic）變化。」亦可謂由公轉向私的變化。〔註114〕

揚州寶應學者，劉台拱（1751～1805），張舜徽先生指出其：承襲王懋竑、

〔註111〕劉毓崧：〈郭光祿手札跋〉，《通義堂文集》卷12，同注95，頁32。

〔註112〕汪喜孫：〈釋仁〉，《從政錄》卷1，（汪喜孫撰、楊晉龍主編：《汪喜孫著作集》上，台北：中研院文哲所，2003年），頁392。

〔註113〕趙中偉先生：〈「仁」的詮釋之轉化與延伸——以朱熹《論語集注》為例〉，《輔仁國文學報》（抽印本），2006年1月），頁102。

〔註114〕溝口雄三先生著、林右崇先生譯：《中國前近代思想的演變》（台北：國立編譯館，1994年），頁2～3。

朱澤澐等人，同宗朱子，講究義理之學。〔註115〕然觀其著作，可以發現到其所主的心性論，實不同於朱熹之理，而是主張「人性」有「愛惡」欲之存在。其云：

> 人性之偏，愛惡為甚。內無知人之朋，外有毀譽之蔽，鮮有能至當而不易者。〔註116〕

指「性」中有愛惡之欲，欲緣性而發。正因愛惡，是以凸顯「人性」之偏。在內無知人之明，於外，卻有「求全之毀」與「不虞之譽」，蒙蔽了本性，所以人有愛惡，必須修為，否則，鮮有不逾矩，至當之範行。江藩對此，提出：「聖人緣情制禮。」與「節性復禮」〔註117〕說；凌廷堪更以好惡（愛惡）為人性的質素，乃聖人制禮之大源。〔註118〕所以禮之由來，來自人情義理，故緣情制禮也。汪喜孫承父之志，強調：「欲發乎情，止乎禮義。」「大賢承三聖治世之心，見諸所欲也。」與「義利之辨，首在恆產與恆心。」〔註119〕肯

〔註115〕張舜徽先生：《清人文集別錄》卷19：「寶應自王懋竑、朱澤澐崛起清初，講求義理之學，同宗朱子，遂蔚為一邑之風氣。其後劉台拱、朱彬、劉寶楠繼之，雖治樸學，而尤嚴飭躬行，不為漢宋門戶之爭。博文，約禮，實皆兼之。」（武漢：華中師範大學出版社，2004年），頁475。

〔註116〕劉台拱：《論語駢枝》，（《續修四庫全書‧經部‧四書類》，上海：古籍出版社，2002年），頁296。

〔註117〕江藩：〈書阮尚書性命古訓後〉：「蓋性以有五：木神則仁，金神則義，火神則禮，水神則信，土神則知，陽之施也。情有六：喜在西方，怒在東方，好在北方，惡在南方，哀在下，樂在上，陰之化也。聖人恐陰之疑于陽也，制禮以節之。……後人不求之節性復禮，而求之空有，云復其性，復其初，即法秀『時時勤拂拭，莫使受塵埃。』偈語之義。」又「聖人緣情制禮，名之『神宮』，別於祖廟，配以郊禖，同於郊禘，雖曰變禮，洵天之經，地之義也。」前者見《隸經文》卷4，收入於漆永祥整理《江藩集》，同註26，頁73～74；後者見《隸經文》卷2，頁27。

〔註118〕凌廷堪：〈好惡說〉上：「好惡者，先王制禮之大原也。人之性受於天，目能視則為色，耳能聽則為聲，口能食則為味；而好惡實基於此，節其太過不及，則復於性矣。《大學》言好惡，《中庸》申之以喜怒哀樂。蓋好極則生喜，又極則為樂；惡極則生怒，又極則為哀；過則溢於情，反則失其性矣。先王制禮以節之，懼民之失其性也。然則性者，好惡二端而已。」《校禮堂文集》卷16，同註42，頁140。

〔註119〕汪喜孫：〈甲午五月寶晉講院課程〉（二十七日）：「聖王人情為田，養欲給求……，及時昏嫁，故內無怨女，外無曠夫，三代所以與民同欲也。……聖人極論人情，欲其發乎情，止乎禮義，故曰：「好色而不淫。」又《抱璞齋時文》云：「大賢承三聖治世之心，見之於所欲矣。……孟子自明所欲，其所以承三聖者，不亦大與？……此我之欲由迫而起也。且事之縈於一心者曰欲，事之肩於一身者曰承。三聖之欲正人心也久矣，剗以邪說、詖行、淫辭，皆

定情欲的價值，即使聖賢治國，亦須滿足人民富足之欲，畢竟有恆產方有恆心。然肯定人之情欲，須有禮義爲人言行之矩，故亦主禮以制欲、節性也。

焦循對於情欲，不否認，但倡「緣情制禮」，焦循〈理說〉云：

> 君長之設，所以平天下之爭也。故先王立政之要，因人情以制禮。……
> 天下知有禮而恥於無禮，故射有禮，軍有禮，訟獄有禮，所以消人
> 心之忿，而化萬物之戾，漸之既久，摩之既深，君子以禮自安，小
> 人以禮自勝，欲不治得乎？〔註120〕

舉出先王立國之要，不是憑空虛造的，而是因人情制禮而來。畢竟禮儀不是人們的枷鎖，而是人們的護身符。使人們守禮進而知禮，端在：「導人情性使自覺悟而去非取是，積成君子之德也。」〔註121〕所以禮儀規範乃緣情制訂的，是人們可遵循之矩則。阮元據《說文解字》古訓所載，以情性不可分，是以有「情發于性」、「情括於性」之論。〔註122〕亦因此，必須制禮節性；阮元進一步闡明：

> 《樂記》：「人生而靜，天之性也。」二句就外感未至時言之，樂即
> 外感之至易者也，即孟子所說，耳之于聲也，性也。孟子所說有命
> 焉，君子不謂性也，即《樂記》反躬節人欲之說也。欲生于情，在
> 性之內，不能言性內無欲，欲不是善惡之惡。天既生人之血氣、心
> 知，則不能無欲，惟佛教始言絕欲。若天下人皆如佛絕欲，則舉世
> 無生人，禽獸繁也。此孟子所以說味、色、聲、臭、安、佚爲性也。
> 欲在有節，不可縱，不可窮。……欲固不離性而自成爲欲也。〔註123〕

又：

> 惟其味色、聲臭、安佚爲性，所以性必須節，不節則性中之情欲縱
> 矣。〔註124〕

三聖之世所未有者哉？」及〈擬治平疏〉云：「欲令天下人，知義利之辨，不外孔、孟「富」、「教」兩言：「恆產、恆心」一語。……民無饑寒則廉恥生，廉恥則盜賊息。」（汪喜孫撰、楊晉龍先生主編：《汪喜孫著作集》上，台北：中研院文哲所，2003年），頁424～425、頁236～237、頁385。

〔註120〕焦循：〈理說〉，《雕菰集》卷10，同注27，頁151。

〔註121〕桂馥撰：《說文解字義證》（上），（北京：中華書局，1987年），頁269。

〔註122〕阮元：〈性命古訓〉云：「《說文》曰：『性，人之陽氣性善者也；情，人之陰氣有欲者也。』許氏之說，古訓也。味、色、聲、臭、喜、怒、哀、樂皆本于性、發于情者也。情括于性，非別有一事，與性相分而爲對。」《揅經室一集》卷10，同注30，頁220～221。

〔註123〕同上注，頁228。

〔註124〕同上注，頁212。

畢竟追求快樂、出離痛苦是人天生的本能欲望。不論種族、性別、國籍、地位，或教育程度不同，只要是人沒有不想離苦得樂的。所以人生有欲，此欲本身無所謂對錯，更該沒有道德評斷在其中，所以人生而有欲是可以肯定的，有欲不是壞事，只是「欲」「不可縱」、「不可窮」，所以在此阮元主「性中有欲」但須「節欲」。「節欲」則須依「禮」以節制。

　　情欲之發展，至道光年間劉毓崧時，則主「成婦」重於「成妻」之理，所謂「大夫以上，先廟見後成婚。」〔註125〕家庭倫理等禮儀規範，乃重於各自私己的兒女之情。其子劉壽曾以爲「施於民者易悅，取於民者易怒，民之恆情也。」〔註126〕人之常情皆如是，上位者多開恩予人民百姓，予人民許多福利，當然，得民之心，相反的，苛徵重斂，則有苛政猛於虎之喻也。

　　人性既是血氣產生，則必有「欲」。劉寶楠對於「人欲」，亦以爲「欲根於性而發於情。」聖凡智愚，同此性，同此欲，不過，聖智者能節欲、寡欲以安，所以劉寶楠亦主張「有欲但須節欲」。其在《論語・公冶長》：「子曰：『吾未見剛者。』對曰：『申棖』子曰：『棖也欲，焉得剛？』」《論語正義》釋云：

> 古無「慾」，有「欲」。欲根於性而發於情，故《樂記》言「性之欲」《說文》言「情，人之陰氣有欲者」也。聖凡智愚，同此性情，即同此欲，其有異者，聖智皆能節欲，能節故寡欲也。若不知節欲，則必縱欲，而爲性情之賊。故孟子曰：「養心莫善於寡欲。其爲人也寡欲，雖有不存焉者，寡矣；其爲人也多欲，雖有存焉者，寡矣。」
> 〔註127〕

劉師培，在其〈理學字義通釋・性情志意欲〉亦不否認「欲」乃「緣情而發」，而情生於性，以是觀之，欲在情中，情在性裏；其云：

> 性情屬於靜，志意欲屬於動。人性秉於生初，情生於性，性不可見。情者，性之質也；志意者，情之用也；欲者，緣情而發，亦情之用也。無情則性無所麗，無意志欲則情不可見。〔註128〕

〔註125〕劉毓崧：〈大夫以上先廟見後成婚說〉（上），《通義堂文集》卷3，（收入於嚴一萍先生編輯：《求恕齋叢書》（集部），《叢書集成續編》，台北：藝文印書館，1970年）頁3～8。

〔註126〕劉壽曾：〈杜刺史筱珊五十壽序〉，《傳雅堂文集》卷4，（見劉壽曾著、林子雄先生點校、楊晉龍先生校訂：《劉壽曾集》，台北：中研院文哲所，2001年），頁201～202。

〔註127〕劉寶楠撰、高流水先生點校：《論語正義》，同注36，頁182。

〔註128〕劉師培：〈理學字義通釋・性情志意欲〉，《清儒得失論》，（北京：中國人民出

又：

> 然古人又訓情爲靜者，蓋人生之初，即具喜怒哀懼愛惡之情，有感物而動之能，然未與外物相接，則情蓄於中，寂然不動，即《中庸》所謂喜怒哀樂之未發謂之中，亦《易》所謂其靜也翕也。……蓋人情之動，由於感物，情動爲志，即《中庸》所謂已發之中，亦《易》所謂感而遂通，《樂記》所謂應感物而動也。心之所欲爲者爲志，心念之初起者爲意。心念既起，即本其情之所發者而見之於外，此志意所由爲情之用，無意志則情不可見也。欲生於情，感物既多，心念既起，則心有所注，心有所注，則意有所求，意有所求，不得不思遂其志而欲念以生。故欲緣情發，乃情之見諸實行者也。〔註129〕

西方心理學家馬斯洛（Abraham H Maslow）指出人的需求至少有五個階層，即：

（一）是生理需求（最低須層次），以維持生存、食物、飲水等。

（二）是安全需求，生命安全，免於恐懼。

（三）是社群需求，愛與被愛、家人、愛人、朋友、工作夥伴等的歸屬感。

（四）是受尊重需求，自我尊重與重視、受他人的尊敬、他人肯定自己的成就或威望。

（五）自我實現需求（最高層次），充實自我，持續成長與學習，不斷創新。〔註130〕

人活著必有吃飽穿暖的需求與滿足，乃至心理、自我實現的理想，這些都可謂欲，即劉師培所謂的「欲望」，所謂欲有「嗜欲與欲望不同。」〔註131〕嗜欲是基本求生之欲，而欲望是希望、願望，或者，是一崇高的理想、抱負，大至爲拯救天下眾生，如：「地獄不空，誓不成佛。」如此，欲可以使人力爭

版社，2004 年），頁 114。

〔註129〕同上注，頁 115～116。

〔註130〕馬斯洛（Abraham H Maslow）著、許金聲先生譯：《動機與人格》，（北京：華夏出版社，1987 年），頁 92～93；另亦見於劉千美先生譯：《自我實現與人格成熟──存有心理學探微》，（台北：光啓出版社，1989 年），頁 31～32。

〔註131〕劉師培：〈東原學案序〉云：「西人分欲爲二種，一曰嗜欲，如男女飲食是也，是曰必得之欲；一曰欲望，如名譽財產是也，是曰希望之欲。……嗜欲之欲當節，而欲望之欲則人生所恃以進取者也，不當言節，惜戴氏未及知之。」《清儒得失論》，（北京：中國人民出版社，2004 年），頁 1760。

上游，積極進取，對人類、社會，乃至全天下都是有益的，是以欲不當以偏蓋全，一概否定，如此進取之欲不當節，而是宜鼓勵的。而且除欲之外，人更應是有情的動物，活在有情的世界中，所謂：人的價值不在於他有知識，有智慧，而在於他有道德本性，這種道德本性本質上就是感情。使人完善的是情操而不是理性。要是一個人知識淵博，卻又冷酷無情、毫無內在靈性，他於一個幸福的社會到底又會有多少好處呢？〔註132〕

四、以禮養情節欲

　　清儒肯定情欲價值，但不主放任情欲，主以禮代理，以禮節性，是以「以禮養情節欲」，進而「禮學經世」。對「禮」推崇至極，其中，凌廷堪更以「禮本天地人三才而制也。」（見下文）且爲了配合情感、欲望不同類別，與不同場合的需要，而有衣、食、聲、色等禮儀規範。其云：

> 案《左傳》昭公二十有五年，子太叔對趙簡子曰：「吉也聞諸先大夫子產曰：『夫禮，天之經也，地之義也，民之行也。』」此言禮本於天地人三才而制也。又云：「天地之經，而民實則之。則天之明，因地之性，生其六氣，用其五行。氣爲五味，發爲五色，章爲五聲。淫則昏亂，民失其性。」此言性即食味、別聲、被色者也。《大學》言「心不在焉，視而不見，聽而不聞，食而不知其味」，即此義也。又云：「是故爲禮以奉之，爲六畜、五牲、三犧，以奉五味；爲九文、六采、五章，以奉五色；爲九歌、八風、七音、六律，以奉五聲。」此言聖人制禮，皆因人之耳有聲、目有色、口有味而奉之，恐其昏亂而失其性也。《大學》以好惡相反爲拂人之性，即此義也。又云：「爲君臣上下，以則地義；爲夫婦外內，以經二物；爲父子、兄弟、姑姊、甥舅、昏媾、姻亞，以象天明；爲政事、庸力、行務，以從四時；爲刑罰威獄，使生畏忌，以類其震曜殺戮；爲溫慈惠和，以效天之生殖長育。」以因禮本於天經、地義、民行而發明之。〔註133〕

廷堪舉《左傳》子產之言，說明禮本天經、地義、民行之理而來。天地間有六氣、五行，是以有五味、五色、五聲等等現象。然匹夫百姓若不懂得節制於心，發乎合理中節的話，淫蕩揮霍，則昏亂己視聽耳目，亦喪失本性天良。

〔註132〕劉小楓先生：《詩化哲學》，（山東：文藝出版社，1986年），頁7。
〔註133〕凌廷堪：〈好惡說〉上，《校禮堂文集》卷16，同注42，頁141。

所以聖人因人的眼、耳、鼻、舌、身、意，所需的視、聽、香、味、觸、法，找其合理「管道」抒發，此便是「因性制禮」，或「禮本人情」而定。「禮儀規範」就是這樣產生，是以在不同時地、不同事景之下，當有不同的禮儀節式，供百姓們遵循。此緣情制禮，亦在「以禮養情節欲」。所以「禮」之制定，是合情合理的，是人們可遵循之軌則，依守禮、知禮、達禮等過程，對人們應是一養成教育，於情操養成、人欲控制，是自然而然形成，蔚爲天經、地義、民行之理也。

焦循對此，亦云：

> 言仁可以賅禮，使無親疏上下之辨，則禮失而仁未得。且言義可以賅禮，言禮可以賅義，先王之以禮教，無非正大之情，君子之精義也。斷乎親疏上下，不爽幾微，而舉義舉禮，可以賅仁，又無疑也。……就人倫日用，究其精微之極致，曰仁曰義曰禮，合三者以斷天下之事，如權衡之于輕重。〔註 134〕

強調以禮節情（欲）。有禮則仁義不失，仁義雖可賅禮，但失禮則無所謂仁義矣。所以先王以禮教，養人情與節人欲，彰顯上下尊卑親疏之禮儀關係，以實現「仁」的涵義來。其實，在先秦時，《呂氏春秋》即表明：「欲有情，情有節，……故耳之欲五聲，目之欲五色，口之欲五味，情也。」〔註 135〕肯定人的情欲，但亦以爲欲是無止境的，必須節制情欲，甚至強調所謂「性養」；其云：「譬之若肌膚形體之有情性也，有情性則必有性養矣。」〔註 136〕主性養，養性矣；旨在不放縱情欲，而擾亂心性的完善。人畢竟有選擇適宜己性的欲望，如其所謂：「人之情，欲壽而惡夭，欲安而惡危，欲榮而惡辱，欲逸而惡勞。四欲得，四惡除，則心適矣。」〔註 137〕「心適」即可，不宜過度，則合乎中節以養性。

然禮重名分，所謂「名不正，則言不順；言不順，則事不成。」〔註 138〕聖人制禮，必須「正名百物，類統人情」，所謂「雅言」意即在此。此「雅言」亦在「養情節欲」。劉台拱《論語駢枝》載：「子所雅言，詩書執禮皆雅言也。」

〔註 134〕焦循：《孟子正義》，同註 48，頁 139。
〔註 135〕見呂不韋輯、漢高誘注、清畢沅點校：《呂氏春秋‧情欲》卷 2，（收入於《四部備要‧子部》，台北：中華書局，1979 年），頁 5。
〔註 136〕見《呂氏春秋‧侈樂》卷 5，同上注，頁 5。
〔註 137〕見《呂氏春秋‧適音》卷 5，同上注，頁 5。
〔註 138〕見《論語‧子路篇》，（朱熹：《四書章句集註》，台北：大安出版社，1991 年），頁 142。

釋曰：

> 謹案雅言，正言也。……夫子生長於魯，不能不魯語，惟誦詩書執禮三者，必正言其音，所以重先王之訓典。……上古聖人正名百物，以顯法象別名，類統人情。壹道術名定而實辨，言協而志通，其後事爲踵起，象數滋生，積漸增加，隨時變遷。王者就一世之所宜，而斟酌損益之，以爲憲法，所謂雅也。然而五方之俗，不能強同，或意同而言異，或言同而聲異，綜集謠俗，釋以雅言，比物連類，使相附近，故曰爾雅，詩之有風雅也亦然。王都之音最正，故以雅名；列國之音不盡正，故以風名。〔註139〕

典章制度絕非憑空虛造，必是聖人正名百物，類統人情而來。依此，而有禮儀規範。所以名定則實辨，名實相符，則事事協定互通，道寓於其中。王者就一世之所宜，訂立人們可遵守之禮法，即所謂「雅」，相對地，地方風俗，則是「俗」、是「風」，所以詩有風雅之別，端在王者之音爲正統，即所謂國家頒定的語言，謂之「雅」，使天下百姓有一共通語言以溝通，而地方列國之音，不禁，則有各地方言，此謂之「風」，所以「詩書執禮皆雅言也」，是名正言順之制定而來，有此禮，則言行不悖逆犯道，端重情欲，故亦是養情節欲。

第三節　實踐工夫──化情爲理的實證工夫

清初，儒者們提倡經學，期「以經學之實，濟理學之虛」；另一方面，他們針對明末時弊，研經治史，以透過學術研究找出治國安民之道。於是，打著「通經致用」的口號，評古論今，力求與現實結合，追求理想的政治社會制度。嗣後，講究「實事求是」精神的時代來臨，乾嘉諸儒憑藉考據基礎，進求古書中的義理，建構了著眼於形下世界通情遂欲的道德觀，以及邁向群學的社會化倫理。〔註140〕

近人高翔先生在《近代初曙》一書中提到：十八世紀中國知識界的觀念形態，就其分布，就其表現，是多元的。但其前提是一元的，這就是求實的價值傾向。其云：

〔註139〕劉台拱：《論語駢枝》，（《續修四庫全書・經部・四書類》，上海：古籍出版社，2002年），頁292～293。

〔註140〕莊家敏先生：《阮元仁學思想研究》，（彰化：彰師大國文所碩論，2004年），頁113。

時代的變遷卻推動著新思想和新觀念不斷出現：商品經濟的興盛、
生產方式的變革導致了利益的多元，利益的多元導致了價值觀念的
多元，漢學的興起動搖了理學說教的權威，而理學內部的爭論又引
發出新的靈感，多元化的學術發展更開展了人們的視野，而視野的
開闊又進一步推動了觀念與思想的紛繁，這確實是一個充滿著知識
靈光，洋溢著求實精神的繁榮時代。〔註141〕

誠如曹聚仁先生所言：

說到清代學人，他們攻讀的雖是古典經典，所研究的卻是現實的社
會問題，有著民族意識的政治問題。而且他們都精通天文、算學，
和牛頓、達爾文的西方科學家同一途徑。〔註142〕

這些「清代學人」，更明確言之，就是一群強調「經世致用」、以經驗基礎為
要求，主張以實代虛，提倡實學、實踐、實證、實用之學，以切應世務的「實
事求是」精神，直接介入社會實踐的揚州學派學者。〔註143〕劉建臻先生提出：

注重實踐、關注現實的學術宗尚，正是清代經學發展到揚州學派時
廣為學者倡導的經學宗旨。〔註144〕

然他們道德修養的實踐工夫為何？正是本節所欲探討的。

一、重學習，多讀書

顧炎武倡「理學即經學也」，〔註145〕視經學即理學之後，治經發展以經

〔註141〕高翔先生：《近代的初曙》（北京：社會科學文獻出版社，2000年），頁546
～577。

〔註142〕曹聚仁先生：《中國學術思想史隨筆》，（北京：三聯書店，1986年），頁305。

〔註143〕王章濤先生：〈商儒轉換中的揚州學派及其經世致用〉，（收入林慶彰先生、祁
龍威先生主編：《清代揚州學術研究》上冊，台北：學生書局，2001年），頁
262。

〔註144〕劉建臻先生：《清代揚州學派經學研究》，（南京：揚州大學中國古代文學博論，
2003年5月），頁97。

〔註145〕顧炎武：〈與施愚山書〉云：「理學之傳，自是君家弓冶。然愚獨以為理學之
名自宋人始有之。古之所謂理學，經學也，非數十年不能通也。故曰：君子
之于"春秋"，沒身而已矣。今之所謂理學，禪學也，不取之五經，而但資
之語錄，校諸帖括之文而尤易也。」《亭林文集》卷3，（收入於清黃金鑑編：
《學古齋金石叢書》（一），台北：華文書局，1970年），頁161；後來，全祖
望：〈亭林先生甚道表〉則云：「經學則理學也。自有舍經學以言理學者，而
邪說以起，不知舍經學則其所謂理學者禪學也。」《鮚埼亭集》卷12，（台北：
華世出版社，1977年），頁144。

世實用、明道救世爲主，不再高談闊論心性之理，主回歸經典文獻，實事求是，對於傳統以來，儒家所重視的道德修養，亦非以端坐靜默爲主；對於人性，既視人有情有欲，就絕非縱欲可云，必須以禮節制，但亦道出：情欲之弊，正如戴震所謂：

> 人不能盡其才，患二：曰私，曰蔽。……去私莫如強恕，解蔽莫如學。〔註146〕

又：

> 欲不失之私則仁，覺不失之蔽則智；仁且智，非有所加於事、能也，性之德也。〔註147〕

然去私在「絜矩」，去蔽則在「以學養智」。智識不足，故被蒙蔽，所以他們大倡增智解蔽，強調讀書、學習，是他們所主心性修養的必要工夫。「修行」到無私無蔽狀態，便是仁且智者。這亦是戴震建構出自己一套實現理義的理論，即提出了「以情絜情」──和「以學養智」並列爲道德實踐不可或缺的必要條件，來做爲他實現「幾微無失」、「生生而條理」的「理」於社會的憑藉。〔註148〕事實上，古人亦有云，「一命、二運、三風水、四讀書、五行善。」其中「勤讀書」可以改變命運。此理不外以讀書明理修身，改造自己，是以運途得以改善。

揚州學者──王懋竑（1668～1741），主「性理情用」，〔註149〕但修爲工夫非理學所謂：「端默靜坐」，而是主「下學上達」。強調是讀書、學習的重要。以讀書力行爲主要實踐工夫。其〈答汪尚書〉云：

> 程朱子所謂善學者求之，必自近，易於近者，非知言者也。……夫平易則是欲先上達而後下學。……今日爲學用力之初，正當學問思辨而力行之，乃可以變化氣質而入於道。顧乃先自禁切不學不思以坐待，其無故忽然而有見，無乃溺心於無用地，玩歲愒日，而不見其功乎！就使僥倖於恍惚之間，亦與天理人心敘秩命討之，實了無交涉。其所自謂有得者，適足爲自私自利之資而已。此則釋氏之禍，橫流稽天而

〔註146〕戴震：《孟子字義疏證》卷下，同注22，頁293。

〔註147〕戴震：《孟子字義疏證》卷上，同上注，頁315。

〔註148〕張麗珠先生：〈戴震「發狂打破宋儒《太極圖》的重智主義道德觀」〉，收入氏著：《清代義理學新貌》，（台北：里仁書局，1999年），頁178。

〔註149〕王懋竑：《白田草堂存稿》卷6，（台北：漢華文化事業股份有限公司，1972年1月），頁269～270。

　　　不可過者，有志之士，所以隱憂浩歎而欲火其書也。〔註150〕
學問思辨工夫，可以變化氣質而入於道。整日不思不學，端坐靜默，忽然有
見解出現，亦是僥倖自得，是爲維護自己自私自利的意見吧！此無所用心，
不過，玩歲愒日耳。其以爲程朱理學，亦講究讀書窮理工夫，所以格物致知，
下學上達。

　　　劉台拱主：「樂道好禮者，學問之工夫。」〔註151〕多讀書，重學習，亦
以通經明道，知書達禮爲學習的指標。所以作學問，不僅是讀書而已，尚在
樂道好禮也。江藩（1761～1831）以爲治學在明道，明道在修身，修身在身
體力行；尚實踐，方是確實之理，哪裏是光靠一張嘴爭論不休而成？所謂：

　　　儒生讀聖人書，期於明道，明道在於修身，無他，身體力行而已，
　　　豈徒以口舌爭哉？……近今漢學昌明，遍於寰宇，有一知半解者，
　　　無不痛詆宋學。然本朝爲漢學者，始於元和惠氏，紅豆山房半農人
　　　手書楹帖云：『六經尊服、鄭；百行法程、朱』，不以爲非，且以爲
　　　法，爲漢學者背其師承，何哉？藩爲是記，實本師說。……甚懼斯
　　　道之將墜，恥躬行之不逮也。惟願學者求其放心，反躬律己，庶幾
　　　可與爲善矣。至於孰異孰同，概置之弗議弗論焉。〔註152〕

不論漢學、宋學，重點在「六經尊服、鄭；百行法程、朱。」讀書求學志在
明理，不僅明理，尚志在實行，反躬律己，方是聖賢所主之「道」；漢宋之爭，
孰是孰非，不如躬身力行，來得重要與切實。又江藩以爲買書就是要讀書，
作一飽學之士，非裝點門面用，這乃附庸風雅，愛慕虛榮之爲，切不可行；
所謂：「夫欲讀書，所以蓄書，蓄而不讀，雖珍若驪珠，何異空談龍肉哉？」
〔註153〕

　　　黃承吉以「文字乃明道之關鍵」，〔註154〕主返回經典，實事求是，從文
字聲韻訓詁下手，方是切實入理的治學方法。所以道不遠求，道在六經，「六

〔註150〕王懋竑：〈答汪尚書〉，同上註，頁311～312。
〔註151〕劉台拱：《論語駢枝》，（《續修四庫全書·經部·四書類》，上海：古籍出版社，
　　　　2002年），頁289。
〔註152〕江藩：《國朝宋學淵源記》，收入江藩、方東樹著，徐洪興先生編校：《漢學師
　　　　承記》（外二種），頁186～187。
〔註153〕江藩：〈石研齋書目序〉，《炳燭室雜文》，收入於漆永祥先生整理《江藩集》，
　　　　同注26，頁109。
〔註154〕黃承吉：〈四元玉鑑細草序〉，《夢陔堂文集》，（收入於馬小梅先生主編：《國
　　　　學集要初編十種》，台北：文海出版社，1967年），頁194～195。

經即習禮之典籍。」〔註155〕重返經典尋禮得理也。

汪中之子──汪喜孫更是強調身體力行之重要，即使學習亦須力行達成。所謂「格物致知」，就是飽學多聞，多多益善，孔子「一貫」之旨，不外「多識」之謂；其云：

> 一貫始於多識，所謂「博我以文，約我以禮」也，此顏子聞一貫之旨也。……格物致知，多識之謂也。「壹是以修身爲本」，此孔子言一貫之旨也。〔註156〕

清儒重學習，重智識，以「充實自身」作修身之本，所謂「格物致知，多識之謂也。」其實，至聖孔子對學習，則是相當重視的；其有所謂「六言六蔽」說：

> 好仁不好學，其蔽也愚；好知不好學，其蔽也蕩；好信不好學，其蔽也賊；好直不好學，其蔽也絞；好勇不好學，其蔽也亂；好剛不好學，其蔽也狂。〔註157〕

美德如仁、智、信、直、勇、剛（強）等，徒喜好之，不去學習，以明其理，則各有所蔽矣。所謂教養好亦是由教育中求得的。正如主「德性資於學問」的戴震，所強調：

> 惟學可以增益其不足而進於智，益之不已，至乎其極，如日月有明，容光必照，則聖人矣！〔註158〕

「以學養智」，增益己身不足，使我心知明理義，道德實踐方至於無失無憾，如此，「進而聖智。」〔註159〕清儒之重視智識，即使道德修養亦是所謂「重智主義道德觀」，是由努力學習，以達道德實踐，至善之境；學者指出：他們這般智識主義者，實不僅表現在學術上重實證的考據學而已，同時更表現在指導理論的「德性必資於學問」義理思想轉變上。〔註160〕這般重智識與學習，是否亦在強調教育的重要？《說文解字》云：「教，上所施，下所效。」又「育，

〔註155〕黃承吉：〈梅文學塾中祀曹憲徐鉉諸公記〉云：「古者六經之外，更無異學。……沿及晉宋去經日遠。……聖朝之文治，爲其學者日進而不已也，則叔重昭明暨諸君之學，至今日而後盡顯也。」《夢陔堂文集》卷9，同上注，頁227～229。

〔註156〕汪喜孫：〈聞一貫說〉，《從政錄》卷1，（汪喜孫撰、楊晉龍先生主編：《汪喜孫著作集》中，台北：中研院文哲所，2003年），頁397。

〔註157〕見《論語‧陽貨篇》，同注138，頁178。

〔註158〕戴震：〈理六〉，《孟子字義疏證》卷上，同注22，頁290。

〔註159〕戴震：〈理十四〉，《孟子字義疏證》卷上，同上注，頁296。

〔註160〕張麗珠先生：〈戴震「發狂打破宋儒《太極圖》的重智主義道德觀」〉，同注148，頁168。

養子使作善也。」〔註161〕據現今教育體制而言，有一所謂的「道德教育」，道德教育的要素，據 Lickona 指出理想的道德教育，有三個構成要素，即道德認知、道德情感與道德實踐，每個要素缺一不可，故實施道德教育時，應同時注意這三方面。如圖：〔註162〕

圖一　道德教育的構成因素

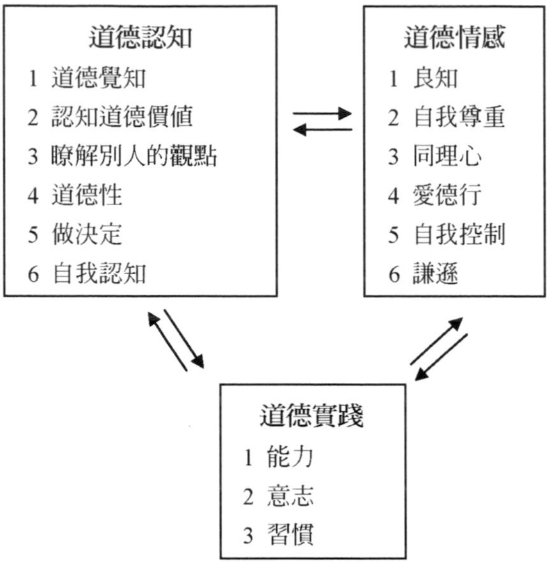

```
┌─────────────────┐        ┌─────────────────┐
│   道德認知       │        │   道德情感       │
│ 1 道德覺知       │        │ 1 良知          │
│ 2 認知道德價值   │  ⇄    │ 2 自我尊重      │
│ 3 瞭解別人的觀點 │        │ 3 同理心        │
│ 4 道德性         │        │ 4 愛德行        │
│ 5 做決定         │        │ 5 自我控制      │
│ 6 自我認知       │        │ 6 謙遜          │
└─────────────────┘        └─────────────────┘
          ↕                          ↕
        ┌─────────────────┐
        │   道德實踐       │
        │ 1 能力          │
        │ 2 意志          │
        │ 3 習慣          │
        └─────────────────┘
```

（取自單文經先生：〈兼論道德氣質的成份與道德教育的策略〉一
文所引 Lickona 之言，1991：53）

以見道德倫理可以靠教育達成，然道德教育亦強調認知、實踐與情感的重要。所謂道德認知，亦須多識與學習，瞭解自我與他人；道德情感，不昧良心，自我尊重與同理心等，都是道德情感要素；繼而道德實踐，培養道德能力，意志貫徹，形成習慣，持之以恆，方是道德實踐者。

二、習禮爲行仁之方

儒學思想由明入清的最大轉變，誠如張壽安先生所云，是捨棄理學而走向

〔註161〕許慎著、段玉裁注：《說文解字注》，同注 1，頁 127、頁 744。
〔註162〕見單文經先生：〈兼論道德氣質的成份與道德教育的策略〉中所引，（《教育資料集刊》卷 1，25 期，2000 年），頁 169～184。

禮學。意即：儒學在擺脫以心性理氣之個人內在修爲爲主的理學形態之後，走上以禮學實踐爲主之途。清代禮學者關心行爲結果之善、行爲終判之義，他們期望通過各種禮儀在鄉黨宗族間的實踐，以重整倫常、重建社會秩序。〔註163〕主「以禮代理」倡導者，主要是：淩廷堪（1755～1809），淩氏主以禮復性，所謂：「習禮復性。」〔註164〕實以《論語》之「克己復禮」爲依歸。其所欲克制者，是人們的情欲，使其言行勿逾乎禮之範圍。學者指出：宋儒倡以天理滅人欲，而淩氏則倡以禮節欲。論點雖有不同，其終極目標並無二致。〔註165〕

　　然關於「克己復禮」一教，朱熹注：「己，謂身之私欲。禮者，天理之節文。」以「克己」便是「克制私欲」。〔註166〕蓋將「己字」作「私欲」解，復禮則「合於天理」釋。然淩廷堪依《論語》諸篇「己」字解釋與當時用語，發現「己」是指「自己」，在人我對稱中，用以稱呼自己，如此，「爲仁由己，而由人乎哉？」等篇，方解釋得通。所以克己就是「約身」、「修身」之意解，克己復禮即是以禮修身，和克制私欲無關。其云：

> 前在甬上，聞閣下談及《論語》克己之己字不當作私欲解。當時即深以爲然。……伏讀篇中論仁，以《中庸》「仁者人也」鄭氏注讀爲相人偶之人爲主，……試即以《論語‧克己》章而論，下文云「爲仁由己，而由人乎哉？」人己對稱，正是鄭氏相人偶之說，若如《集注》所云，豈可曰爲仁由私欲乎？再以《論語》全書而論，如「不患人之不己知」、「夫仁者，己欲立而立人，己欲達而達人」、「己所不欲，勿施於人」、「古之學者爲己，今之學者爲人」、「修己以安人」、「君子求諸己，小人求諸人」，皆人己對稱。此外之己字，如「無友不如己者」、「人潔己以進」、「仁以爲己任」、「莫己知也」、「恭己正南面」、「以爲屬己」、「以爲謗己」，若作私欲解，則舉不可通矣……馬氏之注以克己爲約身，此論最得經意。……竊以馬氏之注申之，克己即修身也。故「修己以敬」、「修己以安人」、「修己以安百姓」，

〔註163〕張壽安先生：〈清儒的考證經世與禮制重建——從"以禮代理"談起〉，收入賀照田主編：《在歷史的纏繞中解讀知識與思想》（學術思想評論第十輯），（長春：吉林出版社，2003年），頁229。

〔註164〕淩廷堪：〈復禮上〉云：「夫人之所受於天者，性也；性之所固有者，善也；所以復其善者，學也；所以貫其學者，禮也。是故聖人之道，一禮而已矣。」《校禮堂文集》卷4，同註64，頁27。

〔註165〕王家儉先生：〈清代禮學的復興與經世禮學思想的流變〉，同註70，頁283。

〔註166〕見《論語‧顏淵篇》，同註138，頁131。

直云修，不云克也。《中庸》云：「非禮不動，所以修身也。」動實
兼視聽言三者，與下文答顏淵「請問其目」正相合，詞意尤明顯也。
〔註167〕

所謂「克己復禮爲仁」，凌氏主踐「禮」，以禮行仁爲仁，即禮爲實功，做到
「四勿」之功，即孔子答顏淵問仁的「非禮勿視」、「非禮勿聽」、「非禮勿言」、
「非禮勿動」，〔註168〕透過外在親身踐履「禮儀」儀則，與內在體認學習的雙
向工夫，達到修身行仁目的，行爲至善完成。以禮約束自己，視、聽、言、
動等欲求，都至合情合理境界，就是爲仁表現。「人者，仁也」——至少爲人
處事達至「不傷人」「不礙人」之舉，亦即「克己復禮爲仁。」對於此，阮元
亦有一番解釋；其云：

顏子克己，己字即自己之己，與下文「爲仁由己」相同，言能克己
復禮，即可併人爲仁。一日克己復禮而天下歸仁，此即己欲立而立
人，己欲達而達人之道。仁雖由人而成，其實當自己始，若但知有
己，不知有人，即不仁矣。孔子曰：「勿謂仁者人也。」必待人而後
并人，爲仁當由己始，且繼上二「克己」字疊而申之曰：「爲仁由己，
而由人乎哉！」亦可謂大聲疾呼，明白曉暢矣。若以克己字解爲私
欲，則下文「爲仁由己」之己，斷不能再解爲私，而由己不由人，
反詰辭氣與上文不相屬矣。顏子請問其目，孔子答以四勿，勿即克
己之謂也。視聽言動專就己身而言，若克己而能非禮勿視、勿聽、
勿言、勿動，斷無不愛人，斷無與人不相人偶者，人必與己并爲仁
矣。俚言之，若曰：「我先自己好，自然要人好；我要人好，人自與
我同作好人也。」〔註169〕

事實上，在孔子的儒學架構中，「仁」是其學說的主脈的終點，必須「攝禮歸
義」，才能「攝義歸仁。」〔註170〕所以《論語》中非常重「禮」，所謂：「恭而
無禮則勞，愼而無禮則葸，勇而無禮則亂，直而無禮則絞。」〔註171〕恭謹、

〔註167〕凌廷堪：〈與阮中丞論克己書〉，《校禮堂文集》卷25，同注64，頁234～235。
〔註168〕見《論語·顏淵篇》云：「顏淵問仁。子曰：克己復禮爲仁。一日克己復禮，
天下歸仁焉。爲仁由己，而由仁乎哉？顏淵曰：『請問其目』，子曰：『非禮勿
視，非禮勿聽，非禮勿言，非禮勿動。』」同注138，頁131～132。
〔註169〕阮元：〈論語論仁論〉，《揅經室一集》卷8，同注30，頁181。
〔註170〕詳見勞思光先生：《新編中國哲學史》第1冊，（台北：三民書局，2001年），
頁108～118。
〔註171〕見《論語·泰伯篇》，同注138，頁103。

勇直必須有禮，言行方恰當無所偏差，否則，勞而無功、畏首畏尾、紛紛亂亂，乃至急急切切。在此，阮元亦指出：視聽言動是專對己身而言，克己在能非禮勿視、勿聽、勿言、勿動，能知有己，亦知有他人存在，就必須能為他人著想，便是為仁矣。所以為仁當由克己始。克己復禮方為仁。如俚語所謂：我好，亦要他人好，我要人好，自然與我同作好人。正如英語所謂「雙贏政策」：「I am O.K , You are O.K , We are O.K。」於此，禮儀規範，不僅是做到「仁者」地步，亦是「保定性命」之良方，阮元云：

> 以禮義為威儀，威儀所以定命。……能者勤於禮樂、威儀，以就彌
> 性之福祿；不能有惰于禮樂威儀，以取棄命之禍亂。是以周以前聖
> 經古訓，皆言勤威儀以保定性命。〔註172〕

禮儀規範，嚴謹的說法，便是「戒律」。「戒律」是人們的束縛之枷鎖嗎？在此，阮元指出：「勤威儀以保定性命。」「禮儀規範」約束自身，不悖理犯義，正可彌補性命所缺的「福祿」，畢竟庇佑人們的是「因果」，種何因得何果，千古不變定律，欲得好的果報，必先那麼栽！不是嗎？同理，不想受災殃、禍患，必須謹言慎行，所以在人性有情有欲下，「禮法」反而是人們保命的護身符。對於習禮儀，使之習慣，焦循還設計了一套「習禮格」，以「下棋」方式讓人們易於學習禮的儀節，三省吾身，以成習慣。〔註173〕

雖說，「仁」是儒家哲學的中心，亦是我國哲學核心概念的中心。〔註174〕歷來學者對仁的詮釋極為豐富，但「仁」的本意，實為平易近人，並非玄遠，由東漢鄭玄（127～200）注可知，其云：「仁，人也。讀如相人偶之人，以人意相存問之言。」〔註175〕其中，「相人」即是「像人」；〔註176〕「偶」是「配合」。〔註177〕可知「仁」不過是人我間的待人態度，要有人樣，以恭敬態度，與人相互配合；強調是親愛禮敬，互相友愛幫助的禮儀形式。對於「相人偶」的禮儀，獨自一個人是無法完成的，清段玉裁闡述云：「按人耦猶言爾我親密

〔註172〕阮元：〈性命古訓〉，《揅經室一集》卷10，同注30，頁217。
〔註173〕詳見焦循：〈習禮格序〉，《雕菰集》卷17，同注27，頁289。
〔註174〕趙中偉先生：〈「仁」的詮釋之轉化與延伸——以朱熹《論語集注》為例〉，同注113，頁100。
〔註175〕鄭玄著：《禮記注・中庸》，引見孔穎達（574～648）：《禮記注疏》卷52，（台北：藝文印書館，1981年），頁887。
〔註176〕清・朱駿聲：《說文通訓定聲》云：「相人者，像人也。」引見《中文大辭典》第3冊，「偶字注」，（台北：中國文化研究所，1963年），頁191。
〔註177〕唐・陸德明（550～630）：《經典釋文・禮記・曲禮上》，引見同上。

之詞，獨則無耦，耦則相親，故其字从人二。」〔註178〕表明「仁」字从二人，證實必須兩人或兩人以上，才能「相人偶」，彼此才能親愛互助，表達出「仁」意來。阮元於「仁」的解釋，即主「相人偶」爲「仁」，其云：

> 所謂仁者，己之身欲立則亦立人，己之身欲達則亦達人。所以必兩人偶而始見仁也。即如己欲立孝道，亦必使人立孝道，所謂不匱錫類也。己欲達德行，亦必使人達德行，所謂愛人以德也。……爲之不厭，己立己達也，誨人不倦，立人達人也。〔註179〕

又：

> 仁之篆體，從人二，訓爲相人偶。……孟子曰：「仁也者，人也。」……《孟子》此章「人也」，「人」字亦當讀如「相人偶」之「人」。合而言之，謂合人與仁言之，即聖人之大道也。孟子曰：「人皆有不忍人之心。」以此一人不忍彼一人，即二人相人偶之實據也。〔註180〕

「仁」是「爲人」之本，然必須與人互助中，方得以實現。獨自一人如何行仁？所以立人達人，必與他人互動中，表現愛人之舉，「仁」方以彰顯。所以「仁」的詮釋層次基本上由禮儀層次始，進而愛親、愛人，乃至全德層次，至形上層次。〔註181〕不論如何，禮儀是行仁的基本工夫，依禮修身修心，即所謂「克己復禮爲仁」，至視人如己，無我私累，公心全德顯發，便是「仁」道德實踐。清末康有爲（1858～1927），對於「仁」，加以發揮云：

> 仁，從二人，人道相偶有吸引之意，即愛力也，實電力也。人具此愛力，故仁即人也。苟無此愛力，即不得爲人矣。〔註182〕

以「仁」乃人我相親的禮儀，禮儀熟習，可產生「仁」的親愛精神來，亦正因相親而有「愛力」，更是一種「電力」，是以引申「仁」具有「愛力」與「電力」兩大力量（POWER），具有此力量（POWER），便是「仁」。又「仁」即是「人」，所以成爲眞正的「人」，就一定具有「愛力」與「電力」，否則，就不是「人」了。在此，康有爲將「仁」的本意，作了深入引申。更強調是踐履相人偶的禮儀，以實現「仁」，達到求仁、行仁、得仁之方。

〔註178〕見氏著：《說文解字注》，同注1，頁369。

〔註179〕阮元：〈論語論仁論〉，《揅經室一集》卷8，同注30，頁178。

〔註180〕阮元：〈孟子論仁論〉，《揅經室一集》卷9，同上注，頁201。

〔註181〕趙中偉先生：〈「仁」的詮釋之轉化與延伸──以朱熹《論語集注》爲例〉，同注113，頁100。

〔註182〕見氏著：《中庸注》，（台北：臺灣商務印書館，1968年），頁21。

三、絜矩力行，聖賢之道

　　凡事必親身經歷，才知個中滋味。阮元主「聖賢之道，無非實踐。」〔註183〕「忠恕即實政實行」，〔註184〕非常強調親身踐履之要，所以「格物即事事以五倫實踐之」，〔註185〕同理，「仁義」之理，亦須身體力行，確實實踐，方是求仁得仁的達成。在此，阮元非常強調，其以為「仁」必須「為」，絕非「端坐靜默即可曰仁也。」其云：

　　　　相人偶者，謂人之偶之也。凡仁，必於身所行者驗之而始見，亦必有二人而仁乃見，若一人閉戶齊居，瞑目靜坐，雖有德理在心，終不得指為聖門所謂之仁矣。〔註186〕

又：

　　　　仁必須為，非端坐靜觀即可曰仁也。〔註187〕

又：

　　　　聖賢之仁，必偶于人而始可見……安懷若心，無所著便可言仁，是老僧面壁多年，但有一片慈悲心，便可畢仁之事，有是道乎？〔註188〕

阮元主「仁」是「相人偶」——人與人間，互敬互愛的作為，以實行、實踐為主，方是「仁」，那麼，為仁、行仁之首要何在？阮元指出，在「行孝」；其云：

　　　　孟子論仁，至顯明，至誠實，未嘗有一毫流弊貽誤後人也。一介之士，仁具于心，然具心者，仁之端也，必擴而充之，著于行事，始可稱仁。孟子雖以惻隱為仁，然所謂惻隱之心，乃仁之端，亦謂仁之實事也。孟子又曰：「仁之實，事親是也。」是充此心，始足以事親，保四海也。……乍見孺子將入井而不拯救，是皆失其仁之本心，不能充仁之實事，不能謂之為仁也。孟子論良能、良知，即心端也；良能，實事也。舍實事而專言心，非孟子本指也。孟子論仁，至顯明，至誠實，亦未嘗舉心性而空之，迷惑後人也。〔註189〕

〔註183〕阮元：〈大學格物說〉，《揅經室一集》卷2，同注30，頁54～55。
〔註184〕阮元：〈石刻孝經論語記〉，《揅經室一集》卷11，同上注，頁238。
〔註185〕阮元：〈大學格物說〉，《揅經室一集》卷2，同上注，頁55。
〔註186〕阮元：〈論語論仁論〉，《揅經室一集》卷8，同上注，頁176。
〔註187〕同上注，頁180。
〔註188〕同上注，頁185。
〔註189〕阮元：〈孟子論仁論〉，《揅經室一集》卷9，同上注，頁195～196。

又：

> 蓋惻隱爲仁之端，充此端以行仁則孝。孝悌爲仁之本，君子務本爲
> 急，自天子至庶人，莫不以事親爲首務。舜之事親，孔以言孝爲仁
> 本，皆是道也。〔註190〕

「仁」須「爲」，腳踏實地「行仁」，才是「仁」；然「行仁」的事實，即首在
「事親」，亦孝悌踐履，是行仁的根本。在此，小學名家——黃承吉亦主絜矩
之道，不過其以「矩」、「曲」來說明絜矩，所謂：「人事明矩正，所謂絜矩之
道也。」〔註191〕以算學數理運用於待人處事接物上，執定「矩形」以明道，
將絜矩之理，所謂惡於此，勿施於彼，上下左右皆如是，則是「絜矩」，以達
「諧齊」目的；在一團體中，要求人人「以公去私」，克己復禮，所謂：「矩
以成道，因禮以約己」，方維持團體永續發展。各人好比各一隅，惟各隅自立
固定，無所互拉牽扯，方形成一有張力的矩形，亦一團體的正向經營。這就
是「人事明矩正，所謂絜矩之道也。」

其以絜矩明「仁」，實亦是做到「視人如己，淨除私累之境界。」〔註192〕
待人如己，「己欲立而立人，己欲達而達人」、「己所不欲，勿施於人。」無
私己之偏執，無所私累，則能自覺「仁心」發用，充滿正義感，致見義必爲。
然「仁」不是掛在嘴邊，當在實行踐履，才能見出「人心之全德」〔註193〕
來，「仁」之全德，端在「立公心」，是「一個超越意義的大公境界。」〔註
194〕私欲淨除，必得力行「克己復禮」，方爲達成「人心全德」的「仁」境。
畢竟：仁學的核心是心志倫理學，是一門實踐的倫理學，學者指出：實踐的
內容包括「內實踐域」與「外實踐域」兩部分，所謂「內實踐域」涵攝有：
品質培養、意志能力的養成與實踐技術。在外實踐域中，涉及主體對實踐選
擇的態度規定，即實踐者應如何對待倫理價值、社會實踐和辨僞的經驗智
慧。〔註195〕

後來，汪喜孫亦提到：「絜矩之道」，不過，其強調是「平天下，在絜矩。」

〔註190〕同上注，頁 206。
〔註191〕黃承吉：〈四元玉鑑細草序〉，《夢陔堂文集》卷 7，同注 154，頁 188。
〔註192〕勞思光先生：《新編中國哲學史》第 1 冊，同注 170，頁 116。
〔註193〕見《論語·泰伯篇》卷 4，同注 138，頁 140；另《論語·顏淵篇注》亦云：
「仁者，本心之全德……爲仁者，所以全其心之德也。」頁 182。
〔註194〕勞思光先生：《新編中國哲學史》第 1 冊，同注 170，頁 116。
〔註195〕李幼蒸先生：《仁學解釋學——孔孟倫理學結構分析》，（北京：中國人民大學，
2004 年），頁 62。

〔註196〕之所以如此,推本其源:「絜矩」在「忠恕」,「忠恕」在「誠意」,「誠意」在「愼獨」,「愼獨」在「忠己之好惡」,人人如此,皆本「誠意」爲人處事,無異是推廣「忠恕之道」,亦即「誠」之推廣,推己及人,是以「絜矩」平天下也。

劉文淇(1789～1854)以爲「天道遠,人道邇。」是以「求福於天,不若求福於己。」〔註197〕強調「人定勝天」意義。反躬律己,自愛修身,力行絜矩,就是求福與己,所謂「自求多福」也,端在自身作爲,不在膜拜天地;行善得善果,行惡得惡果,因果不爽也,方爲千古不移定理。之所以善惡未報,不是不報,只是時候未到,或者,「行善,福雖未至,禍已遠離;行惡,禍雖未至,福已遠離。」

四、修身在改過,改過以變通,變通以時行

明清時期,實學盛行,不論是啓蒙思想、經世致用思潮、乃至乾嘉考據實學,〔註198〕這一時期的社會思潮,學者們概括爲「實學思潮。」〔註199〕

〔註196〕汪喜孫:〈大學說序〉云:「後人不知『誠意』在『愼獨』,『愼獨』在『好惡』,……夫惟孔子言仁言敬,自曾子始言誠,子思孟子因之。好惡在心身,以及家國天下,皆本誠意,以愈推愈遠,是以平天下在『絜矩』。」《汪孟慈集》卷3,同注156,頁65～66。

〔註197〕劉文淇:〈重修玉皇閣記〉云:「謂天道遠,人道邇,求福於天,不若求福於己,瞻禮膜拜,乃致敬之末節,非所以格天也。」《青溪舊屋文集》卷2,(收入於《續修四庫全書・集部・別集類》,上海:上海古籍出版社,2003年),頁13。

〔註198〕魏宗禹先生即以爲十八世紀的乾嘉漢學是歷史的回流,不被包括在實學思潮史的範圍內。詳見氏著:〈明清實學思潮的三個發展階段〉,(《晉陽學刊》,1988年1月),頁68～70。另葛榮晉先生亦以爲:實學思潮在乾嘉是被樸學即考據學所取代,但不可否認是考據學在某個程度上是「實事求是」的「考證實學」。詳見氏著:〈明清實學簡論〉,(《社會科學戰線》,1989年1月),頁80。張壽安先生:〈乾嘉實學研究展望〉一文指出:「經史考證或訓詁說經的"實",和明末清初側重經世實務的"實",在含意上是相差頗遠的兩個概念,我們實在很難勉強把它們貫串在一個潮流下,而綜述之爲"實學。"……畢竟"實事求是"只是治學的態度,而"訓詁考證"只是治學的方法。乾嘉學者在每自言其"實事求是"的同時,也一定說明自己治經說經的目的在明"經義",求"聖人之道"。因此,惟有析究出乾嘉學者所明之經義與所求之聖道之實質內容,才可能正確掌握隱藏在訓詁說經背後的乾嘉學術的眞貌。……"時務"部分之外,乾嘉學者的訓詁說經工作是否僅止於考證呢?抑或考證背後另有思想意義存在?1984年中研院近史所召開"近世經世思想研討會",會中張灝、劉廣京、陸寶千等教授都指出清學的經世走向,並提出要了解清學必得從清儒對禮教的態度以及清儒考證經書所得出之義理爲

然「實學」除了是「實事求是」的治學態度,「訓詁考證」的治學方法,乃至「經世濟民」的理想抱負外,尚有一個重要的涵義是屬於道德層次的,只是在道德問題上,宋明儒和清儒所講的層次與稱謂不同。〔註200〕如清初孫奇逢(1584～1675)即以「禮」教導弟子,主「忠信」為實學,反對在「無聲無形中問本體」。〔註201〕這就是一道德實學的例子。重視是實際下工夫,在事上磨練,以修身養性,達至聖境。

在揚州儒學中,對於道德修養亦主張必須著實做工夫,反對離開社會實踐的終日端坐的空悟論。以通過實修而進行心性修養,目的不在於空議,端在於實踐、實行。朱澤澐所謂的「格物」,主「用功於性情之修為」,所謂:

> 格物工夫須各項用工,不可有偏,然有本末先後輕重之序,不可顛倒。如程朱云:「求之性情固切於身,然一草一木亦有理,不可不察」一條,程子明言切於身是本而先者,草木之理雖末而後亦當察,非以性情與草木同列也。朱子有「格物須合內外始得」,此言本末也;有「緩急先後」一條,此言先後也;又有「六七分裏面理會,三四分外面理會」一條,此言輕重也。〔註202〕

何兩方面著手。……乾嘉學者所求之經義的重點……是制度和典章。在清儒作品中,……絕大多數是考辨制度,通過對當朝制度的爭議,以展現他們的思想和經世的方策。」收入於中國實學研究會主編《實學文化與當代思潮》,(北京:首都師範大學,2002年),頁370～371。

〔註199〕詳見陳鼓應先生、辛冠潔先生、葛榮晉先生等編:《明清實學思潮史・導論》,(濟南:齊魯書社,1989年),頁1。另丁冠之先生:〈明清實學的早期啟蒙思想〉指出:「"實學"是明清思想家自己經常使用的概念,他們針對理學空談心性,主張"崇實黜虛",強調經世致用,倡導實學。因此,作為一種學風和治學方法的改變,把明清學者強調務實的思想和學風概括為實學思潮是可以成立的。但是也必須指出,用"實學思潮"概括這一時期的社會思潮並不能代替早期啟蒙思潮(或人文主義思潮)和經世致用思潮等概念的使用。……因此,寫明清實學思潮史自然要包括明清早期啟蒙思潮和經世致用思潮,但明清早期啟蒙思潮史和經世致用思潮史則不必包括實學思潮史的全部內容」,收入於中國實學研究會主編《實學文化與當代思潮》,同上注,頁209。

〔註200〕何佑森先生:〈明末清初的實學〉,同上注,頁204。在此文中,何先生又表明:「宋代的程頤和朱熹,以"理"為實學;在清初,孫奇逢(1584～1675)以"忠信"為實學,陳確(1604～1677)以"言行合一"為"實學",顧炎武以"修己"為"實學"。」頁205～205。

〔註201〕見拙論:〈清初聖人學實行——試論孫奇逢「戒心生」的修養工夫〉,(載於《輔大中研所學刊》第18期,2007年10月),頁103。

〔註202〕朱澤澐:〈朱子格物說辨一〉,《止泉先生文集》卷2,收入《四庫全書存目叢

格物須知本末工夫，身爲人當從切身性情論究，方是知本末、先後、輕重、緩急。性情有偏須格至正，方是下工夫處；此「格」，個人以爲不當作「窮究事理」〔註203〕解，宜爲改善、改過講，所以性情有偏須改善、改過，所謂：「遷善改過，善莫大焉。」主小學治經的黃承吉以爲「人性」充滿變化，亦非變化不盡，然變須以「曲」致至，方以盡性，盡人性、盡物性。萬物必本於「曲」而生，依「曲」而後有誠，誠則盡其性。其云：

> 惟曲而後能有誠，以盡其性。人性、物性，至誠者，自然而曲以明動變化。……性非變化不盡，變化非曲不盡。盡物性之必本於曲，即萬物不遺之，必本於曲。中庸之盡即繫傳之不遺，故其言曲者一也。〔註204〕

個中的「曲」是否指「道」而言？「誠」由「道」出，誠於中，亦盡於性，無論性如何變化，至誠以明變，忠實變化，過與不及皆以誠改變，則近於道矣。對於變的哲學，分析最透徹，論述最深入者，莫過於焦循，其視變爲改過前提，所謂「窮則變，變則通，通則久」乃聖人之道也。「變」──不堅執，並非不好，有時「變」是解決社會矛盾、促進社會發展的唯一道路。畢竟「變」是宇宙的存在狀態。陽極則陰生，陰消則陽長，對立互變的過程永遠不會無法停息。甚至可以說，一切具體的存在是相對的、有限的；惟有變化才是絕對的、無限的。〔註205〕無論「變」（無常）是否爲世上永恆不變之真理？不可否認，「變」也可以指溝通體用與建構理論的手段。〔註206〕甚至可作「遷善改過」道德修養的工夫。焦循云：

> 《易》之道，大抵教人改過，即以寡天下之過。改過全在變通，能變通即能行權，所謂使民宜之，使民不倦，窮則變，變則通，通則久。聖人格致、誠正、修身、治平，全於此一以貫之，則《易》所以名《易》也。〔註207〕

以《易》爲教人「改過」之書。在古聖先賢的《周易》則有所謂的「憂患九

書》本，（台南：莊嚴出版公司，1997年），頁696。

〔註203〕朱熹：《大學章句集註》釋：「格，至也；物，猶事也。窮至事物之理，欲其極處無不到也。」（收入氏著《四書章句集註》，台北：大安出版社，1991年），頁4。

〔註204〕黃承吉：〈四元玉鑑細草序〉，《夢陔堂文集》卷7，同註154，頁183。

〔註205〕整理自張立文先生：《變》，（台北：七略出版社，2000年），頁11～12。

〔註206〕同上注，頁13。

〔註207〕焦循：〈與朱椒堂兵部書〉，《雕菰集》卷13，同註27，頁201。

卦」，即〈履〉、〈謙〉、〈復〉、〈恆〉、〈損〉、〈益〉、〈困〉、〈井〉、〈巽〉等九卦，此可告訴我們如何以道德自律度過人生的起起伏伏。〔註 208〕推本溯源，吉凶善惡，不是神靈的安排，乃是我們自己身心的作為，所以吉凶、順逆的造成不是仙佛之意，而是我們所造就的「因果」，所以即使可以預測前途的凶險，但不懂如何「明哲保身」，亦未必可躲避凶險、劫難。因此，數不可逃，即理不可逃，預測占卜亦只是幫助我們反求諸己、正心誠意，作一反樸歸真的「照妖鏡」；若真要化險為夷、趨吉避凶，吾人還是只有反求自心，深植善根，行仁持義，方可獲吉去凶，此應為正理。〔註 209〕《易》可使人趨吉避禍，但這是消極看法，積極意義，尚在於道德修養，改過向善，於此，焦循提出「變通」之理，人非聖賢，孰能無過？有過則改，改則變，是以命運則轉，則可否極泰來矣；所以焦循主張能變則能通，能變通，即為時行，適時而行，則元亨利貞也；其云：

> 《傳》云：變通者，趨時者也。能變通，即為時行。時行者，元亨利貞也。……孔門貴仁之旨，孟子性善之說，悉可會于此。大有二之五，為乾二之坤五之比例，故《傳》言元亨之義，于此最明。云大中而上下應之，大中謂二之五，為元，上下應則亨也，蓋非上下應，則雖大中，不可為元亨。《既濟‧傳》云：利貞，剛柔正而位當也。剛柔正，則六爻皆完，貞也；貞而不利，則剛柔正而位不當。利而後貞，乃能剛柔正而位當。由元亨而利貞，由利貞而復為元亨，則時行矣。……能變通則可久，可久則無大過，不可久則至大過，所以不可久而至于大過，由於不能變通。變通者，改過之謂也。……後世學《易》者，舍此而言《易》，誰知《易》哉？〔註 210〕

又：

> 時行即變通以趨時，元亨利貞全視乎此。《易》者變通之謂，因變通而有大中上下應，有四象，故曰《易》有太極，《易》有四象。大中，元也；上下應，亨也；變通不窮，利也；終則有始，利而貞也。聖人教人存有餘而不可終盡，故如是乃宜，如是乃不窮。儀則宜也，

〔註 208〕見拙論：〈憂患九卦的道德哲理研究〉，收入於《第八屆東亞漢學國際學術會議論文集》，（台北：淡江大學漢語文化暨文獻資源研究所，2005 年），頁 3。

〔註 209〕同上注，頁 3。

〔註 210〕焦循：〈時行圖序目〉，《易圖略》卷 3，同注 27，頁 450。

象即似也，似者繼續也，繼善而續終，則長久不已矣。此當位之變
通也。……聖人教人改過如此，皆于爻所之示之。蓋當位則虛其盈，
盈不可久。不當位則憂其消，消亦不可久。故盈宜變通，消亦宜變
通，所謂時行也。〔註211〕

知其所謂「變通」，不是隨便改變、變通，乃據《易》理講變通之意義。畢竟：
易之義理，惟在卦爻之變化行動中自見，固不在其文辭自身之含義，故以爲
執辭以索義非爲知易者。〔註212〕若在爻位不當，非中爲吉之「時」，〔註213〕
須有所變，才能轉危爲安，化險爲夷。原則上，陰陽、剛柔等須配位合時，
方爲吉，亦所謂元亨利貞也，然不當位，亦非適時承應，則須變通，方以時
行，如此，能變通，才能長久，畢竟天地自然間本是盈虛消長，變化不已，
否則，「肉腐出蟲，魚枯生蠹」，〔註214〕有所改變、疏通，才能永續發展。於
天地自然之理皆如是，據《易》理變通爲則，人事性命上，亦不外如此。所
謂「變通」亦即遷善改過之意，人非完美亦非先天皆具，必靠後天努力與學
習而成，其中，必會遇到失誤或挫敗時，就必須檢討反省與改善，如此，方
有進步至善的展望。所謂：「過而不改，是謂過矣。」〔註215〕又「禮法」亦非
永恆不變之則，時有意外情形發生，則必「權變」以行，如男子見女子溺水
時，不趕緊伸手援救，還在乎「男女授受不親」嗎？〔註216〕所以「權」相對

〔註211〕焦循：〈寄王伯申書〉，《焦里堂先生軼文》，《鄦齋叢書本》，（收入於嚴一萍先
　　　　生輯：《原刻景印叢書集成三編》，台北：藝文印書館，1971 年），頁 6。

〔註212〕何澤恆先生：《焦循研究》，（台北：大安出版社，1990 年），頁 26～27。

〔註213〕《周易》是一部講「變」的哲學之書，然「變」是有規律的，「時」即是變的
　　　　規律之一。如：《易・豐卦・象傳》云：「日中則仄，月滿則食，天地盈虛，與
　　　　時消息。」《易・損卦・象傳》云：「損剛益柔有時，損益盈虛，與時偕成。」
　　　　又「時止則止，時行則行，動靜不失其時，其道光明。」見《十三經注疏本》
　　　　（1），（台北：藝文印書館，1981 年），頁 338、頁 262、頁 267。另王軍先生
　　　　等編：《中國文化古典周易研究》亦云：「六十四卦不僅是一個系統，囊括了許
　　　　多自然的規律，堪稱宇宙的一個科學圖式，就是一個卦，雖說只有六爻，其陰
　　　　陽關係的"承"、"應"、"乘"、"比"、"據"的演變也是一個運動著的
　　　　微型宇宙的抽象概括」，（北京：中國社會科學出版社，2003 年），頁 132。

〔註214〕見荀子：〈勸學篇〉，荀子著、唐楊倞注、清王先謙集解：《荀子集解》卷1，
　　　　同注 90，頁 112。

〔註215〕見《論語・衛靈公篇》，同注 138，頁 167。

〔註216〕焦循：〈說權六〉云：「《孟子》曰：『男女授受不親，禮也；嫂溺援之以手，
　　　　權也。』又曰：『嫂溺不援，是豺狼也；豺狼，禽獸也。』禽獸不能轉移，人
　　　　能轉移，自守於禮，而任嫂之死於溺，此害於禮者也；援則反乎禮而善矣。」
　　　　《雕菰集》卷10，同注 27，頁 146。

於恆常不變的「經」而言，就是「變」——「變通」也。「變通」乃其思想的中心，「反經行權論」乃運用其《易學》「時行」之理以說明。由《易》之卦爻縱通、橫通，而推廣於人事上，而無所不通，自邏輯言之，乃爲「循環論證」。〔註217〕總之，「"旁通"與"時行"既是構成焦循易學體系的二大支柱，也是焦循易學"通變"思想的主要體現者。」〔註218〕

焦循以《易》理講變通之要，實則在道德修養上，強調是「改過向善」。人非十全十美，孰能無過，有過，勿憚改，改則是變，有變方能轉爲善的可能，所以修身在改過，改過則變通，變通以時行也。

〔註217〕 賴貴三先生：《焦循雕菰樓易學研究》所引：方東美先生《生生之德・易之邏輯問題》，見氏著《焦循雕菰樓易學研究》，（台北：里仁書局，1994年），頁303。

〔註218〕 陳居淵先生：〈論焦循《易》學的通變與數理思想〉，（《周易研究》總第20期，1994年第2期），頁24。

第肆章　縱向論述——清儒揚州學派情理論的發展（一）

第一節　「天理」向「情理」的過渡者

一、朱澤澐情理論探索

（一）學者傳略

朱澤澐（1666～1732），字湘陶，號止泉，江蘇寶應人。生於康熙五年，卒於雍正十年，享年六十七歲。

澤澐與王懋竑同是寶應人。王氏之子：王箴傳（字洛師），曾受業於朱氏，且是朱氏女婿。朱氏之子：朱光進（字宗洛）。又問學於王氏。兩家易子而教，並是姻親，其關係相當親密。〔註1〕其有志於「程朱理學」，以為：「道問學莫如朱子，尊德性莫如朱子。」〔註2〕治朱學為終生職志，與王懋竑相似，但二人議論主張，亦各有不同，大抵朱氏偏向陸王；王氏惟朱學是尊。〔註3〕

雍正六年（1728AD），大吏以人才向朝廷舉薦，朱氏固辭。曾在無錫講學，與顧培交往甚密，遵高攀龍「靜坐法」，論及朱子涵養工夫，則歸於主靜。著有《朱子聖學考略》、《朱子誨人編》、《宗朱子要法》、《王學辨》、《先儒辟

〔註1〕　張舜徽先生：〈揚州學記〉，（《清儒學記》，濟南：齊魯書社，1991年），頁394。
〔註2〕　王箴傳：〈朱先生澤澐行狀〉，《碑傳集》卷127，（《清代碑傳全集》上冊，上海：古籍出版社，1987年），頁650。
〔註3〕　整理自張舜徽先生：〈揚州學記〉，同注1，頁394。

佛考》、《陽明晚年定論辨》、《吏治集覽》、《師表集覽》、《保釐集覽》、《止泉先生文集》等書。〔註4〕

（二）朱澤澐情理論

1. 陰陽即太極，動靜即天理

朱澤澐一生治「朱學」，闡發朱子之教。但其主要在抉發朱子「尊德性」之說，與一般宗朱者之說頗異。〔註5〕其尊朱子之「性即是理」，所以「性體」所在，即是「理」。且以詮釋朱子之「理」爲「天理」。其云：

> 朱子涵養高出諸儒，直接孔孟者有數層。……四十歲悟本體未發，心統性情，此後隨事觀理，即物推明，皆必以此爲本，又是一層，是主靜而御動。……至庚戌（1190年，朱子61歲）以後，純是天理發見，如太極在陰陽中，即陰陽即太極，即動靜即天理。……蓋朱子之學得力在四十歲前用力於格物致知，擴充克治，直向道理上窮究體驗；及其透悟未發之旨，深信天理體段是道理源頭，只在這裏透此主宰，方能御動；由此居靜窮理再加深入，覺語嘿動靜，總是一理。更加深入，隨動隨靜，其理皆感通於寂然不動之中。至於暮年，天性充滿洋溢，只見道理，無意於動靜界限。故其學以理始，以理終，此爲朱子萬理渾然之涵養，而非諸儒比也。〔註6〕

朱、陸異同，一直是歷來學者爭論不休的話題。一般以爲朱熹偏重「道問學」，而陸象山則偏重於「尊德性」。但至明代中葉以後，路徑與陸學相近的王學盛行，陽明爲了解決朱陸異同的問題，曾作《朱子晚年定論》一書，收集朱熹和陸象山意見相合的論學書牘三十多處，證明朱熹晚年學問支離，漸有悔悟，也走向象山尊德性之途。〔註7〕爲了釐清朱熹晚年是否偏向陸王「尊德性」一說？清初學者亦議論紛紛。然朱澤澐考證朱子之學，由早年、中年至晚年，由疑而悟，悟而精進，發現到朱學實以涵養爲依歸，終走向「尊德性」一途。〔註8〕

〔註4〕 同上注，頁395～396。

〔註5〕 楊菁先生：〈朱澤澐的朱子學〉，（楊師晉龍主編：《清代揚州學術》上冊，台北：中研院文哲所，2005年4月），頁138。

〔註6〕 朱澤澐：〈提要〉，《朱子聖學考略》，（收入於《四庫全書存目叢書·子部·儒家類》第20冊，台南：莊嚴出版社，1995年），頁508～509。

〔註7〕 楊菁先生：〈朱澤澐的朱子學〉，同注5，頁119。

〔註8〕 朱澤澐：〈朱子格物說辨一〉、〈朱子格物說辨二〉、〈朱子未發涵養辨一〉、〈朱子未發涵養辨二〉，《止泉先生文集》卷7，與《朱子聖學考略》；前者見《四

上述《朱子聖學考略》〈提要〉，可看出朱子晚年，主動靜皆是理，所謂「語嘿動靜，總是一理。」朱澤澐以爲此乃朱子「居靜窮理」之結果，更進一步，即了悟「隨動隨靜，理皆感通於寂然不動之中。」殊不知：此和陽明所謂「『動亦定，靜亦定』，體用一原者也。」〔註9〕主動靜皆見其體，即動即靜，即體即用，「體用一原」之理相似。其又以朱子四十歲後，悟得本體，所謂「心體湛然，萬理皆備。」是以主「尊德性、道問學是相通工夫。」〔註10〕

2. 理乃貫通於涵養未發之中

根據上述，我們可知其主朱熹之理，理乃「感通於寂然不動之中」。然所謂「感通於寂然不動之中」，實則就是「涵養於未發之中」。在其《止泉先生文集》亦載：

> 平日眞識得性命根源，只有仁義禮智之渾然全具於心。守之之法，只是無思無爲，兢兢業業，正大光明，常在這裏，毫不隨視聽言動、喜怒哀樂走作，這便是涵養未發氣象。一有思慮，一有視聽言動、喜怒哀樂，須提起看是是禮非禮，是禮者擴充力行；非禮者斬刈消滅，不損無思無爲體段，尤當于習時認取，習時者無有事件，如食時睡時家人儔類，熟習晤對時，須主宰精明，常有把柄。〔註11〕

所謂的「理」，就是仁義禮智，性命根源所在，全備「心」中。此「性體」涵養未發，須在「四端」體認。待涵養功深，未發氣象，便能時時呈露。所謂「未發氣象」即是「理」所在、「性體」所在，亦是「性命根源」所在。因此，必須在每日存養工夫上努力，由生而熟，至熟之境，便是無思無爲，兢兢業業，正大光明常在這裏，則能體得「天理」渾融，有寂而常感氣象。即使一旦起心動念，亦合於理義，時時精進，使道理常在這裏流轉，學養工夫自會日益進步，而主宰便能常保精明通亮。

3. 人心理氣與天地理氣通為一

朱澤澐：《止泉先生文集》云：

　　　庫全書存目叢書》本，卷7，台南：莊嚴出版社，1997年，頁768～776。後者見《四庫全書存目叢書・子部・儒家類》第20冊，頁515。

〔註9〕　王陽明：〈答陸原靜第二書〉，葉紹鈞點注《傳習錄》，（台北：臺灣商務印書館，1998年），頁218。

〔註10〕朱澤澐：〈提要〉，《朱子聖學考略》，同註6，頁510。

〔註11〕朱澤澐：《止泉先生文集》卷2，（《四庫全書存目叢書》本，卷7，台南：莊嚴出版社，1997年），頁698。

> 天地純是一團理氣，包乎萬物，故人在理氣中。人心理氣與天地理
> 氣通爲一，只是要養得盛大，立得常久，中夜思之，亦覺手舞足蹈，
> 會得時方知心無內外，理無內外。〔註12〕

在此，可看出朱氏主「天地純是一團理氣」。理與氣不分，且「人在理氣」中，
「人心理氣與天地理氣通爲一」。非宋儒所主理氣二元論；理乃是形上至善之
理，氣乃形下氣質之異。〔註13〕此亦可看出由王懋紘純粹「程朱」道問學主張，
漸轉向「陸王」尊德性主張，且朱氏視理與氣合一，天地純是一團理氣而已。

4. 格物以性情為本

朱氏：《止泉先生文集》又云：

> 格物工夫須各項用工，不可有偏，然有本末先後輕重之序，不可顛
> 倒。如程朱云：「求之性情固切於身，然一草一木亦有理，不可不察」
> 一條，程子明言切於身是本而先者，草木之理雖末而後亦當察，非
> 以性情與草木同列也。朱子有「格物須合內外始得」，此言本末也；
> 有「緩急先後」一條，此言先後也；又有「六七分裏面理會，三四
> 分外面理會」一條，此言輕重也。〔註14〕

雖理氣不分，一團理氣運作。人心理氣與天地理氣爲一。但朱澤澐對於涵養工
夫，仍不離程朱說法。「涵養須用敬，敬學在致知」，又「致知在格物」。〔註15〕
強調格物致知的工夫是有本有末、有輕重緩急的。以究「性情」爲本，外在草
木之理爲末。切身之修養爲當務之急，內涵提昇爲本，〔註16〕是以本末先後顯

〔註12〕同上注，《止泉先生文集》卷2，頁700。

〔註13〕朱熹：〈答黃道夫〉云：「天地之間有理有氣。理也者，形而上之道也，生物
之本也；氣也者，形而下之器也，生物之具也。」（收入朱熹：《朱子文集》，
台北：德富文教基金會，2000年），頁2799。

〔註14〕同注8，《止泉先生文集》卷2，頁696。

〔註15〕朱熹：《朱子語類》卷12：「學者當知孔門所指求仁之方，日用之間，以敬爲
主。不論感與未感，平日常是如此涵養，則善端之發，自然明著。」（北京：
中華書局，1994年），頁140。又其《大學章句》云：「閒嘗竊取程子之意以
補之曰：所謂致知在格物者，言欲致吾之知，在即物而窮其理也。蓋人心之
靈莫不有知，而天下之物莫不有理，惟於理有未窮，故其知有不盡也。是以
《大學》始教，必使學者即凡天下之物，莫不因其已知之理，而益窮之，以
求至乎其極。至於用力之久，而一旦豁然貫通焉，則眾物表裏精粗無不到，
而吾心之全體大用無不明矣。此謂格物，此謂知之至也。」（《四書章句集註》，
大安出版社，1991年），頁7。

〔註16〕朱澤澐在此非常強調「居敬窮理」之涵養工夫，其云：「雜念一毫不生，萬善
渾然具足，此是太極本色，須從居敬窮理，涵養體驗，至此方是。若只言本

而易見。

　　朱澤澐的情理思想，是主理非純粹形上之理，是動靜語默皆是理，且將理下貫於氣中，主理氣合一，人心理氣與天地理氣相通。但對於性情方面，仍不失要有一番"格物窮理"工夫在，其「深信朱子居敬窮理之學，爲孔子以來相傳的緒，不可移易。」〔註17〕

二、王懋竑情理論探索

（一）學者傳略

　　王懋竑（1668～1741），字予中，號白田，江蘇寶應人。後居白田，築白田草堂，是以有學者稱之「白田先生」。生於清康熙七年，卒於乾隆六年，享年七十四歲。

　　懋竑四十一歲中舉，五十一歲進士，五十八歲致仕。之後，專意著述與教書。〔註18〕其一生治學，主要精力在整理、研究朱子之學。〔註19〕焦循指出：

> 他人講程朱理學，皆浮游剿襲而已。惟懋竑一生用力於朱子之書，
>
> 考訂精核，乃眞考亭功臣。〔註20〕

其以訓詁、考據方式研究朱學。實事求是，不尚空談，重視生活上的切實實踐。蓋一生精力，盡萃於《朱子年譜》一書。〔註21〕《清儒學案》評此：

　　無一物，從靜入手，必趨寂靜，安能萬善具足？」，同注8，《止泉先生文集》
　　卷2，頁704。
〔註17〕　徐世昌：《清儒學案·白田學案》第3冊，卷52，（台北：世界書局，1979年），
　　　　　頁23。
〔註18〕　清·國史館編《清史列傳》第17冊，卷67（北京：中華書局，1993年），頁
　　　　　5366。
〔註19〕　張舜徽先生：〈揚州學記〉載：「這一研究途徑的形成，乃是受了二大影響：
　　　　　一是家學濡染。他的叔父王式丹，是康熙四十二年癸未科的狀元，曾參加過
　　　　　修纂《朱子全書》的工作，對於朱子之學，素所講求，因而影響了他。二是
　　　　　友朋切磋。桐城方苞，推尊朱學，曾於年輕時來寶應喬家任塾師二年，和他
　　　　　結識後，往來甚密，受其影響也不小。」（《清儒學記》，山東：齊魯書社，1991
　　　　　年），頁382。
〔註20〕　焦循：〈國史儒林文苑傳議〉《雕菰樓集》卷12，（台北：鼎文書局，1977年），
　　　　　頁183。
〔註21〕　王箴傳：〈行狀〉云：「蓋積二十餘年，四易其稿而後定。力疾成編，至易簀
　　　　　前數日，猶不忍釋手。」，（清·錢儀吉編《清代碑傳全集》上冊，上海：古
　　　　　籍出版社，1988年），頁373；趙爾巽等編：《清史稿》，（北京：中華書局，
　　　　　1976年），頁13141。

　　白田讀朱子書數十年，于朱子生平爲學誨人次第本末，條析精研，
　　訂爲年譜四卷，俾有志朱學者不致爲異説所迷眩。其有禪聖道較之
　　《閑辟錄》、《學蔀通辨》二書，直遠出其上矣。〔註22〕

當時朝廷雖尊崇理學，但王懋竑未躋身於「理學名臣」。其「嘗謂友人曰：『老
屋三間，破書萬卷，平生志趣，于斯足矣。』」〔註23〕又別有《朱子年譜考異》
四卷，並附錄《朱子論學切要語》二卷於其後。尚有《白田草堂存稿》二十
四卷、《讀書記疑》十六卷、《續集》、《別集》、《朱子文集注》、《朱子語錄注》
等書。〔註24〕

（二）王懋竑情理論

1. 性體（理）情用

王懋竑〈玉山講義考〉云：

　　大凡天之生物，各付一性。性非有物，只是一箇道理之在我者耳。
　　故性之所以爲體，只是仁義禮智信五字。……五者之中所謂性者是
　　箇眞實無妄底道理。如仁義禮智皆眞實而無妄者也。故信字更不須
　　説，只仁義禮智四字，於中各有分別，不可不辨。蓋仁則是箇溫和
　　慈愛底道理，義則是箇斷制裁割底道理，禮則是箇恭敬樽節底道理，
　　智則是箇分別是非底道理，此四者具於人心，乃是性之本體。方其
　　未發，漠然無形象之可見，及其發而爲用，則仁者爲惻隱、義者爲
　　羞惡、禮者爲恭敬、智者爲是非。隨事發見，各有苗脈，不相淆亂，
　　所謂情也。……蓋一心之中仁義禮智各有界限，而其性情體用又各
　　自有分別。〔註25〕

懋竑精研朱子之學，主「性即是理」。以性爲體，內涵「仁義禮智信」等道理。
所以在其〈答何叔京書〉亦云：「天理只是仁義禮智之總名，仁義禮智便是天
理之件數。」〔註26〕然本體未發，抽象之理，無形無象，了無可得，須發乎

〔註22〕徐世昌：〈白田學案〉，《清儒學案》第 3 冊，卷 52，（北京：中國書店，1990
　　　　年），頁 1。
〔註23〕錢大昕：〈王先生懋竑傳〉，《潛研堂文集》卷 38，（上海：上海古籍出版社，
　　　　1989 年），頁 28。
〔註24〕徐世昌：〈白田學案〉，《清儒學案》卷 52，同注 5，頁 1。
〔註25〕王懋竑：《白田草堂存稿》卷 6，（台北：漢華文化事業股份有限公司，1972
　　　　年 1 月），頁 269～270。
〔註26〕同上注，頁 292。

「情」，是以顯見。「仁」情之彰顯是「惻隱」流露，「義」情之表現則是「羞惡」自覺，「禮」之情意，是「恭敬」的表態，「智」情顯發，便爲「是非」之明辨，絕不混淆，或顚倒是非、黑白、善惡之理，或口是心非，而是言行一致，裏外如一。

　　所以王懋竑於「情理」論述，宗宋明理學之論，主「性體情用」之說。此情是「理」之感物，所流露於外的顯現，正如孟子所謂的「乃若其情，則可以爲善矣。」所以在其〈答方賓王書〉亦云：

> 仁義禮智同出於性而其體渾然，莫得而見，至於感物而動，然後見其惻隱、羞惡、恭敬、辭遜、是非之用，而仁義禮智之端，於此形焉，乃所謂情。……大抵仁、義、禮、智，性也；惻隱、羞惡、是非、辭遜，情也。心統性情者也。〔註27〕

又：

> 凡物必有本根性之理，雖無形而端的之發，最可驗。故由其惻隱，所以必知其有仁；由其羞惡，所以必知其有義；由其恭敬，所以必知其有禮；由其是非，所以必知其有智。使其本無是理於內，則何以有是端於外？由其有端於外，所以必知有是理於內而不可誣也。故孟子曰：「乃若其情，則可以爲善矣。」……蓋亦溯其情而逆知之耳。仁義禮智既知得界限分曉，又須知四者之中，仁義是箇對立底關鍵。蓋仁，仁也，而禮則仁之著也；義，義也，而智則義之藏。猶春夏秋冬，雖爲四時，然春夏皆陽之屬也；秋冬皆陰之屬也，故曰：「立天之道，曰陰與陽；立地之道，曰柔與剛；立人之道，曰仁與義。」〔註28〕

仁義禮智是性之「理」，但可總括於「仁義」之下。亦如天之道是陰陽，地之道是柔剛，人之道是仁義。雖說「性理情用」，無不是善，但其以爲人受有「氣稟」之異，故情有「物慾」之累。所謂：

> 天之生此人，無不與之以仁義禮智理，亦何嘗有不善？但欲生此物，必須有氣，然後此物有以聚而成質。而氣之爲物，有昏濁清明之不同，稟其清明之氣而無物慾之累，則爲聖；稟其清明而未純全，則未免微有物慾之累而能克以去之，則爲賢；稟其昏濁之氣，又爲務慾之所蔽而不能去，則爲愚、爲不肖，是皆氣稟物慾之所爲而其

〔註27〕同上注，頁 285。
〔註28〕王懋竑：〈玉山講義考〉，同上注，頁 278～279。

性未嘗不同也。……而凡吾日用之間，所以去人欲，復天理者，皆吾分內當然之事。〔註29〕

亦同程朱之學，「性」至善，無不同，皆是理，形上之本體。然不同是形下之氣稟，有昏濁清明之別，是以受物慾之蔽亦有不同。故主張「去人欲，復天理」，此乃吾人修行之要事矣。蓋王懋竑在戴震之前，受其家學影響──治朱學為務，是以懋竑當以發揚「存天理，去人欲」為宗。如何「復天理」？端在下功夫見得。其謂：

理本實有條理五常之體，不可得而測度。其用則為五教，孝於親，忠於君，又曰：必有本如惻隱之類，知其仁中發；事得其宜，知其自義中出；恭敬知其自禮中出；是是非非，知其自智中出。信者，實有此四者，眼前無非是性，且於分明處作工夫。又曰：體不可得見，且於用上著工夫，則體在其中。〔註30〕

又〈答呂子約書〉云：

由乎中而應乎外，是推本視聽言動四者，皆是由中而出，泛言其理之如此耳。非謂從裏面做工夫出來也，制乎外，所以養其中，方是做工夫處。〔註31〕

藉由外在克己的工夫，以涵養內在心性，方是修養工夫。如何克己？其主張「下學而上達」，非「端默靜坐」也。其〈答汪尙書〉云：

程朱子所謂善學者求之，必自近，易於近者，非知言者也。……夫平易則是欲先上達而後下學。……今日為學用力之初，正當學問思辨而力行之，乃可以變化氣質而入於道。顧乃先自禁切不學不思以坐待，其無故忽然而有見，無乃溺心於無用地，玩歲愒日，而不見其功乎！就使僥倖於恍惚之間，亦與天理人心敘秩命討之，實了無交涉。其所自謂有得者，適足為自私自利之資而已。此則釋氏之禍，橫流稽天而不可遏者，有志之士，所以隱憂浩歎而欲火其書也。〔註32〕

強調讀書窮理之要。學問思辨工夫，必力行之，實踐之，方可變化氣質而入道。雖說「涵養須用敬」，但「敬學在致知」，所以絕非不學不思般「靜坐」，

〔註29〕同上注，頁272～273。
〔註30〕王懋竑：〈答方賓王書〉，同上注，頁289。
〔註31〕王懋竑：〈答呂子約書〉，同上注，頁293。
〔註32〕王懋竑：〈答汪尙書〉，同上注，頁311～312。

可以了得，此不過是守株待兔，玩歲愒日耳。此可看出其宗朱子之學，重「道問學」，實際讀書力行，方是工夫力道處。在此，王懋竑強調篤志力學之要，方是確實修養工夫，否則，自謂有得，不過是自利自足而已。

三、劉台拱情理論探索

（一）學者傳略

劉台拱（1751～1805），生於乾隆十六年，卒於嘉慶十年，年五十五。字端臨，江蘇寶應人。小時即慕理學，「及長，見同里王懋竑、朱澤澐書，遂篤志程朱之學。」〔註33〕「乾隆三十五年舉人，屢試禮部不第。」〔註34〕「值開四庫館，海內方聞宿學雲集輦下，若朱竹君、戴東原、任幼植、王懷祖輩，並為昆弟交。稽經考古，且夕講論。君齒最少，每發一議，諸先生莫不折服。」〔註35〕後至丹徒縣訓導，竟以讀書教書終其身。所謂「以敦品立行為先，暇則誦習古訓，親為講畫。取《儀禮》十七篇，除〈喪服〉外，各繪為圖，與諸生習禮容。」〔註36〕「然台拱以聖賢之道自繩，與人遊處，未嘗一字及道學也。卒以哀毀過情，臥病不起。嘉慶十年卒，年五十五。」〔註37〕

台拱慎於接物，而好誘掖後進，與王念孫及金壇段玉裁、江都汪中最稱莫逆。其學自天文、律呂至聲音、文字靡不該貫。考證名物，精研義理，未嘗離而二之。於漢宋諸儒之說，不專一家，惟是之求。精思所到，如與古作者晤言一室，而知其意指之所存。以《論語》、《禮經》為孔氏微言大義所在，用力尤深。〔註38〕王念孫〈劉端臨遺書序〉云：「於天文、律呂、六書、九數，聲韻之學，莫不該洽。窮治諸經，於三禮尤深。精思卓識，堅確不疑。」〔註39〕由於「生平無他嗜好，唯聚書數萬卷及金石文字，日夕冥搜，而不務著述，卒後稿多零落。」〔註40〕

〔註33〕蔡若冠先生編著：《清代七百名人傳》下冊，（北京：中國書店，1987年），頁1637。

〔註34〕同上注，頁1637。

〔註35〕支偉成：《清代樸學大師列傳》，（長沙：岳麓書社，1998年），頁107。

〔註36〕同注33，頁1638。

〔註37〕同上注，頁1638。

〔註38〕同上注，頁1638。

〔註39〕王念孫：〈劉端臨遺書序〉，《王石臞先生遺文》卷2，（收入於羅振玉輯印：《高郵王氏遺書》，南京：江蘇古籍出版社，2000年），頁130。

〔註40〕同注33，頁1638。

其治學嚴謹，矜慎太過，是以留下著述不多。身後經人搜集，僅得《論語駢枝》、《經傳小記》、《國語補校》、《荀子補校》、《淮南子補校》、《方言補校》、《漢學拾遺》、《文集》等八卷。〔註41〕

（二）劉台拱情理論

由於劉端臨先生「不務著述，稿多零落。」是以目前所見僅有《論語駢枝》一卷、《經傳小記》一卷等書。其有關「情理」論述，個人擇取《論語駢枝》一書，抽絲剝繭，提綱挈領，找出相關論述。

1. 樂道好禮者，學問之工夫

劉台拱《論語駢枝》釋：「子貢曰：『《詩》云：如切如磋，如琢如磨。其斯之謂與。』」提出：

> 《三百篇》古訓古義，存者僅矣。獨此二句，則此章問答之旨斷可識矣。蓋無諂無驕者，生質之美；樂道好禮者，學問之工夫。子言十室之邑，必有忠信不如某之好學，而七十子之徒，獨稱顏淵為好學，顏淵而下，穎悟莫若子貢，故夫子進之以此，然語意渾融，引而不發。子貢能識此意而引《詩》以證明之，所以為告往知來。〔註42〕

端臨先生以為此乃「孔子勸勉子貢好學深思之語」。所謂「如切如磋，如琢如磨。」即表示讀書求學，必像治玉切骨琢磨般，精益求精，深入鑽研，方能有所進展。然達至「樂道好禮」的境界，就是由治學工夫下得深而來。換句話說，讀書目的，在修養自身，使之舉止如儀。所謂稻穗愈飽滿，愈下垂；同理，詩書愈飽讀，更是謙謙君子，悟道達禮者。

2. 哀樂者，性情之極致，王道之權輿也

《論語駢枝》載：「子曰：『關雎樂而不淫，哀而不傷。』」劉台拱則提出「哀樂者，性情之極致，王道之權輿也。」之見解，其釋曰：

> 謹案哀而不傷，舊說多異。……何得性情之正？又何以為聲音乎？推尋眾說，未得所安，因竊以己意妄論之。……樂亡而詩存，說者遂徒執〈關雎〉一詩以求之，豈可通哉？樂而不淫者，〈關雎〉、〈葛覃〉也；哀而不傷者，〈卷耳〉也。〈關雎〉樂妃匹也，〈葛覃〉樂得

〔註41〕張舜徽先生：《清儒學記·揚州學記》，（濟南：齊魯書社，1991年），頁397。
〔註42〕劉台拱：《論語駢枝》，（《續修四庫全書·經部·四書類》，上海：古籍出版社，2002年），頁289。

婦職也。〈卷耳〉哀遠人也。哀樂者，性情之極致，王道之權輿也。
能哀能樂，不失其節，詩之教，無以加於是矣。〔註43〕

《禮記‧樂記》云：「凡音者，生人心者也。情動於中，故形於聲，聲成文，謂之音。是故治世之音安以樂，其政和；亂世之音怨以怒，其政乖；亡國之音哀以思，其民困。聲音之道與政通矣。」〔註44〕可知凡音之起，由人心產生。爲物所感而動情，則這心中的情感活動表現於外在聲音上，就是各種音聲。畢竟人非木石，看到哀傷之景，豈有不悲？此悲從中來，乃是最眞摯的。所以端臨先生以「哀樂」乃性情自然流露與展現，絲毫作假不得，故亦可爲王道之始也。況且古時尚以音聲歡樂、憤怒、哀傷與否，反映國家政治優劣與興亡。所以古時聲音的道理是與政治相通的。可由人民音聲來反映國家治理之良窳！同理，依此看「〈關雎〉樂而不淫，哀而不傷。」劉台拱解釋，可知其亦主「哀樂」產生，絕非矯情可生，必是從內心肺腑油然而然滋生的，故此乃性情之致，王道之開端，自然之流露。有道之君是會特別注意底下升斗小民的心聲，至哀樂之情兩極化表現，當是須特別關照的，是以正是「王道」表現的時候。然哀樂亦非沒有節度，哀慟愈於人，或者，樂極而生悲，都是過份的哀樂。若是能哀能樂，合乎中節，想必深受《詩經》教化，所以《詩經》〈關雎〉列爲第一篇，強調「哀而不淫，樂而不傷」——王道之始也。

3. 聖人正名百物，類統人情

《論語駢枝》載：「子所雅言，詩書執禮皆雅言也。」劉台拱釋曰：

謹案雅言，正言也。……夫子生長於魯，不能不魯語，惟誦詩書執禮三者，必正言其音，所以重先王之訓典。……上古聖人正名百物，以顯法象別名，類統人情。壹道術名定而實辨，言協而志通，其後事爲踵起，象數滋生，積漸增加，隨時變遷。王者就一世之所宜，而斟酌損益之，以爲憲法，所謂雅也。然而五方之俗不能強同，或意同而言異，或言同而聲異，綜集謠俗，釋以雅言比物，連類使相附近，故曰爾雅，《詩》之有風雅也亦然，王都之音最正，故以雅名；列國之音不盡正，故以風名。〔註45〕

雅言，正言也，乃王都、京師的官話。即使孔子長於魯，說魯語，但誦詩書

〔註43〕同上注，頁291。
〔註44〕王文錦先生譯解：《禮記譯解》下冊，（北京：中華書局，2003年），頁526。
〔註45〕同注42，頁292～293。

執禮，亦言王都之語，所以如此，在其重視先王的訓典也。先王所流傳下來的「典籍」，乃是上古聖人爲物「正名」、「別類」，乃至統合順乎「人情」而來。此所流傳下來的語言，亦是王者以當時情況，斟酌損益，所標定的共通共守的法則，這就是名之正言意義。畢竟「名不正，言不順，則事不成」。

由此以知，劉端臨以萬物之名，乃古時聖人求統乎人情，正其名義、擬定名聲而來的。

4. 人性之偏，愛惡爲甚

《論語駢枝》載：「愛之欲其生，惡之欲其死。既欲其生，又欲其死，是惑也。」劉台拱解釋爲：

> 愛之欲其生，惡之欲其死。言愛惡反覆無常，既欲其生又欲其死，覆舉上文而迫筆其詞以起惑字，非兩意也。凡言惑者，謂其顛倒瞀亂，若人有惑疾者然，故不直曰好惡無常，而曰既欲其生又欲其死；不直曰忿懥無節，而曰一朝之忿，忘其身以及其親，皆爲惑字造端置辭。聖人之言，所以爲曲而中也。人性之偏，愛惡爲甚。內無知人之明，外有毀譽之蔽，鮮有能至當而不易者。〔註46〕

在此，可以看出劉端臨先生主「欲」在人性中。人性有所偏失，在「愛惡」之欲造成的，且以「愛之欲其生，惡之欲其死」爲甚。如此「愛惡無常」，是謂「惑者」，亦即顛倒瞀亂之人。此性之理，絕非宋儒所謂「性即是理」，「性」純然至善，相反的，性中有「欲」──有「好惡」之欲；所謂「理者，存乎欲者也」。〔註47〕聖人所以爲聖，在其欲之不爽失，無過與無不及，適度中庸也，所以道此，聖人亦是由曲擇中。

四、小　結

本節「天理向情理的過渡者」，列舉清初朱澤澐、王懋竑與劉台拱等人作代表。從他們的義理思想來看，可以發現到他們雖尊「程朱理學」，但內容上已有所不同。

程朱理學主「理氣二分」，即「理欲二分」，但朱澤澐主「人心理氣與天地理氣通爲一」，強調是「理氣合一」；王懋竑以爲「性理情用」，以「性」爲

〔註46〕同上注，頁 295～296。
〔註47〕戴震：《孟子字義疏證》卷上，（《戴東原先生全集》，台北：大化書局，1978年），頁 292。

體，內涵「仁義禮智信」等理，但「情」為用，必須以「情」彰顯「仁義禮智信」等理；劉台拱雖篤志程朱之學，以「敦品立行為先」，但強調「哀樂者，性情之極至，王道之權輿也。」視「情」真誠流露乃「王道」開端。

「性理」上，朱澤澐、王懋竑仍主「性即是理」，「天理是道理之源頭」，但至劉台拱時則不然，劉台拱以人性有「愛惡」等偏失，不再以「性」是純然至善的「理」，以「性」有「愛惡」之欲，是以會「愛之欲其生，惡之欲其死」顛倒妄想，依「好惡之欲」決定「一己之見」，因此，「聖人正名百物，類統人情。」聖人依「人情之本」為物「正名」、「別類」，訂定共同遵守之則，為人民有所依循。故劉台拱在此非常強調熟習「禮樂」工夫，所謂「樂道好禮者，學問之工夫」意即在此。

清初康、雍、乾時，視「程朱之學」為科舉必修的內容，但可貴是在學術上，已漸有學者正視「理學」之缺失，主實事求是的「漢學」為治學內容；在思想上，對形上抽象之「理」，有所反省，宗「程朱之學」的朱澤澐、王懋竑、劉台拱等人，對此皆主「理」在「氣」中，「理氣」不分，實與「程朱理學」強調「理氣二分」不同；對「性」看法，亦偏向「性中有欲」之見，是以在此謂為「天理向情理的過渡者」。

第二節 「漢學為尊」的情理論者

一、段玉裁情理論探索

（一）學者傳略

段玉裁（1735～1815），字若膺，號茂堂、硯北居士、長塘湖居士、僑吳老人，江蘇金壇人。生於世宗雍正十三年，卒於仁宗嘉慶二十年，享年八十一歲。

二十六歲時（1760）中舉人後旋即赴京，讀顧炎武《音學五書》，頗受啟發，遂有志於音韻之學。乾隆二十六年（1761）會試不第，執教於景山官學。二年後師事戴震。乾隆三十二年（1767），治《詩經》，著《詩經韻譜》、《群經韻譜》（《六書音韻表》前身）。乾隆三十四年（1769），返京會試不第，隨東原赴山西，任教於壽陽書院。後轉徙任貴州玉屏，四川富順、南溪、巫山等地知縣。於四十五年辭官，赴南京訪錢曉徵於鍾山書院。五十四年（1789）八月，因避難赴北京，始與王石臞結交；是年冬，晤邵晉涵。翌年至湖廣總

督畢沅（1730～1797）幕，晤得章實齋，稱其史學能得本源。〔註48〕

　　乾隆五十七年（1792），段玉裁編《戴東原先生全集》。晚年隱居吳門，埋首著述。至嘉慶十二年（1803）完成鉅著《說文解字注》三十卷，晚歲親授外孫：龔定盦《說文》部目，許爲俊才。其著作除了《說文解字注》外，尚有《經韻樓集》十二卷，均收入《經韻樓叢書》中。〔註49〕

（二）段玉裁情理論

1. 理乃情之無憾

段玉裁釋「理」，在其《說文解字注》：「理，治玉也。」有云：

> 戰國策，鄭人謂玉之未理者爲璞，是理爲剖析也。……凡天下一事一物必推其情至於無憾而後即安，是之謂天理，是之謂善治。……古人之言天理何謂也？曰理也者，情之不爽失也。未有情不得而理得者也。天理云者，言乎自然之分理也；自然之分理，以我之情絜人之情，而無不得其平是也。〔註50〕

以此知段氏所謂的「理」，最初是指「玉之剖析」，進一步引伸至天下事物，必推「情」之無憾，俯仰無愧，此方謂之「天理」。亦其師戴震所主的「情之不爽失，謂之理」。〔註51〕天理──自然之分理也，在人事中，即是以我之情絜人之情，推己及人，將心比心，使人心悅誠服，而無不平之氣，此便是「理」也。此理在段玉裁心中，除了蘊涵「剖析」、「情之無憾」等意義外，尚有：「情實」之意。其〈戴東原集序〉云：

> 始玉裁聞先生之緒論矣，其言曰：「有義理之學，有文章之學，有考覈之學。義理者，文章、考覈之源也。孰乎義理而後能考覈、能文章。」玉裁竊以謂義理、文章，未有不由考覈而得者。自古聖人制作之大，皆精審乎天地民物之理，得其情實，綜其始終，舉其綱以

〔註48〕整理自劉盼遂先生：《段玉裁先生年譜》，（香港：崇文書局，1971 年），頁 22～23。

〔註49〕支偉成《清代樸學大師列傳》云：「先生兼擅詩文，有《經韻樓集》十二卷，亦頗雅贍。合前數種及《東原集》、《聲韻考》，匯刊爲《經韻樓叢書》。讀《說文解字注》別行」，（長沙：岳麓書社，1986 年），頁 163；清・國史館編《清史列傳》第 17 冊，68 卷，（北京：中華書局，1993 年），頁 5517～5518。

〔註50〕東漢・許慎著、清・段玉裁注《說文解字注》，（台北：天工書局，1992 年 11月），頁 15～16。

〔註51〕戴震：《孟子字義疏證》卷上，（湯志鈞先生點校，《戴震集》，上海：上海古籍出版社，1980 年），頁 273。

俟其目，興其利以防其弊，故能奠安萬世。……夫聖人之道在《六
經》。不於《六經》求之，則無以得聖人所求之義理，以行於家國天
下：……凡故訓、音聲、算數、天文、地理、制度、名物、人事之
善惡是非，以及陰陽氣化、道德性命，莫不究乎其實。……淺者乃
求先生一物一名、一字一句之間，惑矣。先生之言曰：「六書、九數
等事，如轎夫然，所以舁轎中人也。以六書、九數等事盡我，是猶
誤認轎夫爲轎中人也。」又嘗與玉裁書曰：「僕平生著述之大，以《孟
子字義疏證》爲第一，所以正人心也。」〔註52〕

段氏所謂的「理」，必經訓詁考據證實以得，此理方實有，謂之「情實」。不
論天地萬物，終究其實，此眞實之內涵即是理。此「理」換句話解釋，即是
上述「推情至無憾無悔無怨尤」，問心無愧，則是盡之「一天理」、「一善治」。

　　窮究眞實，便是尋得「眞理」，亦即「情實」也；應用在人倫中，便是指「情
至深處無怨尤」，方是「理」。所以其所謂「理」承襲師之見而來。〔註53〕然而
段玉裁所謂的「情」，據其《說文解字注》：「情，人之陰氣有欲者也。」解釋：

董仲舒曰：「情者，人之欲也。人欲之謂情，情非制度不節」。《禮記》
曰：「何謂人情？喜怒哀懼愛惡欲，七者不學而能。」《左傳》曰：「民
有好惡喜怒哀樂，生於六氣。」《孝經援神契》曰：「性生於陽以理
執，情生於陰以繫念。」〔註54〕

其「情」引據歷來諸多學者解釋，是一富有「情感」、「情緒」之意涵，和「情
實」之理的意義不同。

　　雖說段玉裁以注《說文》爲大家，鑽研文字訓詁考證之漢學，使學術走
向專業化，但段氏亦識得漢學弊端。在總結己生平學術時，謂其生平：

喜言訓詁考核，尋其枝葉，略其本根，老大無成，追悔已晚。〔註55〕

其晚年反以訓詁考核等爲明道枝葉，義理方爲明道根本，但晚年再追悔已晚。
最後不得不承認「以義理爲宗」，方是治學之正確方向。亦即發現到這訓詁文

〔註52〕段玉裁：《經韻樓集補編》卷上，（《段王學五種》，《原刻景印叢書集成續編》
　　　　第12冊，台北：藝文印書館，1970年），頁8。
〔註53〕戴震：〈與某書〉有云：「後儒不知情之至於纖微無憾，是謂理；而其所謂理
　　　　者，同於酷吏之所謂法。酷吏以法殺人，後儒以理殺人，浸浸乎舍法而論理，
　　　　死矣！更無可救矣！」同註51，頁188。
〔註54〕段玉裁：《說文解字注》，同註50，頁502。
〔註55〕段玉裁：〈博陵尹師所賜朱子小學恭跋〉，《經韻樓集》卷8，（收入《段玉裁遺
　　　　書》下，台北：大化書局，1977年），頁1011。

字、考證典章方式使學術趨於專業化，與儒家經世致用的理想背道而馳，在此段氏發現此理，但爲時已晚。所以就經世而言，實不可過崇漢學，而特抑宋學。陳壽祺引段玉裁與阮元的話說：

> 段君曰：今日大病，在棄洛、閩、關中之學，謂之庸腐，而立身苟簡，氣節敗，政事蕪，天下皆君子，而無眞君子。故專言漢學，不治宋學，乃眞人先世道之憂。而況所謂漢學者，如同畫餅乎。撫部（阮元）曰：近之言漢學者，知宋人虛妄之病，而于聖賢修身立行之大節，略而不談，以遂其不矜細行，乃害于其心其事。二公皆當世通儒，上紹許鄭。〔註56〕

據陳壽祺引段玉裁與阮元的話，可知二公於當時已發現：學術上一片沉迷於考證訓詁，不過是鑽研於故紙堆中，於國家、社會、百姓、現實生活無所助益，更遑論最初之初衷：欲通經以明道以濟世，學術至此，只是走進死胡同了。然段氏與阮氏發現已晚，欲挽狂瀾之既倒，實不及矣。綜觀此時學術發展，美國學者艾爾曼（Bebjarnin A. Elman）先生說得好，其云：

> 漢學因與以宋學爲基礎的正統儒學對立，至多處於科舉考試的邊緣位置，其支持者往往被排斥于朝廷之外，考據學發展的結果是儒學的專業化和職業化。漢學憑藉士紳階層提供的廣泛贊助，贏得並維持他們在江南學術共同體的位置，捍衛小學考證的特殊意義。〔註57〕

漢學本爲改變假道學之游談無根，倡求眞務實的治學學風，然一味訓詁文字、考證典章，也背離最初的經世濟民目的，而漢學及實證方法，亦未能如宋學般，廣泛影響科舉考試。〔註58〕這一群考據學家獨獨走向漢學專業化形勢，則變成是一種扭曲的學術專業化，無濟於世。

二、王念孫情理論探索

（一）學者傳略

王念孫（1744～1832），字懷祖，號石臞，高郵人。父王安國，官吏部尚

〔註56〕陳壽祺：〈孟氏八錄跋〉，《左海文集》卷8，（收入於《續修四庫全書·集部·別集類》第1496冊，上海：上海古籍出版社，2002年），頁158。

〔註57〕艾爾曼（Bebjarnin A.Elman）著、趙剛譯：《經學、政治和宗族——中華帝國晚期常州今文學派研究》，（南京：江蘇人民出版社，1998年），頁67。

〔註58〕郭院林先生：〈樸學——追求淳樸的學風與世風〉，《清代儀徵劉氏《左傳》家學研究》，（北京：中華書局，2008年），頁242。

書，學有經法，彊立不惑。〔註59〕念孫八歲能屬文，十歲讀十三經畢，旁涉史鑑，有「神童」之稱。〔註60〕乾隆四十年進士，改翰林院庶吉士，散館，授工部主事，後升郎中，遷御史，轉吏科給事中。〔註61〕

嘉慶四年，仁宗親政，疏陳剿教匪六事，首劾大學士和珅。是年，奉命巡淮安及濟寧漕，授直隸永河道。〔註62〕在任六年，因引黃利運異議，召入都，決其是非。念孫奏引黃入湖，不能不少淤，然暫行無害，詔從之。之後永定河水復溢，是以念孫自引罪休致。〔註63〕道光五年重宴鹿鳴，十二年卒，年八十有九。〔註64〕

念孫初從學於休寧戴氏東原，受聲音文字訓詁，其治經熟於漢學之門戶，手編詩三百篇九經楚辭之韻，分古音爲二十一部。官御時，始注釋《廣雅》，十年成書，名曰《廣雅疏證》三十二卷。其書就古音求古義，引申觸類，擴充於《爾雅》、《說文》，無所不達。然聲音文字部分之嚴，一絲不亂。學者比諸酈道元注《水經》，注優於經云。〔註65〕又當時惠棟、戴震所未及。嘗語子引之曰：「訓詁之旨，存乎聲音，字之聲同聲近者，經傳往往假借。學者以聲求義，破其假借之字而讀本字，則渙然冰釋。」〔註66〕

既罷官，以著述自娛，著有《讀書雜志》共八十二卷；於古義之晦，鈔之誤，寫校之妄改者，一一正之。又精於水利書，官工部時，著《導河議》上下篇，及奉旨纂《河源紀略》。

（二）王念孫情理論

晚近學者王國維先生論清代學術曾云：

> 國初之學大，乾嘉之學精，而道咸以來之學新。〔註67〕

〔註59〕見徐世昌編：《清儒學案》第4冊，卷100，〈石臞學案上〉，（北京：中國書店，1990年），頁1。
〔註60〕蔡冠洛先生編著：《清代七百名人傳》下冊，（北京：中國書店，1984年），頁1644。
〔註61〕同上注，頁1644。
〔註62〕同上注，頁1644。
〔註63〕同上注，頁1644。
〔註64〕同上注，頁1644。
〔註65〕同注59，頁1。
〔註66〕同注60，頁1645。
〔註67〕王國維先生：〈沈乙庵先生七十壽序〉，《觀堂集林》卷23，（收入於《王國維先生全集》（初編），台北：大通出版社，1976年），頁1163。

其以一「精」字概括清乾嘉學術風貌。蓋乾嘉之學,由博而精,專家絕學,並時而興。然惠棟、戴震之後,「最能體現一時學術風貌,且以精湛爲學而睥睨一代者,當屬高郵王念孫、王引之父子。」〔註68〕

據史載,知王念孫師從戴震,〔註69〕講求文字訓詁爲治學方法,奉「由文字以通乎語言,由語言以通乎古聖賢之心志。」〔註70〕爲圭臬,承襲顧炎武的「讀九經自考文始,考文自知音始。」〔註71〕之治學宗旨,欲以文字訓詁明經達道,如王念孫云:「訓詁聲音明而小學明,小學明而經學明。」〔註72〕其子——王引之亦主「聖賢經世之方,莫備於經」,以文字音訓「正天下之理,平天下之氣。」〔註73〕是以王氏父子於文字、音韻、訓詁、校勘方面,成就輝煌,其父子之《廣雅疏證》、《讀書雜志》、《經義述聞》、《經傳釋詞》,合稱「王氏四種」,博大精微,蔚爲乾嘉學術之代表作。〔註74〕

然可怪的是:其志在以文字訓詁等通經明道,經世致用,欲闡揚漢學家們共同堅持的明經主張。但觀其學術研究的表現,大多仍是以小學、校勘方面居多,而後人亦表彰或研究其小學、校勘等成果,於所謂義理思想方面,均不得見;其學術實踐上,似乎未致力於明經達道,難道他們忘了治學的初衷?誠如章學誠所謂:「以纂績補苴謂足盡天地之能事」或者「近日學者風氣,徵實太多,發揮太少。有如蠶食桑葉而不能抽絲。」〔註75〕然王念孫師從戴東原先生,戴先生的「達情遂欲」說,致力於「天理于人欲中見」理論,大

〔註68〕陳祖武先生、朱彤窗先生等著:《乾嘉學派研究》,(石家莊:河北人民出版社,2005 年),頁 410。

〔註69〕清國史館編:《清史列傳》卷 68,〈王念孫〉,(北京:中華書局,1988 年),頁 5534。

〔註70〕戴震:〈古經解鉤沉序〉,《戴震文集》卷 10,(收入於《戴東原先生全集》,台北:大化書局,1978 年),頁 1102。

〔註71〕顧炎武:〈答李子德書〉,《亭林文集》卷 4,(收入於《叢書彙編》第一編,台北:華文書局,1970 年),頁 188。

〔註72〕王念孫:〈段若膺說文解字讀序〉,《王石臞先生遺文》卷 2,(收入羅振玉輯印:《高郵王氏遺書》,南京:江蘇古籍出版社,2000 年),頁 133。

〔註73〕王引之:〈道光元年辛巳恩科浙江鄉試前序〉,《王文簡公文集》卷 3,(收入羅振玉輯印:《高郵王氏遺書》,南京:江蘇古籍出版社,2000 年),頁 203。

〔註74〕王俊義先生、黃愛平先生等著:《清代學術與文化》,(瀋陽:遼寧教育出版社,1993 年),頁 307。

〔註75〕章學誠:〈博約中〉,《文史通義・內篇》,(收入於葉瑛校注:《文史通義校注》上冊,台北:里仁書局,1984 年),頁 429;〈與汪龍莊書〉,《章氏遺書鈔本》卷 4,(台北:漢聲出版社,1973 年),頁 185。

肆批判宋學的「存天理，去人欲」之論，且視之爲「以理殺人」意見，這些
論述，難道都未影響其得意門生：王念孫嗎？此頗令人困惑。王念孫於《廣
雅疏證‧自序》云：

> 竊以訓詁之旨，本於聲音，故有聲同字異、聲近義同，雖或類聚群
> 分，實亦同條共貫。……故曰：本立而道生，知天下之至，而不可
> 亂也。此之不窹，則有字別爲音、音別爲義。或望文虛造而違古義；
> 或墨守成訓而少會通，易簡之理既失，而大道多歧矣。〔註76〕

知其以訓詁產生是奠立於經學的基礎上營造而來。所謂「本立而道生，知天
下之至，而不可亂也。」不可亂的本源在語言，亦即音聲，此亦是道之本；
所謂字別爲音，音別爲義。而古音分部是以經書的語言現象爲據，以此，實
事求是，近聖人之道也；亦其欲藉由語言現象之具體表現來表達聖賢之道。
或許其以爲古音訓詁等分析，可做到經學義理闡明的完成。相較於宋學理氣
二分，純粹在觀念上立論，若要以文獻實證時，便露出破綻；此則不會。濱
口富士雄先生說：

> 對於王念孫而言，他認爲這個聖人的意思，是在透過客觀的古音分
> 部二十一部之原理性而使之深入的經學意識中被領會，這作爲一種
> 先行理解而朝向個別的經文，藉由與其文章脈絡中所反映的經意產
> 生共鳴，而來面對經意、汲取經意。亦即「全──個」即是「文脈
> ──訓詁」之關係並非是形式理論上的對立，而是在一個訓詁中展
> 開「全」的聖人之志，在根據「個」所構成的文脈中，志被表現出
> 來的這個緊張循環，這被認爲是在獲得了以古音分部爲根底的經學
> 意識之後才使解釋成爲可能。〔註77〕

據濱口富士雄先生的闡述，知王念孫的訓詁是一解經式的訓詁，是爲經學領域
作營造的。爲具體得到眞實之理，故從書中的基本元素──語言文字理解。由
「個」別之文脈通「全經」大義。如此，理解過程，絕不會形成主觀的認定。
經由濱口富士雄闡述，知王念孫的訓詁學，並非是爲考據而考據者，只是王念
孫闡述經學中思想方式不同一般義理學家，王念孫以訓詁小學之精湛，實是作
爲經學上的實踐而來，所以濱口富士雄先生謂其：「訓詁成就皆是思想的活動」，

〔註76〕 王念孫：《廣雅疏證‧自序》，（南京：江蘇古籍出版社，2000年），頁1。
〔註77〕 濱口富士雄先生著、盧秀滿先生譯：〈王念孫訓詁之意義〉，（《中國文哲研究
　　　　通訊》第10卷第1期，2000年3月），頁127。

「若捨去思想的部分便脫離了王念孫訓詁的本質。」〔註78〕又學者指出：王氏父子治學的「通」，不在兼治百科的「通」，而在思想觀念上的「通」和匯納百科知識為其訓詁和校勘服務方面。他們父子二人平日治學，不迷信古人，不盲從時賢，不拘泥成說，不隘守門戶，求真求實，敢於創新。〔註79〕

個人遂將王氏父子所有諸作，一一披閱，發現於小學、校勘精湛，頗為後人稱述的「王氏四書」外，散見其書信、文章方面，仍有義理思想等蛛絲馬跡。在此，針對王念孫，就其訓詁、校勘成績尋其義理之思：

1. 情即誠字

王念孫曰：

> 今天下王公大人士君子中，情將欲為仁義，求為上士；上欲中聖王之道，下欲中國家百姓之利，故當尚同之說而不可不察。念孫按：情即誠字，言誠將欲為仁義，則尚同之說，不可不察也。〈尚賢篇〉曰：且今天下之王公大人士君子中，實將欲為仁義，實亦誠也。〈非攻篇〉曰：情不知其不義也。故書其言以遺後世，若知其不義也，夫奚說書其不義以遺後世哉！情不知，即誠不知。凡《墨子》書中誠情通用者，不可枚舉。又〈齊策〉：臣知誠不如徐公美，劉本誠作情；《呂氏春秋·具備篇》：三月嬰兒，慈母之愛諭焉，誠也；《淮南·繆稱篇》誠作情；《漢書·禮樂志》：正人足以副其誠，《漢紀》誠作情，此皆古書誠情通用之證。〔註80〕

念孫以訓詁方式證明古書中：「誠」與「情」二字通用。《墨子》諸篇，誠情相通，不勝枚舉。其他古書中，如《戰國策·齊策》、《呂氏春秋·具備篇》、《淮南·繆稱篇》、《漢書·禮樂志》等載，都可發現，情以誠解、誠以情解。

事實上，「情」在《論語》中，亦是指「誠實」與「實情」的意思講，與我們現在所理解的作為「感情」、「情感」、「情緒」的「情」是有距離的。〔註81〕葛瑞漢（Graham）先生對此亦強調：情在先秦文獻中是質實（essential）或情

〔註78〕同上注，頁 129。
〔註79〕董恩林先生：〈論王念孫父子的治學特點與影響〉，（《古籍整理研究學刊》第 3 期，2007 年 5 月），頁 73。
〔註80〕王念孫：〈情〉，《讀書雜志·墨子雜志》，（南京：江蘇古籍出版社，2000 年），頁 571。
〔註81〕陳昭瑛先生：〈「情」概念從孔孟到荀子的轉化〉，（收入氏著：《儒家美學與經典詮釋》，台北：臺大出版中心，2005 年），頁 44。

實（genuine）之義，作爲情感（passions）解的情到宋代以後才出現。〔註82〕知古時的「情」字作「情實」、「質實」之意解，所以王念孫用訓詁求此「情」意，是正確的。情，實也，信也，誠也。〔註83〕然我們所主的情、禮、敬等表現，事實上也就是儒家所謂「誠」的內涵；主體的眞實表現。〔註84〕

2. 仁與人通

王念孫曰：

> 體恭敬而心忠信，術禮義而情愛人，引之曰：人，讀爲仁。言其體則恭敬，其心則忠信，其術則禮義，其情則愛仁也。愛仁猶言仁愛，恭敬忠信禮義愛仁，皆兩字平列，……古字仁與人通，此人字即仁愛之仁，非節用而愛人之人。〔註85〕

事實上，於《禮記‧中庸》云：「仁者人也，親親爲大；義者宜也，尊賢爲大；親親之殺，尊賢之等，禮所生也。」〔註86〕知古時已將仁字之意，釋爲「人」也。以「人」爲「仁」的最基本涵義，發揮「以人爲本」的思想。鄭注：「人也，讀如相人偶之人，以人意相存問之言。」〔註87〕因古人耦耕而人相偶，是以有此「仁」也。由此「仁」字來看，知其「從二人」也，所以意爲「相人偶」，實無不可也，此後來阮元則有更進一步闡釋，即「仁」：乃你我親愛之辭。〔註88〕落實在群體中，實踐「親愛」、「慈愛」之「仁」意義。

　　在此王念孫以「術禮義而情愛人」中「人」字，解爲「仁」也，即運用「仁」之古義：「人」來闡述，所以此「術禮義而情愛人」即「其術則禮義，其情則愛仁也。」仁即人也；人亦仁也，無別。其是否亦在強調「仁」是「人」的核心

〔註82〕詳見張壽安先生：〈我欲立情教，教誨諸眾生——跨越時空論「達情」〉一文所引，收入於張壽安先生與熊秉眞先生合編《情欲明清——達情篇》，（台北：麥田出版社，2004年），頁20。

〔註83〕東漢‧許慎著、清‧段玉裁注：《說文解字注‧言部》：「誠，信也。從言成聲。」（台北：天工書局，1992年），頁92。

〔註84〕沈順福先生著：《儒家道德哲學研究》，（濟南：山東大學出版社，2005年），頁178。

〔註85〕王念孫：〈愛人〉，《讀書雜志‧荀子雜志》，（南京：江蘇古籍出版社，2000年），頁637～638。

〔註86〕鄭玄注、孔穎達疏：《禮記正義》，《十三經注疏本》（5）（台北：藝文印書館，1981年），頁887。

〔註87〕同上注，頁887。

〔註88〕阮元：〈孟子論仁論〉，《揅經室一集》卷9，（北京：中華書局，1993年），頁201。

價值，「身爲人」的「基本概念」、「基本品德」？《說文解字注・人部》亦云：「仁，親也。从人从二。」於「仁者」，孔子亦云：「愛人。」〔註89〕既然仁从人二，所以不離人群關係，「仁」必是在人與人之間發揮與展現的。所以「仁者」亦「人」也。而孔子則以「愛」爲「仁」的內在要求；「愛人」即是「仁者」的外在表現。強調是對於「人」的反思，人類精神應有的自覺，〔註90〕也是孔子心目中「人的最高道德品質。」〔註91〕此念孫以文字聲訓等方式證明：「仁者」：「人也」，仁與人通，實則蘊涵古時既有的哲理。

三、江藩情理論探索

（一）學者傳略

江藩（1761～1831），字子屏，號鄭堂，晚號節甫老人。江蘇甘泉人。生於清乾隆二十六年，卒於清道光十一年，享年七十一歲。

其父學佛有年，明於去來，嘗曰：「儒自爲儒，佛自爲佛。何必比而同之，學儒學佛，亦視其性情之所近而已。儒者談禪，略其跡而存其眞，斯可矣。必曰儒佛一本，亦高明之蔽也。」〔註92〕然江藩守庭訓，少讀儒書，亦不敢佞佛。

其少長吳門。於乾隆三十七年時，從薛相聞先生受句讀，論以涵養工夫。後又從汪愛廬先生游。於乾隆四十年，從余古農先生游，始知風、雅之恉。且始著《乙丙集》。四十一年，則受學於朱笥河先生。〔註93〕四十三年，余古農先生歿，江藩遍讀諸子百家，如涉大海，茫無涯涘。後江艮庭先生教之讀七經、三史及許氏《說文》，並從艮庭受惠氏《易》。〔註94〕於四十五年，其弱冠時，與汪中交，並以梅氏書贈之，先生自以知志位布策，皆容甫所教也。〔註95〕後又與阮文達友善。於四十九年，在揚州，汪中介紹凌廷堪與之結交，

〔註89〕 朱熹：《論語章句集註・顏淵篇》：「樊遲問仁，子曰：『愛人』」，（朱熹：《四書章句集註》，台北：大安出版社，1991年），頁139。

〔註90〕 舒大剛先生、彭華先生著：《忠恕與禮讓——儒家的和諧世界》，（成都：四川大學出版社，2008年），頁79。

〔註91〕 馮友蘭先生：《中國哲學史新編》第1冊，（北京：人民出版社，1982年），頁153。

〔註92〕 閔爾昌編：《江子屏先生年譜》，收入於漆永祥先生整理《江藩集》附錄，（上海：上海古籍出版社，2006年），頁372。

〔註93〕 同上注，頁372～374。

〔註94〕 同上注，頁374。

〔註95〕 同上注，頁375。

次仲爲之作〈周易述補序〉。惠棟著《周易》未竟而卒，闕的部分，則由江藩補之。於乾隆五十年時，頻遭喪荒，以所聚書易米，書倉一空，作〈書窩圖〉以寓感。至五十一年，歲大饑，日日作詩讀之，完成《乙丙集》。五十二年，客遊江西，在謝蘊山處，交胡雒君。冬，在揚州，與葉英，訪焦理堂先生。與里堂皆以淹博經史，爲藝苑所推，時有「二堂」之目。之後，又稱「江、焦、黃、李」。（謂黃承吉、李鍾泗也。）於六十年時，與徐心仲親善，講習經史。心仲著《論語疏證》，先生爲之序。〔註96〕

嘉慶四年，從王昶先生游垂三十年，論學談藝，多蒙鑑許。十五年，著〈節甫字說〉、〈詞源跋〉等文。嘉慶十六年，著有《漢學師承記》，一本漢學之書，仿唐陸德明《經典釋文》之例，作《經師經義目錄》一卷，附於記後。十七年，汪孟慈爲之作〈國朝漢學師承記跋〉。十八年，受阮元之聘，授講於山陽麗正書院，以布衣爲諸生師。〔註97〕二十三年時，阮元延請先生纂輯《皇清經解》等書，是年，阮元爲之作〈國朝漢學師承記序〉。

道光二年，長白達三爲之作〈國朝宋學淵源記序〉。道光五年，退息里門，窮老益甚。〔註98〕道光九年，其姪順銘等請於先生，將所刻書板修補而彙萃之，曰《節甫老人雜著》。道光十一年辛卯，七十一歲卒。〔註99〕

計江藩所著書有：《周易述補》五卷、《國朝漢學師承記》八卷、《經師經義目錄》一卷、《國朝宋學淵源記》二卷附記一卷、《隸經文》四卷、《續隸經文》一卷、《樂縣考》二卷、《炳燭室雜文》一卷、《禮堂通義》、《乙丙集》、《伴月樓詩鈔》等書。〔註100〕

（二）江藩情理論

我們知道，嘉慶年間，江藩撰《國朝漢學師承記》後，則有方東樹的《漢學商兌》與之抗衡，於當時而有所謂「漢宋之爭」。然江藩《國朝漢學師承記》雖宗漢抑宋，但繼之又撰有《國朝宋學淵源記》，時人長白達三先生作〈序〉表明無所謂「門戶之見」。〔註101〕然朱維錚先生以爲他在「瞎捧」。〔註102〕不論

〔註96〕同上注，頁375～380。
〔註97〕同上注，頁381～384。
〔註98〕同上注，頁388。
〔註99〕同上注，頁388～389。
〔註100〕同上注，頁390～391。
〔註101〕長白達三撰：《國朝宋學淵源記·序》云：「詳閱其書，無分門別戶之見，無好名爭勝之心」，收入江藩、方東樹著，徐洪興先生編校：《漢學師承記》（外

江藩治學立場是如何，有無崇漢絀宋？有無門戶之見？但觀江氏其他著作，如：《隸經文》、《炳燭室雜文》等書，卻有「聖人緣情制禮」之說，〔註103〕相關「情」、「性」、「禮」之論述亦不勝枚舉；〔註104〕學者指出：其緣情制禮論，與戴東原「達情遂欲」說契合。如此而論，江藩並非是無思想之人，其義理之論或許是認同戴震的理學批判思想。〔註105〕

朱維錚先生云：

> 乾嘉間揚州學派的佼佼者。但追溯他們的學術傳承，多半非戴震即惠棟。再深究呢？卻又發現他們雖然個人風格差異很大，有的謹慎，有的狂放，有的專精，有的求通，有的宣志在復古，有的不諱愛好西學，但不論是行跡怪誕的汪中，居鄉橫暴的焦循，曾爲傭褓的凌曙，致身公卿的二王，以及餘人，在學術上都有不同程度的非宋非漢趨向。〔註106〕

二種），（香港：三聯書店，1998年），頁185。

〔註102〕 朱維錚先生云：「達三先生序後書，則簡直在瞎捧，表明他或他的捉刀人，似乎從未讀過前書，也似乎沒有看懂後書。」同上注，《漢學師承記‧導讀》（外二種），頁1～2。

〔註103〕 如江藩：〈姜嫄廟論〉云：「考之禮，婦人無廟，何以周、魯皆有姜嫄廟邪？此周之變禮也……姜嫄，人鬼也。而周人以神道祀之，故又謂之『神宮……聖人緣情制禮，名之以『神宮』，別於祖廟，配以郊禘，雖曰變禮，洵天之經，地之義也。」《隸經文》卷2，（收入清‧江藩著、漆永祥先生整理：《江藩集》，上海：上海古籍出版社，2006年），頁27。

〔註104〕 江藩：〈畏厭溺殤服辨〉：「先王制禮，焉有爲違禮者又制禮服之事哉？」《隸經文》卷2；〈原名〉云：「生之所以然者謂之性，散名之在人者也。凡民雖有恆性，然民者瞑也。……古聖王起而率其所以然之性，而教養之，名之曰禮。」《隸經文》卷4；〈徐心仲論語疏證序〉：「至於有宋一代，竊漢儒仁義禮智之緒餘，創爲道學性理之空談，其去經旨彌遠。」《隸經文》卷4；〈書阮尚書性命古訓後〉云：「聖人恐陰之疑於陽也，制禮樂以節之。……後人不求之節性復禮，而求之空有，……是不知此義在彼法中已爲下乘」《隸經文》卷4；〈與阮侍郎書〉：「揆之情禮，斯爲得矣」，《炳燭室雜文》，一一見漆永祥先生整理《江藩集》，頁19、66、71、74、105。

〔註105〕 王應憲先生：〈論《漢學師承記》的尊戴思想〉亦云：「在《師承記》中，圍繞著《孟子字義疏證》所展開的一系列論述，尤其反映著江藩的"尊戴"思想」，（《淮北煤炭師範學院學報》（哲學社會科學版）第27卷第5期，2006年10月），頁2。

〔註106〕 朱維錚先生：〈漢學與反漢學——江藩的《漢學師承記》、《宋學淵源記》和方東樹的《漢學商兌》〉，（朱維錚先生：《中國經學史十講》，上海：復旦大學出版社，2002年），頁130。

不能否認，揚州學者受到惠棟、戴震影響頗多，因他們或者有著師徒關係、或者是學友關係，或者是親戚關係，或者是私塾關係，所以治學路數走著是小學以治經，實事求是，通經致用，均是惠、戴治學之路；不過，揚州學者治經亦有其特色，如通、如博均是異於惠、戴治學特色；而江藩，「早年從余蕭客、江聲學，受惠氏《易》」，〔註107〕所以其治學路數不可否認是：通過名物訓詁考證以達事實真相，依經立說。言必有據，是典型的經學古文學家的治學路徑。〔註108〕

據江藩的《國朝漢學師承記》卷一云：

> 漢興，乃出。……自茲以後，專門之學興，鄭氏之儒起，六經五典，各信師承，嗣守章句，期乎勿失。……元、明之際，以制義取士，古學幾絕，而有明三百年，……以講章為經學，以類書為博聞，……然皆滯於所習，以求富貴，此所以儒罕通人，學多鄙俗也……至高宗純皇帝御極六十年，久道化成……於《易》則不涉虛渺之說與術數之學，觀象則取互體，以發明古義。於《詩》則依據毛、鄭，溯孔門授受之淵源。事必有徵，義必有本，臆說武斷，概不取焉。……於是鼓篋之士、負笈之徒，皆知崇尚實學，不務空言，游心六藝之囿，馳騁仁義之塗矣。〔註109〕

再觀其對宋學看法是：

> 宋初，承唐之弊，而邪說詭言，亂經非聖，殆有甚焉。如歐陽脩之

〔註107〕趙航先生著：《揚州學派概論》，（揚州：廣陵書社，2003年），頁90。

〔註108〕王應憲先生〈江藩論今文經學〉云：「對今文一派這一論斷，江藩斥之"太謬不言"、"無稽之談"，認為"其言不可信"。……值得注意的是，對《公羊傳》的引述，江藩的關注目光仍停留在名物訓詁上。《隸經文》所收錄的〈公羊迎親解〉、〈化我解〉、〈實石解〉、〈肤寸說〉諸文均為考究古代湮晦事跡及禮儀制度的文字」，（《華夏文化》2006年4月），頁58。見其不主今文經學，重視古文經學；又高明峰先生〈江藩《國朝漢學師承記》、《國朝宋學淵源記》述論〉亦云：「當《國朝漢學師承記》撰成之後，龔自珍在肯定的同時，對其"漢學"之名提出了批評，並建議改為"經學"，以免激化漢宋之爭，江藩也不予采納，仍堅持以漢學名之，這與其強烈的表彰欲望當不無關係」，（《求索》2005年2月），頁175。知其宗漢學，即使為避免漢宋之爭，江藩亦堅持以漢學名之。劉建臻先生《清代揚州學派經學研究》亦云江藩之著作：「分別受到任大椿、阮元和凌廷堪的影響，表現為通識和專論：在學術宗旨上，……江藩更留意于現實社會。」（南京：揚州大學中國古代文學博論，2003年5月），頁97。

〔註109〕江藩：《國朝漢學師承記》卷1，（清·江藩纂、漆永祥先生箋釋《漢學師承記箋釋》（上），上海：上海古籍出版社，2006年），頁3～25。

《詩》，孫明復之《春秋》，王安石之《新義》是已。至於濂、洛、關、閩之學，不究禮樂之源，獨標性命之旨。義疏諸書，束置高閣，視如糟粕……。蓋率履則有餘，考鏡則不足也。〔註110〕

以見江藩對漢儒經說是信守勿失，堅持不貳，且以爲獨此方是走上仁義之途；但對宋，歐陽脩的《詩》、孫明復的《春秋》、王安石的《新義》，則視爲「邪說詭言，亂經非聖」；對宋儒之學亦是以「率履則有餘，考鏡則不足」加以批判。如此以觀，我們是否可以肯定說，江藩之治學宗旨始終是主漢學，否認宋學的？〔註111〕但是爲何他又針對宋學流弊而著有《國朝宋學淵源記》？據其《國朝宋學淵源記》卷上載：

漢興，儒生……傳遺經於既絕之後，厥功偉哉！東京高密鄭君集其大成，肆故訓，究禮樂。以故訓通聖人之言，而正心誠意之學自明矣；以禮樂爲教化之本，而修齊治平之道自成矣。爰及趙宋、周、程、張、朱所讀之書，先儒之義疏也。讀義疏之書，始能闡性命之理，苟非漢儒傳經，則聖經賢傳久墜於地，宋儒何能高談性命耶？後人攻擊康成，不遺餘力，豈非數典而忘其祖歟？……然而爲宋學者，不第攻漢儒而已，抑且同室操戈矣。爲朱子之學者攻陸子，爲陸子之學者攻朱子。……竊謂朱子主敬……；陸子主靜……；姚江良知，《孟子》「良知」「良能」也。其末節雖異，其本則同，要皆聖人之徒也。陸子一傳爲慈湖楊氏，其言頗雜禪理，於是學者乘隙攻之，遂集矢於象山。詎知朱子之言又何嘗不近於禪耶？蓋析理至微，其言必至涉於虛而無涯涘，斯乃「賢者過之」之病，中庸之所以爲難能也。儒生讀聖人書，期於明道，明道在於修身，無他，身體力行而已，豈徒以口舌爭哉？……近今漢學昌明，遍於寰宇，有一知

〔註110〕同上注，江藩：《國朝漢學師承記》卷1，頁12。

〔註111〕尚小明先生：〈門戶之爭，還是漢宋兼采──析方東樹《漢學商兌》之立意〉云：「江藩撰《漢學師承記》有著極深的門戶之見。……僅從他對顧炎武、黃宗羲兩人學術的評價，就可以看得很清楚了。……江藩有門戶之見，不難理解。……學界風氣已有變化，漢宋兼采的苗頭正在出現。江藩刊刻此書，表明他的門戶之見並沒有絲毫的改變。」（《雲南大學人文社會科學學報》第27卷第1期，2001年1月），頁139。又漆永祥先生：《江藩與《漢學師承記》研究》亦云：「江藩編纂《漢學師承記》的目的，就是爲了彰顯漢學，打擊宋學，以確立漢學的學術統系與地位。」（上海：上海古籍出版社，2006年），頁270。

半解者，無不痛詆宋學。然本朝爲漢學者，始於元和惠氏，紅豆山
房半農人手書楹帖云：『六經尊服、鄭；百行法程、朱』，不以爲非，
且以爲法，爲漢學者背其師承，何哉？藩爲是記，實本師說。……
甚懼斯道之將墜，恥躬行之不逮也。惟願學者求其放心，反躬律己，
庶幾可與爲善矣。至於孰異孰同，概置之弗議弗論焉。〔註112〕

由此可以清楚看出江藩仍未脫尊漢抑宋窠臼，其著書欲爲調停漢宋，但對宋
學，仍多貶抑。所謂：「其心目中的宋學仍離不開漢學的」，〔註113〕不然，豈
有「苟非漢儒傳經」，「宋儒何能高談性命耶」之說？以漢儒之學爲依據，而
後始闡有性命之理；後人攻擊鄭玄云云，乃視爲「數典忘祖」之爲！這是其
一；於宋學，亦彼此互相攻擊，於口舌爭論，不過均是談禪也，這是其二，
可看出其對宋學不滿所在；其三，江藩之所以著此書，乃在從其師說——惠
棟之言：「六經尊服、鄭；百行法程、朱」，亦強調「實行」之要。所謂「明
道在於修身，無他，身體力行而已。」於漢學家鑽研考據，不尚身體力行，
亦表不滿，所以其著《國朝宋學淵源記》目的，不在爲宋學高唱性命之理，
相反的，表明治學態度，在實行、實踐、力行，亦本漢學師說而來。所以此
書旨在表彰修身明道實踐者，並非專爲宋學立言表態。不過是：倡以知行合
一，方爲大儒。對於宋學的立身制行之長，是予以肯定的，然於宋儒性命之
學，則予否定。所以伍崇曜先生爲其《國朝宋學淵源記》作〈跋〉亦云：「鄭
堂專宗漢學，而是書記宋學淵源，臚列諸人，多非其所心折者，固不無蹠瑕
抵隙之意。」〔註114〕且有學者亦指出：其是以漢學家立場爲宋學家立傳的。
〔註115〕

　　由上述可知，江藩之思想根本不是漢宋兼采，不然，後來龔自珍勸其將
《國朝漢學師承記》之「漢學」改爲「經學」，以避漢宋之爭，其爲何不改，
仍堅持一己的《國朝漢學師承記》，這是否表明其宗主漢學之立場是不動搖
的？〔註116〕然其思想，尊其師惠氏之說，亦不乏有東原所主的「緣情制禮」

〔註112〕江藩：《國朝宋學淵源記》，收入江藩、方東樹著，徐洪興先生編校：《漢學師
　　　　承記》（外二種），同注101，頁186～187。
〔註113〕李帆先生：〈論清代嘉道之際的漢宋之爭與漢宋兼采〉，（《求是學刊》第33
　　　　卷第5期，2006年9月），頁126。
〔註114〕伍崇曜：《國朝宋學淵源記·跋》，收入江藩、方東樹著，徐洪興編校《漢學
　　　　師承記》外二種，頁231。
〔註115〕李帆先生：〈論清代嘉道之際的漢宋之爭與漢宋兼采〉，同注113，頁126。
〔註116〕在其《國朝漢學師承記》中，可以看出其收錄標準，是依漢人之說研治名物

義理在，個人以爲錢穆先生說得好，其思想應是「惠、戴兼采」之思。〔註117〕
在此，從其著作等作一論析：

1. 生之所以然者謂之性

江藩云：

> 名，命也。天以四德，與人名之曰性，生之所以然者謂之性，散名
> 之在人者也。凡民雖有恆性，然民者瞑也。瞑之言冥也。……古聖
> 王起而率其所以然之性，而教養之，名之曰禮。……設庠序使之絃
> 誦，名之曰學宮，則明倫矣。覺民之瞑，而天下後世治。〔註118〕

江藩以「生之所以然者，謂之性」，知其同告子所謂「生之謂性。」，〔註119〕
亦如焦循、阮元承襲戴震之說，以「血氣心知」爲「性」也。此性非宋儒的
先天道德性，而是形下氣化之實體實性。正因是生生不息、血氣心知之性，
故有飲食男女之欲，所謂「食色性也」；因此「性」昏暗迷茫不覺，縱之，則
肆無忌憚，故有聖人制禮以教養之，以啓發其自覺能力，以明瞭人倫之理也。

2. 節性復禮

據江藩以性乃生之謂性，是以其主「節性復禮」，以禮之實治人之性；其

制度、小學訓詁者爲主，而對於開清代風氣之先的黃宗羲、顧炎武，則屛之
不錄，且其云：「兩家之學，皆深入宋儒之學，但以漢學爲不可廢耳，多騎牆
之見，依違之言，豈眞知灼見者哉？」按：是否黃、顧主漢宋兼采，不專宗
漢學，所以不取之作乾嘉漢學之先導？又是否其以此表明獨尊漢學之意圖是
非常堅定的？見江藩、方東樹著，徐洪興先生編校：《漢學師承記》（外二種），
同注101，頁158。

〔註117〕錢穆先生云：「江藩《國朝漢學師承記》〈洪榜傳〉稱榜爲『衛道之儒』，又全
錄其與朱笥河發明東原論學一書，可證其時不徒東原極推惠，而爲惠學者亦
尊戴，吳、皖非分幟也。」見其《中國近三百年學術史》，（台北：臺灣商務
印書館，1996年），頁354。這方面，亦有清・李斗《揚州畫舫錄》論曰：「江
藩字子屛，號鄭堂。幼受業於蘇州余仲林，遂爲惠氏之學。又參以江慎修、
戴東原二家。」（清李斗撰、汪北平先生、涂雨公先生等點校：《揚州畫舫錄》
卷9，北京：中華書局，1997年），頁194。又高明峰先生〈江藩《國朝漢學
師承記》、《國朝宋學淵源記》述論〉亦云：「他師承吳派余蕭客、江聲，得惠
氏之學；又與王念孫、阮元等交游，得聞皖派之說；而作爲"揚州學派"的重
要成員，與揚州學人如汪中、焦循等交往密切，于揚州一派的學說更是瞭如
指掌。」（《求索》2005年2月），頁175。

〔註118〕江藩：〈原名〉，《隸經文》卷4，收入漆永祥先生整理《江藩集》，（上海：上
海古籍出版社，2006年），頁66。

〔註119〕朱熹：《孟子章句集注》，（朱熹著《四書章句集註》，台北：大安出版社，1991
年），頁326。

云：

> 宋儒所謂性命之學，自謂直接孔孟心原，然所謂因其所發而遂明之
> 以復其初，實本李翱《復性書》，以虛無爲指歸，乃佛氏之圓覺，不
> 援墨而自入于墨矣。其謂反求之六經者，不式古訓，獨騁知識，亦
> 我用我法而已，與陸子靜「六經皆我注腳」之言何以異乎？蓋性以
> 有五：木神則仁，金神則義，火神則禮，水神則信，土神則知，陽
> 之施也。情有六：喜在西方，怒在東方，好在北方，惡在南方，哀
> 在下，樂在上，陰之化也。聖人恐陰之疑于陽也，制禮以節之。《召
> 誥》曰：「節性」。《中庸》曰：「喜怒哀樂之未發，謂之中；發而中
> 節，謂之和。」是已。……後人不求之節性復禮，而求之空有，云
> 復其性，復其初，即法秀「時時勤拂拭，免使受塵埃。」偈語之義。
> 是不知此義在彼法中已爲下乘，今竊其說而津津乎有味言之，豈不
> 謬哉？〔註120〕

此乃江藩見阮元〈性命古訓〉之後，而寫下其見解。其以性配陰陽五行，依
金、木、水、火、土之性，而有義、仁、信、禮、知之德性。亦以許慎《說
文解字》：「性，人之陽氣性善者也；情，人之陰氣有欲者也。」〔註121〕以性
乃陽氣所生，情乃陰氣所化，而情即所謂「喜、怒、哀、樂、好、惡」而言
（含欲），分佈於東、西、南、北四方與上、下之間，聖人畏情欲之勝德性之
理，懼陰化於陽，而陽氣不免爲之所動，故有制禮節性之論。

　　然宋儒所謂性命之學，以虛無爲指歸，似佛教「圓覺」之說，求之空有，
而云復其性，此乃釋氏之論，江藩以爲此義屬下乘矣。蓋江藩仍以性爲血氣
之性，是人之生存之性，非虛空之性理，故性有情欲，贊同阮元之說，主復
禮節性，方是！又其〈與阮侍郎書〉亦云：

> 見示所著〈墓表〉，敬讀再三，句無可削，字不得減。……古人居喪
> 不文，所以行狀與述，或求之達官長者，或乞之門生故吏，無子狀
> 父者，有之自唐人始。……迄今末俗相沿，古風難返，若不自爲行
> 狀，則必羣起而非之，飲狂井之水，以不狂爲狂，良可慨也。然行

〔註120〕江藩：〈書阮尚書性命古訓後〉，《隸經文》卷4，收入於漆永祥先生整理《江
　　　　藩集》，頁73～74。
〔註121〕東漢・許慎著、清・段玉裁注：《說文解字注》，（台北：天工書局，1992 年），
　　　　頁 502。

狀，分送弔者而已，未必能傳之久遠；若墓表，則勒之貞珉，以垂
不朽，豈可事不師古耶？……藩以爲墓表，不可建於下壙之時，當
立於禮祭之後，既不悖「唯而不對」之經，又得盡發於言語之哀，
揆之情理，斯爲得矣。〔註122〕

又：

以故訓通聖人之言，而正心誠意之學自明矣，以禮樂爲教化之本，
而修齊治平之道自成矣。〔註123〕

前者，以墓表可行，行狀不可行。然作墓表亦須依古禮以行之，不可師心自
用也。且墓表當立於祭祀之後，而非立於入土之時，以揆之情理，方爲得矣。
然行狀之不可行，其〈行狀說〉亦有云：「且生不能養，喪不盡禮，欲以虛文
表揚其親以爲孝。不得請諡而爲狀，干踰禮之典，僞妄繆作，又陷其親於不
義。其罪加於不孝一等矣。」〔註124〕強調是父母生前之孝行，而非事後之揄
揚。所以江藩對人死後，要寫所謂〈行狀〉，來記述、歌頌死者一番事跡，深
表不以爲然。其指出：子爲父狀，多是「虛假掩飾」之言，爲了歌頌自己祖
上之美德，誇大其辭，或者，以非爲是，以黑爲白，這樣做的結果，必是「明
以鑠亂清史，幽以欺漫鬼神。」〔註125〕又近時風氣尚此，此乃古人所不從者，
然今若不爲死者寫行狀，必遭世人所罵，亦如：在大家均飲狂水，陷於瘋狂
時，則會以「不狂者爲狂也。」此乃積非成是時，要改正則怨聲不止矣。趙
航先生闡釋：此從孝道而言，他們對祖輩，「生不能養，喪不盡禮」，於死後
才大肆表揚，似乎是爲祖上貼金，實際是在抹黑，這在不孝的基礎上，徒又
增加"不義"的罪名。因此，以虛辭飾美的"行狀"，對其親來說有百害而
無一利。這種針砭在當時具有振聾發聵之力，令人耳目一新。〔註126〕

後者，其以爲必須以文字訓詁通群經之理，亦通聖人之言，則誠意正心
之學，自可明矣。可以看出其秉持漢儒治學宗旨，強調修養功夫，亦如爲學
之功，必須實事求是，有一分證據說一分話者，依實事實情實行，絕不是宋

〔註122〕江藩：〈與阮侍郎書〉，《炳燭室雜文》，收入於漆永祥先生整理《江藩集》，頁
104～105。
〔註123〕江藩：《國朝宋學淵源記》卷上，收入江藩、方東樹著，徐洪興先生編校：《漢
學師承記》（外二種），（香港：三聯書店，1998年），頁186。
〔註124〕江藩：〈行狀說〉，《炳燭室雜文》，收入於漆永祥先生整理《江藩集》，頁103
～104。
〔註125〕趙航先生：《揚州學派概論》，（揚州：廣陵書社，2003年），頁94。
〔註126〕同上注，頁94～95。

儒之「天理，是自家體貼出來的」〔註127〕主觀臆斷的內在道德虛空之理。且強調「以禮樂爲教化之本」，則修齊治平之道，皆可自學而成。

3. 聖人緣情制禮

江藩云：

> 考之《禮》，婦人無廟，何以周、魯皆有姜嫄廟邪？此周之變禮也。姜嫄爲出妻，后稷爲棄子。……蓋稷處人倫之變，禮文亦不得不變矣。……因姜嫄祈於郊禖而生子，遂以人鬼配天神，祭郊禖之日以姜嫄配焉，故孟仲子謂之神宮。姜嫄，人鬼也，而周人以神道祀之，故又謂之「神宮」。……聖人緣情制禮，名之「神宮」，別於祖廟，配以郊禖，同於郊禘，雖曰變禮，洵天之經，地之義也。〔註128〕

以《禮》所載，自古以來，婦人無廟以祀；然先秦周、魯之時，卻有姜嫄廟祀。江藩以爲這是禮之權變也。禮非永亙不變的，而是依時依地隨時可變，如姜嫄廟便是一例。蓋「姜嫄祈於郊禖而生子」一事，在今看來，雖是神話，但此亦非今人所能爲，故視爲人鬼也，故以天神配之，所以有「神宮」以祭祀。此亦是聖人緣情制禮而來，名之「神宮」，亦別於祖廟，雖是變禮，但合乎天經地義也。

4. 明道在修身，無他，身體力行而已

江藩《國朝宋學淵源記》卷上載：

> 蓋析理至微，其言必至涉於虛而無涯涘，斯乃「賢者過之」之病，中庸之所以爲難能也。儒生讀聖人書，期於明道，明道在於修身，無他，身體力行而已，豈徒以口舌爭哉？……近今漢學昌明，遍於寰宇，有一知半解者，無不痛詆宋學。然本朝爲漢學者，始於元和惠氏，紅豆山房半農人手書楹帖云：『六經尊服、鄭；百行法程、朱』，不以爲非，且以爲法，爲漢學者背其師承，何哉？藩爲是記，實本師說。……甚懼斯道之將墜，恥躬行之不逮也。惟願學者求其放心，反躬律己，庶幾可與爲善矣。至於孰異孰同，概置之弗議弗論焉。〔註129〕

〔註127〕程顥：《二程遺書》卷2上，（上海：上海古籍出版社，2000年），頁83。

〔註128〕江藩：《隸經文》卷2，收入漆永祥先生整理《江藩集》，頁27。

〔註129〕江藩：《國朝宋學淵源記》，收入江藩、方東樹著，徐洪興先生編校：《漢學師承記》（外二種），頁186～187。

主張即使如宋儒講求「明道」，亦須「力行」達成。所以其以爲「明道在於修身，無他，身體力行而已」。不在「口舌之爭辯」。最好是訓詁通經，明道致用，並配以力行修身，反躬律己，確實實踐，則止於至善也。徒口舌之論，無益於事矣。

又：

> 近日士大夫，藏書以多爲貴，不論坊刻惡抄，皆束以金繩，管以玉軸，終身不寓目焉。夫欲讀書，所以蓄書，蓄而不讀，雖珍若驪珠，何異空談龍肉哉？……乾隆乙巳、丙子間，頻遭喪荒，以之易米，書倉一空，自我得之，自我失之，夫復何恨？〔註130〕

以見蓄書是爲了讀書，並非擺在櫃中，給人家看的；蓄而不讀，是附庸風雅，不切實際，倘若聚書而不讀書，還不如拿去「易米」充飢，來得實惠。可看出其實學主張亦用在此，蓄書就要讀書，方是身體力行，對當時那些徒好虛榮，藏書富而讀之甚尠之輩，予以諷刺與輕蔑。

四、黃承吉情理論探索

（一）學者傳略

黃承吉（1771～1842），字謙牧，號春谷，生於清乾隆三十六年，卒於道光二十二年，享年 72 歲。

承吉乃歙縣黃生之族孫，寄籍於江都。與揚州之江藩、焦循、阮元、王引之友善，相互切磋問學。尤與焦循過從甚密，在治學方法上，亦相互影響。〔註131〕然其治學成就乃淵源於家學，其〈字詁義府合按後序〉云：

> 憶承吉幼時，側聞先大夫晨夕企溯公學業之頤，品誼之醇，確乎堅貞，爲古逸民通人之儔輩。每嘆書多失傳，勖令承吉異日必當訪求遺帙，計垂久遠，以爲吾家之光。〔註132〕

所謂公乃黃承吉的族祖，亦是專研訓詁有成的黃生。黃生二書：《字詁》、《義府》後由承吉抄錄、校讎、並綴按語以申公意。至道光十九年，承吉六十九

〔註130〕江藩：〈石研齋書目序〉，《炳燭室雜文》，收入於漆永祥先生整理《江藩集》，頁 109。

〔註131〕清國史館編：《清史列傳》第 18 冊、卷 69，（北京：中華書局，1993 年），頁 5611。

〔註132〕黃承吉：〈字詁義府合按後序〉，《夢陔堂文集》，（收入於馬小梅先生主編：《國學集要初編十種》，台北：文海出版社，1967 年），頁 136。

歲，以古稀之年，親自過錄，凡十餘萬言，並請校勘學家劉文淇校正脫誤。至道光二十二年，是書告竣，承吉亦謝世。

其著作傳世有：《文說》、《經說》、《讀周官記》、《續毛詩記》、《夢陔堂文集》《夢陔堂詩集》、《字詁義府合按》等書。學者指出：其著作尤以"說字"方面，最為突出，既包括了他關於文字學方面的理論造詣，也反映了他運用科學方法所作出的結論及所達到的學術高度。〔註133〕

（二）黃承吉情理論

據趙航先生的《揚州學派概論》指出：「比較集中地研究字義源流的，在"揚州學派"中當首推黃承吉。」〔註134〕在學術界，大體均視黃承吉為語言文字學研究有成的學者。尤其黃承吉的〈字義起于右旁之聲說〉，學者以為是：繼王聖美"右文說"而起，乃"近一百多年來研究聲義之學的不祧之祖。"〔註135〕楊樹達先生亦以為：

> 自清儒王懷祖、郝蘭皋諸人盛倡聲近則義近之說，于是近世黃承吉、劉師培先後發揮形聲字義實寓于聲，其說亦既圓滿不漏矣。蓋文字根于言語，言語托于聲音，言語在文字之先，文字第是語言之徽號。以我國文字言之，形聲字居中國文字數十分之九，謂形聲字義但寓於形而不在聲，是直謂中國文字離語言而獨立也，其理論之不可通，固灼灼明矣。〔註136〕

蓋黃承吉於語言文字學上，提出了明確的聲義關係，字義寓于聲音，字之義

〔註133〕趙航先生：《揚州學派概論》，（揚州：廣陵書社，2003年），頁204。

〔註134〕趙航先生：《揚州學派概論》亦云：「黃承吉，……他是歙縣黃生的族孫，……黃承吉的治學成就，首先應該歸于家學淵源。……訓詁尤有專長的黃承吉的族祖黃生，……他著的《字詁》、《義府》二書，當時學者雖未之見，然黃生之名卻膾炙人口，家弦戶誦。至於黃生的《字詁》、《義府》得以傳世，則又得力於戴震。……並列之于《四庫全書》。……章太炎先生則認為"其言精確，或出近世諸師之上。唯小學，亦自黃氏發之。"這些精神均為黃承吉所承繼了。……承吉于己亥春，就文宗閣鈔出二書，荏苒三載。近以重為讎校，遂於下間綴按語，申明公意，藉稱〈合按〉，免使二書相離。"……從繼承家學來說，"以體先大夫葛藟本根之志；從光輝學術來說，以副同學者先睹為快之心，"黃承吉確實是完成了一件既垂家乘且益儒林的大事」，（揚州：廣陵書社，2003年），頁202～203。

〔註135〕趙航先生：《揚州學派概論》，同上注，頁204。

〔註136〕楊樹達先生：《積微居小學金石論叢》（上海：上海古籍出版社，2007年），頁392。

必起于聲音等論述，已爲現今語言文字學家實證所認可。然學術界中，多注意其小學方面的貢獻與成就，〔註137〕殊不知其在義理思想上，亦多有所創新之見解。個人查其《夢陔堂文集》中，發現黃承吉於情理思想方面，並非乏善可陳，有頗多在學界上無人發現之論述；尤其黃氏以數理論道，並運用聲義同源的語言學原理貫連，推至《中庸》、《大學》之性理，與做人處事之理，這方面，至今學界中，無人研究。個人在此作一披露，以見在清代哲學思想方面有一新的源頭活水：

1. 數之外無所謂道

據劉文淇：〈夢陔堂文集序〉云：

> 吾鄉黃春谷先生，早負重名，與焦里堂、江鄭堂、鍾保歧、李濱石諸先生，聲應氣求，極一時之盛。……先生天資過人，爲漢儒之學，篤志研究得其精微，通曆算能辨中西之異同，又工詩古文，自出機杼，空無依傍，寓神明於規矩中，不屑爲世俗詩文者也。……先生固深於文者，集中諸作多直抒胸臆，無不達之辭，亦無不盡之意，融會古人神理而不規規然襲其跡象。江氏所謂空無傍者，誠哉！其無依傍也。〔註138〕

知黃承吉不僅通文字聲音訓詁之學，亦精天文曆算之學，所以當時有所謂「江、焦、黃、李」之稱，〔註139〕將精於天文曆算者並稱；而其中的「黃」即是黃承吉。此外，由此〈序〉亦可知，黃承吉工詩文，多直抒胸臆之作，無所依傍因循或抄襲，但卻能寓神明之理於文中，發人深省。

觀黃氏之書，可以發現到其論理、論道，均與「數」有關，尤其在〈四元玉鑑細草序〉中，屢屢談及；不然，則與音聲有關；在此，各舉幾則加以說明。黃承吉云：

〔註137〕張如青先生：〈讀黃承吉"字義起于右旁之聲說"有感〉云：「黃承吉《字詁義府合按》，……考證經、史、子、集古書字辭，于六書多所發明，每字皆有新義，而根據博奧精確，鑿鑿有憑，與晚明空疏穿鑿學風迥異。其書堪稱清考據學之先聲。……而其精論確詁，又每每與乾嘉諸老如戴震、錢竹汀、高郵王氏父子之說合。」（《學海泛舟》2007年第4期），頁30。

〔註138〕清・劉文淇：〈夢陔堂文集・序〉，見清・黃承吉著：《夢陔堂文集》，（收入於馬小梅先生主編：《國學集要初編十種》，台北：文海出版社，1967年），頁1～2。

〔註139〕見閔爾昌編：《江子屏先生年譜》，收入於漆永祥先生整理《江藩集》附錄，（上海：上海古籍出版社，2006年），頁375。

天道變化，即天地之數，自然之變化，無非曲也，即無非矩也。孟
子以聖人爲人倫之至，而以規矩方圓喻之者。……要之矩原是曲規，
亦是曲規之聲義出於曲，此實無暇更明，然惟曲盡乎方圓之至，乃
以爲規矩；曲盡乎人倫之至，乃以爲聖人。……方員外無所謂規矩，
人倫外無所謂聖道二者。……孔孟之言矩，乃實以算數明道法天，
夫豈漫然相譬？是故數之外亦無所謂道。形而上者謂之道，即以此
數形而上之則道也；形而下者謂之器，亦即以此數形而下之則器也；
化而裁之謂之變，即以此數爲曲之變化也；德成而上，即以此數成
而上之則道也；藝成而下，即以此數成而下之則藝也。器與藝依乎
數，道與德亦依乎數，故曰：參天兩地而倚數，天地間皆一數字盡
之，即一曲字盡之，故數與曲亦一聲義。〔註140〕

又：

諸書寓小學以明道，實即寓算數以明道。以數者，天地之曲即數，
而即是道。故聖人體數之曲，而即所以體道之曲，皆合數與道而一。
〔註141〕

又：

聖道比於絜矩，絜矩之事，屬於算數，算數之隅，即句股之角，邱
隅之聲義即曲句股之聲義。即曲數即道，道即數；道無形而數有形，
故聖人即數以明道，且道無聲無形而文字有聲有形，故聖人即文字
以明道。〔註142〕

又：

裁制萬物者，即〈繫辭〉之曲成萬物，惟成萬物之必由曲，故矩以
曲而能裁制萬物，故〈中庸〉亦以曲而成物。〈大學〉取喻於邱隅以
絜矩平天下而亦成物。明乎聲義者，則知道與數一也。〔註143〕

又：

天地間皆數，數即是道，數之外無所謂空道。天一地二，即以成天尊
地卑，數也，即道也。天地以此數曲成萬物，聖人體此數曲盡人倫充

〔註140〕黃承吉：〈四元玉鑑細草序〉，《夢陔堂文集》，同注132，頁187。
〔註141〕黃承吉：〈四元玉鑑細草序〉，同上注，頁192。
〔註142〕黃承吉：〈四元玉鑑細草序〉，同上注，頁194～195。
〔註143〕黃承吉：〈四元玉鑑細草序〉，同上注，頁196。

之，而亦曲成萬物，此之謂以達德。……道在人倫，即是數。……聖
人曲盡人倫道也，而本於數術者，曲盡方圓數也，而近於道。〔註144〕

又：

其所以有定者，音繫於聲，聲統乎音也。聲出於天地萬物自然之道，
成文爲音，比音爲樂，文字之故莫不由之。〔註145〕

知其以「道」即自然之「數」；人倫之「理」亦是由「數」產生的。然「數」
之外，承吉在此一再重覆提出一「曲」字，且以爲萬物之生成必由「曲」而
來，又「曲數」即是「道」，天地之道亦與「曲」有關；然其所謂的「曲」究
竟是何？許愼的《說文解字》云：「曲，象器曲受物之形也。凡曲之屬，皆从
曲；或說曲，蠶薄也。」段注云：「匚象方器受物之形，側視之。曲象圜其中
受物之形，正視之。引申之爲凡委曲之稱，不直曰曲。」或「曲見〈月令〉、
《方言》，《漢書・周勃傳》。詳艸部薄下。其物以萑葦爲之。〈七月〉傳曰：
豫畜萑葦，可以爲曲也。」〔註146〕知「曲」字之意原是象凹物之形謂之曲，
引申是委屈之意講，不然，就是古時的「蠶薄也。」即「蠶筐」；〔註147〕今《漢
語大辭典》釋「曲」字意大體上有：一是古時養蠶的器具（n），一是彎曲不
直（adj），一是：樂歌（n），一是：鄉僻之士，如曲士（n），一是周遍，多方
面而言（adj），一是表敬之詞（n），一是偏僻處所（n），一是姓氏之意（n），
一是指軍隊的編制單位（n），一是「麴」字之簡化；或者，作細事、小事講、
局部、部分等意。〔註148〕然據〈四元玉鑑細草序〉中云：「凡算數之變化，莫
外於句股，以字言之句股二字之聲義，皆即曲字之聲義。」〔註149〕意以「曲」
字聲義即「句股」聲義也；然皆不是《說文》或《辭典》所解釋的「彎曲」、
「委屈」、「蠶筐」、「樂歌」或「鄉僻」之意；爲何耶？

在〈四元玉鑑細草序〉一文中闡釋，篇幅非常長，頗多以聲訓方法考證
「曲」字。關於此，黃氏以爲：在古代諸書中，「句、邱、區、曲」諸字常

〔註144〕黃承吉：〈四元玉鑑細草序〉，同上注，頁215。

〔註145〕黃承吉：〈字詁義府合按後序〉，同上注，頁137。

〔註146〕漢・許愼著、清・段玉裁注：《說文解字注》，（台北：天工書局，1992年），
頁637。

〔註147〕黃承吉〈顏程二君得文昌帝君陰騭文石刻移奉焦山碑記〉云：「曲爲蠶薄，即
是蠶筐，蠶吐文章以衣被萬物」，《夢陔堂文集》卷9，同注132，頁241。

〔註148〕羅竹風先生等編：《漢語大辭典》（5），（上海：漢語大辭典出版社，1995年），
頁562～575。

〔註149〕黃承吉：〈四元玉鑑細草序〉，同注132，頁183～184。

有互用之跡，古時之所以可通用，關鍵在其聲音；因「聲在即義在」，又以爲「字主聲音不主形跡」，且「聲同即義同」，〔註150〕故字因聲同則義同也，甚而可「因聲求義」，義以聲爲主，同聲「皆可通用」，〔註151〕所以聲音是一連繫的關鍵。而曲、區、句等字，古時不是同一字，就是爲「音韻同部」，〔註152〕以曲字可代換成「句」，因聲同，故義是切近相關的；而爲何亦與「股」字相關？承吉以爲「股字以殳爲聲，殳在虞部，猶區曲句之在虞麌遇也。」〔註153〕蓋亦「同部」關係，是以曲也可作「股」字來看，如其云：

> 古之制字以股即曲之聲義，故謂之股。凡古書之言殳、言觓、言股
> 者，猶曲字也。以上諸字之聲義皆曲是字之綱，而字體之殊與偏旁
> 之異，則所以分別記識，其爲何等何物之由，乃字之目。諸字皆主
> 於曲者以盈天地間皆是數，即皆是曲；凡物象非曲不成，非數不生，
> 數非曲不著，故諸字偏於一象之曲，而曲字則統乎眾曲，是以諸字
> 之聲義主之，且象數非曲不能盡，不能不遺。〔註154〕

知凡從曲、區、句、股、或邱、九、殳、觓等字爲偏旁者，事實上，皆與「曲」有關係，又因古時「聲義同源」關係，〔註155〕所以凡與曲字聲同者，或聲近者，皆義同義近，如其所謂：「皆由曲字通聲而通義。」〔註156〕由此看來，

〔註150〕黃承吉：〈字詁義府合按後序〉，同上注，頁138。

〔註151〕黃承吉：〈字詁義府合按後序〉，同上注，頁138～139。

〔註152〕黃承吉：〈四元玉鑑細草序〉云：「如左傳盟于曲池，公羊作歐蛇，非兩家之詭異也。以曲與歐同聲，故歐即是曲。古者凡字主聲音不主形跡，即凡古書之歐字猶曲字也。歐以區爲聲即以爲義，則歐即是區。《集韻》侯部以區與句爲一字，引《說文》云句曲也，或作區。……區句二聲之字，或在虞麌遇等屬部，或在尤有宥等鼠部。古者原皆一聲一義，初無分別，後世分別，正由於錯雜互流，故曲字亦原在集韻虞部，與區句之在虞遇爲同部」，同上注，頁184。

〔註153〕黃承吉：〈四元玉鑑細草序〉，同上注，頁184。

〔註154〕黃承吉：〈四元玉鑑細草序〉，同上注，頁185。

〔註155〕陳新雄先生：《文字聲韻論叢》云：「文字之基，在於語言，文字之始，則爲指事、象形，指事、象形既爲語根，故意同之字，即形不同者，其音亦必相同。」（台北：東大圖書公司，1994年），頁401。

〔註156〕黃承吉：〈四元玉鑑細草序〉云：「句之聲即丩，丩之聲，即九；《說文》云：九象屈曲究竟之形，舍曲無以解九，以聲在則義在也。然則九之聲義亦曲也。數之極於九者極於曲也，極於曲者，極於句也。古者制字以九與句皆即曲之聲義，故謂之句、謂之九、謂之曲也。股字以殳爲聲，殳之在虞部，猶區曲句之在虞麌遇也。殳聲之投等字在侯部，猶句區邱九之在尤有部也，猶句聲區聲之在侯厚候部。若是則殳與句九爲一聲，斯爲一義，即可見殳與曲爲一聲義，故《說文》云：禮，殳以積竹八觚，觚者，正句股相交隅折之曲象，

與「曲」聲同者，頗多字，而又從這些字作偏旁者，不勝枚舉，是以承吉認爲「曲」乃統乎眾曲，充滿天地之間，皆是「曲」，皆是數（句股、九、攵、觚皆是表算學數理之字也，而句股弦即畢氏定理），萬物之象亦由「曲」而成，因物多形聲字，聲乃爲義之所在，而加之「形目」是不同物之表徵。是否因此，承吉以「曲」表數之所在，數即是道之所在，所以推「曲」則爲「道」之所在，亦曲——→數——→道。所以其亦強調「文字以明道」即在此也。

　　在此，可以清楚看出承吉以聲通則義同之語言關係，將「曲」與算學數理，如句股、觚等字聯繫，視「曲」是一天地自然之數的象徵，非承襲傳統字義解釋爲委屈、樂曲之意；是以此「曲」亦爲承吉作「道」之代表，雖虛實質也。如其云：「蓋凡實必以虛運，凡虛必以實憑，而一皆立於數極之破載聲臭靡屈，不有用者資之爲藝，聖人倚之爲道。」〔註157〕

　　然爲何「絜矩」亦與「曲」有關？「矩」即謂之「曲」？所謂「自然之變化，無非矩也，即無非曲也」，何也？據承吉〈四元玉鑑細草序〉解釋：
　　而《集韻》虞部之曲字與句聲之跔及與矩同巨聲之齣，列爲一讀，即可見曲與句與矩皆一聲一義也。矩之象方，故曰方出於矩，矩折則曲，故曰句出於矩，矩者，雖方亦曲。《史記索隱》以矩爲曲尺，正是∟字之象，曲尺所以爲方，而中央四方則必有隅，故矩原是曲，然而有中央、有四方，則正矩之象矣。〔註158〕
暫且不論承吉所解釋之是否正確，針對其所述，知其以曲與句與矩，皆聲同義近關係，則視曲可與矩字相通；又以形來看，矩方，折曲，所以曲亦由矩而來，據《史記》所載，知「矩」即是「曲尺」，「曲尺」宜是衡量之具，規矩方圓固是一定，中央四方必有隅「角」，即「∟」，如古「曲」字，是以矩亦是由「曲」而來。〔註159〕

2. 人事明矩正，所謂絜矩之道也

　　與曲亦一聲義，惟其爲曲，是以爲觚；惟其爲爲觚，是以爲攵；惟其爲攵，是以爲股，無非皆由曲字通聲而通義」，同注132，頁184～185。
〔註157〕黃承吉：〈四元玉鑑細草序〉，同上注，頁183。
〔註158〕黃承吉：〈四元玉鑑細草序〉，同上注，頁188。
〔註159〕黃承吉：〈四元玉鑑細草序〉云：「古曲字作，原即折矩，……方出於矩，矩出於九九八十一，故折矩以爲句、爲股，是則句股乃出於矩。其曰矩出於九九者，正是出於九曰折爲句股者，正即是曲爲句股，此矩九句股諸字於象則爲曲，象於義則爲曲義，要惟其聲，皆爲曲聲，故諸字皆循聲而制，聲之所在即義」，同上注，頁186。

承吉云：

> 〈大學〉絜矩一節，驟讀所惡於上四句，意其爲專指人道分位之上下，及讀前後左右則不能通，何也？君子之道，有何惡左、惡右？何況前後？由是之其上下前後左右，悉是就矩言。……夫矩形正方，故有上下左右之位，惟上下左右有定位，故不能相侵相越；所惡於上者，言惡上之侵己，毋以使下者，言己在上而亦不可侵下，推之左右亦然。……執定矩形以明人道，正是倚數言道。惡於此而即毋於彼，矩象分明，則即顯然上下分層，左右分行，正如四元之定名，布位其曰惡曰使曰事者，乃是以人事明矩正，所謂絜矩之道也。〔註160〕

《大學》以絜矩之道是：

> 所惡於上，毋以使下；所惡於下，毋以事上；所惡於前，毋以先後；所惡於後，毋以從前；所惡於右，毋以交於左；所惡於左，毋以交於右；此之謂絜矩之道。〔註161〕

將孔子所謂「恕」——「推己及人」之修爲推廣；「己所不欲，勿施於人也」。不喜長上對我傲慢無禮，我則以此將心比心——「度下之心」，想必下屬亦惡之，所以己亦不以此傲慢無禮對待下屬；不欲下屬對我不忠，則亦以此度上者之心，則己亦不以此不忠事長上。〔註162〕同樣的，不論上下、前後、左右皆然，這就是絜矩之道。

　　承吉以矩形之方位、上下左右皆有定位論之，則不可相侵相越，否則，此矩便不成形。所以執定矩形以明道，以算學數理用於人事倫理中，說明惡於此，勿於彼，如此方上下分層、左右分明，四元（天地人物）與（太極）（五位）之定名，自然之理，清清楚楚，條理井然，於人事中亦須各有所司，各盡本份，不宜損人利己，或仇以怨報，這對一團體、社會（一如其所謂矩形），皆是有所破壞的。矩必四角定而正，即所謂「矩正」，一角不正，則不成矩；以「矩正」之理，用於人事中亦然；上下、四方、左右、前後之關係都很重

〔註160〕黃承吉：〈四元玉鑑細草序〉，同上注，頁188。

〔註161〕朱熹：《大學章句集註》，（朱熹：《四書章句集註》，台北：大安出版社，1991年），頁10。

〔註162〕朱熹：《大學章句集註》注云：「如不欲上之無禮於我，則必以此度下之心，而亦不敢以此無禮使之。不欲下之不忠於我，則必以此度上之心，而亦不敢以此不忠事之。至於前後左右，無不皆然，則身之所處，上下、四旁、長短、廣狹、彼此如一，而無不方矣。彼同有是心而興起焉者，又豈有一夫之不獲哉？」朱熹：《四書章句集註》，同上注，頁10。

要，任一使壞不可，所以明此推之，即絜矩之理，亦顧全大體著想，亦是明道以修身；毋以惡上而使下也，其他，左右、前後亦然。又：

> 夫絜者，絜齊也；數多則不易齊而不得不齊，故其必須神明變化以盡乎絜之用者爲曲，及乎一一神明變化，而即一一使其數之要歸於齊，同以成乎曲之功者，則爲絜。若是以體而論，則一矩字盡之；以用而論，則非絜矩二字不能盡之。要之，非用不足以成其體，非變化不足以盡其用。〔註163〕

絜矩之理目的在何？承吉以爲「諧齊」也。其以「曲」作一引申；畢竟社會中、或一個團體中，不可能每個人都與己一樣，同理，意見亦參差不齊，但必須團結一致，是以皆須去私爲公，諧齊也；其之不齊亦承吉的「數之不齊」，勢必有所改變以歸於「齊」。然就體用來說，矩即是體；絜矩即是用。體用合一，缺一不可。蓋以絜矩之道，將心比心，推己及人，改變自己，成就大我，便是「曲」之抽象義理。畢竟「改變自己是自救，影響別人是救人。」

3. 惟曲以盡其性

承吉曰：

> 惟曲而後能有誠，以盡其性。人性、物性，至誠者，自然而曲以明動變化。……性非變化不盡，變化非曲不盡。盡物性之必本於曲，即萬物不遺之，必本於曲。〈中庸〉之盡即〈繫傳〉之不遺，故其言曲者一也。〔註164〕

又：

> 乘除升降進退之理，乃爲盡性窮神之學。其盡性乃明明，即曲誠之盡性；其窮神乃即〈繫辭〉之窮神知化。原即由曲誠而能化之化也。……即《易》之發揮，旁通其曲盡，乃原即曲能盡性之曲盡也。
> 〔註165〕

以曲而後才有誠，方以盡性也。性，不論人性、物性，至誠則能明道變化。此「曲」不作動詞解，宜作名詞，作「道」的表示。故「變化非曲不盡」，所以盡性必本於「曲」，「道」也；不論〈中庸〉或〈繫傳〉之意旨，盡或不遺皆是本於「曲」，一也，道也。

〔註163〕黃承吉：〈四元玉鑑細草序〉，同注132，頁194。
〔註164〕黃承吉：〈四元玉鑑細草序〉，同上注，頁183。
〔註165〕黃承吉：〈四元玉鑑細草序〉，同上注，頁214～215。

　　然道在數中顯，所以算學之乘冪升降加減之理，亦是盡性窮神之學。然不論盡性窮神之玄之化，人都須由誠以達曲以達道。即《易》之旁通，則能曲盡也，所以惟「曲」（道）以盡性在此。按：在此似乎與焦循所論易之六爻發揮，在旁通以情，相近似。

4. 夫子所謂不踰矩者，即不踰曲

承吉曰：

> 夫子所謂不踰矩者，即不踰曲。能有誠之曲也，從容中道之曲，即從心所欲不踰之矩也。成己成物之曲，即成萬物不遺之曲也。天道變化，聖人效之，即曲能有誠之變化也。〔註166〕

又：

> 修身所以立命，不憂所以樂天，故壽世之具，非取資於熊鳥，延年之方，不希榮乎！〔註167〕

由上述知承吉以「曲」解釋道、性、絜矩之理；此亦強調所謂「不踰矩」，即「不踰曲」也。以「矩」即「曲」也。曲——矩——道，在人來說，是否「誠」是成道、達道之關鍵；所以有誠之矩、從容中道之矩，即可從心所欲不踰矩也。所以成就萬物之矩，在有誠之變化。

　　此亦談到修身以立命，不伎不求，樂以忘憂，不憂所以樂天知命也，故欲長壽者，不在尋鳥獸之補，而在必須拋棄榮祿，得以立命長生也。

　　觀承吉所論述，可以發現到其以文字聲韻語言學之理，講天道、人事、性命，乃至處事之方；此中關鍵在一「曲」字，此曲可作名詞解，亦可作動詞解，其以曲論數，即以數論道，以此推之，是否曲作道之象徵？故當名詞解，曲當道講；然作動詞解，是否可將曲視如道之變化講，亦變化也？如此，其亦強調變，有所變方能改，但亦非隨便，而是有「矩」以成，亦絜矩之道衡估，可不可行？用在人事中，即是如焦循所謂「旁通以情」，〔註168〕將心比心，推己及人，為他人著想，乃至為社會、國家、團體著想，取一諧齊之理，和平共處，此世界得以和諧；然承吉以矩論絜矩，亦以「曲」論絜矩，用曲之古字：「乚」，謂矩之四隅，缺一不可，論絜矩之道，故上下、左右、前後、

〔註166〕黃承吉：〈四元玉鑑細草序〉，同上注，頁187。

〔註167〕黃承吉：〈李慎卿比部六十壽序〉，同上注，頁178。

〔註168〕焦循：〈寄朱休承學士書〉云：「《易》道但教人旁通，彼此相與以情。己所不欲，勿施於人；己欲立達，則立人達人。此以情求，彼以情與。自然保合太和，各正性命。」（《雕菰集》卷13，台北：鼎文書局，1977年），頁203。

四方，都須自律定位以成，亦是絜矩之說。

　　然不論如何，在此亦可發現承吉雖以語言學觀點論理，但亦不離所謂變與絜矩之說。這是否亦表示其受到揚州學者：淩廷堪、焦循、阮元等論述之影響而來；承吉所謂「矩」是否亦是「禮」？因「矩」以成「道」，亦因「禮」以約己，亦是「克己復禮爲仁」也。

五、小　結

　　在「『漢學爲尊』的情理論者」這一節中，舉段玉裁、王念孫、江藩與黃承吉等人論述。這些學者有一共同特色，均是有深厚的「小學」根柢或淵源（甚至是小學名家），不主「宋學」，宗「漢學」，治學上皆以文字、聲韻、訓詁、校勘等方法，實事求是，闡述經典字、詞義的內涵。即使「義理思想」，亦強調訓詁以求義理。所謂「訓詁聲音明而小學明，小學明而經學明。」（王念孫語）

　　他們雖宗「漢學」，但並非爲考據而考據，相反的，他們是以考據進求義理，其義理思想是他們經由「實證」經典上的意思而來；如王念孫以訓詁方式證明古書中：「情」與「誠」二字通用，所謂：「情即誠字」（王念孫：〈情〉）。「情」在先秦文獻中是具有「質實」、「眞實」之意義，是「誠」的自然流露，並非作「感情」、「情緒」等意思講。又「仁」與「人」通，強調是「仁」是「爲人」的「核心價值」，身爲人的基本概念，便是「仁」，所謂「其情則愛仁也。」「愛仁猶言仁愛。」（王念孫：〈愛人〉）旨在發揮孔子「仁者愛人。」的思想。又黃承吉主「以聲求義」方式研究字義的源流，依此闡述道理。在黃氏〈四元玉鑑細草序〉以「曲」字與「句、股、九、夊、觚」等字有「聲近韻同」關係，是以「曲」字聲義與「句股」等字聲義通；又「句、股、九、夊、觚」等字皆是表算學數理之字（句股弦乃畢氏定理），是以「曲」字亦表「數」之所在，而「天地間皆數，數即是道。」又「天地間皆是數，即皆是曲。」（黃承吉：〈四元玉鑑細草序〉）因此，「曲」亦是「道」之所在。亦曲──→數──→道。以「曲」表天地之「理」，是以進一步闡述「矩」之理，亦「曲」、「矩」聲近相通，所以「人事明矩正」亦「絜矩之道也。」人事之理便在「絜矩之理」。所謂「不踰矩者，即不踰曲。」

　　段玉裁乃戴震的學生，強調「理」是「情之無憾」，其據許愼：《說文解字》：「理，治玉也。」意思，進一步引申，是以「凡天下一事一物必推其情至於無憾而後即安，是之謂天理，是之謂善治。」強調「情之不爽失」謂之

「理」，一如戴震的說法。

而江藩以「漢儒之學」為依據，闡述性命之理；其堅持不改《國朝漢學師承記》之「漢學」為「經學」，意在表明己的立場是宗主漢學，絕不動搖的。論「性理」主「生之所以然者，謂之性。」視「性」是一形下氣化的實體實性，一如戴震的說法，是一「血氣心知」之「性」（食色之性），因此，必須「以禮節性」。然何以可「以禮節性」？關鍵在「禮」乃聖人「緣情制禮」而來，是人們可依循的準則。其以「性」——「生性」，進一步表示「情欲」是人本具有的，不可否認，因此，說明「復禮節性」之要。

他們以文字、聲韻、訓詁方式進求「義理」，在「情理思想」上，皆是實證考據出，有憑有據，謂其「漢學」的義理思想，亦是他們的特色所在。

第三節　現實關懷的情理經世者

一、汪中情理論探索

（一）學者傳略

汪中（1744～1794），字容甫，江都人。其一生歷盡坎坷，汪喜孫《容甫先生年譜》云：

> 計先君生五十有一年，少苦孤露，長苦奔走，晚苦疾疢，終先君之
> 世，未嘗有生人之樂焉。〔註169〕

七歲喪父，家境清寒，「不能就外傅，母鄒授以小學、四子書。」〔註170〕十四歲時以書肆中書佣為生，邊工作邊讀書，「借閱經史百家，於是博綜典籍，諮究儒墨。」〔註171〕乾隆二十八年（1763），李因培督學江蘇，汪中以試〈射雁賦〉為揚州府第一，入學為附生，得到主持"安定書院"者——杭世駿之賞識。〔註172〕這是促使他走上"治經之路"的一個重要關鍵。〔註173〕

〔註169〕清・汪喜孫：《容甫先生年譜》，（汪中著、田漢雲點校：《新編汪中集》附錄一，揚州：廣陵書社，2005 年），頁 1。

〔註170〕蔡冠洛先生編著：《清代七百名人傳・汪中傳》，（北京：中國書店，1984 年），頁 1793。

〔註171〕江藩：〈汪中傳〉，江藩著、錢鍾書先生主編：《漢學師承記》（外二種）卷 7，（香港：三聯書店，1998 年），頁 133。

〔註172〕陳鼓應先生等主編：〈第五十三章　汪中的"用世之學"〉《明清實學簡史》，（北京：社會科學文獻出版社，1994 年 6 月），頁 776。

之後，乾隆三十六年（1771），便在當塗入朱筠學使幕。乾隆三十七年（1772），寓泰州幼竹庵，與劉台拱結交；在維州應試，結識李惇；此年冬，於朱筠幕中又與王念孫定交。乾隆三十八（1773）秋，在朱筠府中結識賈田祖。乾隆四十二年（1777），汪中三十四歲，選拔貢生，從此絕意仕進。次年結識程瑤田、洪榜，是以對戴震之學，多有所聞。〔註 174〕乾隆五十五年（1790），被推薦參加《四庫全書》校書工作。歷時四年之久，於乾隆五十九年（1794），客死於西湖葛嶺園僧舍，享年五十一歲。〔註 175〕

著作上，子汪喜孫輯成《江都汪氏叢書》，計有《述學》內、外篇六卷、《廣陵通典》十卷、《孤兒篇》三卷、《從政錄》四卷、《大戴禮記正誤》一卷、《經世知新記》一卷、《春秋列國官名異同考》一卷、《國語校文》一卷、《喪服答問紀實》一卷、《遺詩》一卷等等。今詳見田漢雲先生等編《新編汪中集》。〔註 176〕

（二）汪中情理論

清代可謂中國社會思想史的重要時期。康乾盛世，更是中國封建社會的繁榮時期。在此期間，隨著社會的穩定，物質之充裕，以及作為主流意識型態的「理學」日漸衰微，思想觀念已出現所謂的多元化趨向。學者指出：隨著思想觀念的多元化，此時的社會思想也隨之發生了巨大的變化，雖然少有人對社會思想作系統論作，但仍不乏具有真知灼見的學者，汪中即是其中的優秀代表。〔註 177〕他上承黃宗羲、王夫之、顧炎武，下啟龔自珍和魏源，在

〔註173〕據劉建臻先生研究指出：杭世駿是禮學專家，曾經修纂《三禮義疏》。建議汪中要認真研讀《十三經注疏》。見氏著：《清代揚州學派經學研究》，（南京：揚州大學古代文學博士論文，2003 年 5 月），頁 36。另田漢雲先生亦提及此：「汪中十九歲時入江都縣學為附生，得到任職於安定書院的杭世駿賞識。……他熱心地鼓勵汪中研習經史，還把《十三經注疏》借給汪中閱讀。接下來的幾年，汪中銳意治經，並確定了以此立名的人生理想。」見楊晉龍先生主編《清代揚州學術》上，（台北：中研院文哲所，2005 年），頁 175。汪喜孫：《容甫先生年譜》〈與秦西巖書〉亦云：「某始時止習詞章之學，數年略見涯涘；《三禮》、《毛詩》，以次研貫，且有志于古人立言之道。蓋挫折既多，名心轉熾，不欲使此生為速朽之物也。」同注 169，頁 5。

〔註174〕汪中：〈己亥與劉先生書〉云：「去年交程舉人瑤田、洪中書榜，二君與金殿撰（榜）於戴君之學皆可云具體。又長夏客江寧，與錢少詹事相處，日夕談論甚契。」見汪喜孫：《容甫先生年譜》，同注 169，頁 20。

〔註175〕汪喜孫：《容甫先生年譜》，同注 169，頁 38。

〔註176〕汪中著、田漢雲先生點校：《新編汪中集》，揚州：廣陵書社，2005 年。

〔註177〕張敏先生、聶長久先生等著：〈汪中的社會福利思想探析〉，（《廣西社會科學學報》總第 133 期，2006 年第 7 期），頁 155。

清代社會思想的發展史上具有承前啓後的重要地位，尤其是他的社會福利思想具有十分鮮明的時代色彩。〔註178〕然關於汪中的社會福利思想，個人歸納出有以下幾點：

1. 養生送死，恤老慈幼，以周萬民艱阨也

汪中曰：

> 竊以爲虛文無濟，未足以充子之志也。……國家法紀明備，百度具舉，若養濟院、育嬰堂、漏澤園，蓋皆養生送死，恤老慈幼，以周萬民艱阨也。〔註179〕

汪中以爲，一個制度完善的國家應建立一系列的社會福利機構，以扶老助幼，解決弱勢群體的生活問題，如是，方是一個太平盛世的國家社會。然具體措施，在汪中看來，首要宜建立一「苦貞堂」，爲寡婦建立一社會的保障機構，才是！其又曰：

> 議曰：凡州縣察其寡婦之無依者，造屋一區，爲百間，間各戶，使居之，命之曰：「苦貞堂」。外爲門，有守門者。門左爲塾，凡其兄弟親戚之男子來省者，待於其所。以其名族召之，則出見之。非是，不得入。婦有姑者若子女三人者，月給米一石，錢二百，終歲綿六斤，布五匹，其多少以爲是差，任以女工絲枲之事，而酬其直。〔註180〕

其設想的「苦貞堂」，根本上是專收寡婦無依者爲主。然並不強迫，而是「必良家謹願者。」〔註181〕觀其「苦貞堂」之設施，可以看出是相當封閉的，寡婦一旦進入，就似乎與外界隔離了，甚至連兄弟親戚之男子，也不可隨意進入，以見此「苦貞堂」既是改善寡婦經濟情況的福利設施，也是捍衛傳統貞節觀的「淨土」。汪中雖不贊成強制寡婦守節，但此一「苦貞堂」設立，似乎亦限制寡婦的人性自由，彷彿是寡婦的「牢籠」，所以學者指出：此「苦貞堂」特點，亦反映了汪中婦女思想的矛盾性。〔註182〕

〔註178〕同上注，頁155。

〔註179〕汪中：〈與劍潭書〉，汪中著、田漢雲先生點校：《新編汪中集》（揚州：廣陵書社，2005年），頁441。

〔註180〕同上注，頁441。

〔註181〕同上注，頁440。

〔註182〕張敏先生、轟長久先生等著：〈汪中的社會福利思想探析〉云：「他一方面希望適當改善婦女地位，反對將傳統貞節觀極端化，強調女子特別是未婚女子"禮不可過"；另一方面，又不願意拋開男女之別，否定貞節觀念，而是主張維護和弘揚這種觀念」，同注177，頁156。

除了強調要設置「苦貞堂」收容無依無靠的寡婦外，亦主張設立一「孤兒社」，以濟社會上孤兒生養問題；其云：

> 門外爲社，有師一人，凡孤子五歲至十歲者學焉。命之曰：「孤兒社」。
> 三年視其材分志趣，而分授以四民之業。然而必通《孝經》，解字體。
> 至十六，度其能自食其力，以次減其廩。至二十則舉而遷之於外，
> 其賢者、能者，既老則使掌其堂之事，各修其業，以教社之子弟。
> 其富且貴者，十分其賚而三入之堂，託於其身。凡民雜犯，自杖以
> 下，視其輕重而要之，使入其財於堂。遠鄉若有屋不入堂者，聽之。
> 廩之如在堂者。此其大略也。〔註183〕

可見汪中的福利制度的想法，大多以周濟社會上弱勢者爲主。對於「孤兒」，亦有周到之想；小時孤兒亦從其學，《孝經》必通之書，並以小學爲主。且視其才能、興趣、性向等分授四民（士、農、工、商）之業；孤兒學成長大後，必須以其學識財富回饋社會。而此福利機構的經費來源就是來自富者、貴者的捐獻，和官府對罪犯的懲罰金。總之，汪中以爲，不論「苦貞堂」或「孤兒社」等建立，皆旨在樹立社會的良好風尚，培養人才與解決國家問題爲主，實爲社會國家帶來積極影響。所謂：「少蓄其力則老而不衰，而孝子得以終其養矣。幼有所養而督之以恆業，則夫人思自備而才智出矣。」〔註184〕又「惟茲堂之設而風化以屬，人才以起。」〔註185〕畢竟汪中貧苦出身，又身歷悲慘之遇，所以對於可憐者，特別有所同情，並想辦法解決。然其以爲僅靠政府號召是不夠的，必須如其所設計的福利模式，靠政府力量大力推動，才能收到好的成效。

2. 夫婦之禮，人道之始也

汪中治學，重在經世致用，其《述學・別錄》云：「少日問學，實私淑顧寧人處士。故嘗推六經之旨，以合於世用。」又《廣陵通典・跋》亦云：

> 服膺顧處士炎武爲經世之學，既因羸病不爲世用，輒思著書以發揮
> 所業。〔註186〕

以見汪中主「用世實學」，循顧炎武「經世」思想，以考據惟實，治學惟用，以用世之學爲宗旨。其云：

〔註183〕汪中：〈與劍潭書〉，同注179，頁441。
〔註184〕同上注，頁441。
〔註185〕同上注，頁441。
〔註186〕汪中著、田漢雲先生點校：《新編汪中集》，同上注，頁119。

中嘗有志於用世，而恥爲無用之學。故於古今制度沿革，民生利弊
之事，皆博問而切責之。以待一日之遇，下至百工小道，學一術以
自托，平日則自食其力，而可以養其廉恥，即有飢饉流散之患，亦
足以衛其生，何苦耗心勞力飾虛詞以求悅世人哉！〔註187〕

汪中用世之學的核心是「民生」，講求「造福百姓」爲主。舉凡殘害人民等制
度、禮教、思想等，皆是其極欲推翻的。尤其明清以來，專制統治橫行，禁
欲主義束縛人們言行更爲嚴酷，其中又以婦女受到的壓抑、迫害爲多。在此，
汪中針對當時婚姻制度，對婦女受到嚴重的歧視與傷害狀況，鄭重提出「夫
婦之禮，人道之始也。」〔註188〕並且主張：「私奔不禁」、「女子許再嫁」與「道
義爲之根」等觀點，強調婦女婚姻應自主外，凡事宜以講求合乎「道義」爲
主，毋須拘泥於既有的禮儀規範。

（1）私奔不禁

「夫婦之禮，人道之始也」，即表明夫妻關係的合理準則，乃是人類社會
所有法則、事理等開端。所以夫妻齊一也，絕無所謂「男尊女卑」的差別，
當然，在婚姻中，男女都應受到同等重視，是以論嫁娶，應尊重當事人「雙
方」之見；倘若男女雙方皆過適婚年齡，願意結合，應鼓勵其「成親」。其云：

凡男女自成名以上，……其有三十不取，二十不嫁，雖有奔者不禁也。

非教民淫也，所以著之令，以恥其民，使及時嫁子取婦也。〔註189〕

自古以來，男大當婚，女大當嫁，即使有"媒妁之言，父母之命"，若無合適
對象，亦是強求不來的。畢竟強摘的果實不甜，強求的緣分不圓。所以男女到
成婚年齡而未婚者，只要雙方表明「願意」，「私奔」是可以不禁的，端在使男
女雙方及時結合。並且進一步指出，此「非教民淫也」，而是「以恥其民」。

在此，可以看出汪中肯定男女自然之情，並非視「私奔」爲傷風敗俗之
事。順著人情發展，當是如此，可謂突破傳統禮教束縛，於近代強調「自由
婚戀」等民主思潮，有推進之功。

（2）女子許再嫁

宋明以來，特別在清代，所謂「一與之齊，終身不二」、「烈女不事二夫」、
「餓死事小，失節事大」等禮法，相當盛行。甚至尚有「以死爲殉者」之「殉

〔註187〕汪中：《述學‧別錄‧與朱武曹書》，同上注，頁442。
〔註188〕汪中：〈女子許嫁而婿死從死及守志議〉，同上注，頁376。
〔註189〕汪中：《述學‧釋媒氏文》，同上注，頁373。

節」、「守節」觀念。在此，汪中以爲：

> 許嫁而婿死，適婿之家，事其父母，爲之立後，而不嫁者非禮也。……
> 其有以死爲殉者，尤禮以所不許也。雖然父母之親，君臣之義，夫
> 婦之恩，不可解於心過而爲之。死君子猶哀也，苟未嘗以身事之，
> 而以身殉子則不仁矣。〔註190〕

可以看出汪中對於守節、殉節等不合「情理」者，進行了駁斥。其首先指出，
如果夫婦猶如君臣、父子之禮，未見君死、父死，臣與子亦從死，爲何獨夫
死而婦殉節？又「女子之嫁，其禮有三，親迎也，同牢也，見姑舅也。」〔註
191〕既然夫死，不能行此禮，因「六禮不備」，何以婦以此守節、殉節？又「女
子未有以身許人之道」，〔註192〕所以女子宜有獨立人格與人身自由，應有「身
爲人」的基本權利！況「制爲是禮」，即在使人們受到法制上的保護。以身殉
死，不僅不合禮，亦不仁矣。

倘若女子出嫁後，其夫不善，亦應讓她們有改嫁的自由。汪中云：

> 錢塘袁庶吉士之妹，幼許於高；秀水鄭贊善之婢，幼許嫁於郭。既
> 而二子皆不肖，流蕩轉徙更十餘年，婿及女之父母，咸願改圖，而
> 二女執志不移。袁嫁數年，備受箠楚，後竟賣之，其兄訟諸官，而
> 迎之歸，遂終於家。鄭之婢爲郭所窘，服毒而死。〔註193〕

文中這兩位女子遇人不淑而無意自救，這在封建社會是常見的現象。她們甘
願無條件地忍辱負屈，更是封建禮教戕害的結果。〔註194〕關於此，汪中以爲：

> 好仁不好學，其蔽也愚。若二女子可謂愚矣。本不知禮，而自謂守
> 禮，以隕其生，良可哀也。〔註195〕

依禮，女子應當恪盡爲人妻之責，但男子在婚姻上不能依禮而行，即使有「父
母之命，夫家之禮」，女子應站出來進行反抗，而雙方的父母與地方上官府亦
應予支持。

汪中舉袁枚之妹與鄭虎文之婢，所遭受到禮教的迫害，正是宋以來鉗制
婦女的歪理邪說造成的。亦揭示人們若不能了解原始儒家禮教之意義，其影

〔註190〕汪中：〈女子許嫁而婿死從死及守志議〉，同上注，頁376。
〔註191〕同上注，頁375。
〔註192〕同上注，頁376。
〔註193〕同上注，頁376。
〔註194〕劉建臻先生：《清代揚州學派經學研究》，同注173，頁43。
〔註195〕汪中：〈女子許嫁而婿死從死及守志議〉，同注190，頁376。

響是非常深遠的！所以汪中強調「解經」必須「原其始」。〔註196〕雖然儒家強調「臣事君以忠」、「君使臣以禮」、「妻與己齊」，乃至「父慈子孝」等等，但問題是隨著封建專制之強化，儒家後學者僅片面強調尊者、長者、男性的權利，卻忽略卑賤者、幼者、女性的權利。所以汪中治經，主「原其始」，即回歸原始儒家經典，實事求是，向變相的儒家教條挑戰。可謂繼戴震痛斥宋儒「以理殺人」之後，對於禮教趨於專制之途，又一個大膽的駁詰。

　　或許汪中出身貧苦，因此，對社會下層人士，或弱勢者（婦孺等），受到不公平待遇，均立求一公道、一符合人情之理。以見其所主張社會的「禮儀制度」應是要「合人之常情與常理」才行，否則，均可推翻。

（3）道義為之根

　　子曰：

> 父在，觀其志；父沒，觀其行。三年無改於父之道，可謂孝矣。

〔註197〕

汪中對此不以為然。其以為如果父親作為，頗合乎「道」（理），則長期奉為準則，效法實踐，乃「孝行」表現也；如果父親所作所為，不合「道」（理），「朝沒而夕改，可也。」〔註198〕又最高境界的「孝」，是指當父母在世時，能夠勸導父母遵循「道」。〔註199〕以見其思想不再守「父尊子卑」之見，是以「道義」為依據的，只論義不義，合不合理，不論父尊子卑的禮教。

　　同理，對「君臣之義」，傳統禮教所強調的「君要臣死，臣不得不死」，臣民對君主無條件的誓死效忠，在汪中眼裏，並不盡然。其〈女子許嫁而婿死從死及守制議〉云：

> 女事夫，猶臣事君也。仇牧、荀息，君亡與亡，忠之盛也。其君苟正命，而終於寢，雖近臣猶不必死也。若使巖穴之士，未執贄為臣，號呼而自殺，則亦不得謂之忠臣也。〔註200〕

臣民理應對君主盡忠，但盡忠表現，不宜是隨君主下葬。所謂「忠」應是對

〔註196〕汪中：《述學・別錄・釋夫子》，同上注，頁353。
〔註197〕朱熹：《論語章句集注》，（《四書章句集注》，台北：大安出版社，1991年），頁51。
〔註198〕汪中：〈曾子事父母第五十三　曾子第五〉，同注179，頁74。
〔註199〕汪中：〈曾子事府母第五十三　曾子第五〉云：「夫禮，大之由也，不與小之自也。……辱事不齒。」，同上注，頁74。
〔註200〕汪中：〈女子許嫁而婿死從死及守志議〉，同上注，頁376。

國家而言，倘若國君是一昏亂淫蕩之君，是否仍應對其盡忠？這點頗值得我們深思。

在此，我們可以發現到汪中的學術思想，講求實際，強調現實人生的因應之道。但乏「理論的思維與邏輯思維」。〔註201〕章學誠云：

　　大抵汪氏之文，聰明有餘，真識不足，觸隅皆悟，大體範然。〔註202〕

即是對汪中學術上「理論思維」不足之批判。

二、汪喜孫情理論探索

（一）學者傳略

汪喜孫（1786～1848），汪中之長子，清揚州甘泉縣（今江蘇省揚州人）。以避九世祖汪太孫之諱，更名喜荀，字孟慈，號荀叔，生於乾隆五十一年七月十六日（1786 年 8 月 9 日），卒於道光二十八年八月三日（1848 年 8 月 31 日），享年六十三歲。〔註203〕

喜孫「生而異穎，六歲入家塾，先大父手寫〈弟子職〉、《急就章》授讀，又校正今文《尚書》衛包未改本授讀，過目成誦。先大父〈自序〉云：『商瞿生子，一經可遺。』」〔註204〕於乾隆五十九年十一月二十日，父喪，喜孫「哀毀如成人禮」。〔註205〕「未入塾，先大母朱太恭人，親為課讀。比長，延同里通儒魏先生彝群、丁先生瀚、韋先生佩金、授府君以根底之學，年十六，究心金石書畫，就正江鄭堂先生藩。」後入家塾，「受業於甘泉鍾先生懷，始治經，著《羽勵錄》。」〔註206〕喜孫「性至孝，侍食於鍾先生，思以石首魚供先大母，不得，淚下沾襟。先生贈詩，有『今日客居能憶母，汪倫垂涕食鯪魚』

〔註201〕陳鼓應先生等主編：《明清實學簡史》中指出：「汪中用世之學也有一定局限，理論思維與邏輯思維還嫌缺乏，僅有一些可貴命題的片論。」同注 172，頁 789。

〔註202〕章學誠：〈述學駁文〉，《文史通義·外篇一》，（收入於葉瑛先生校注：《文史通義校注》下冊，台北：里仁書局，1984 年），頁 491。

〔註203〕楊晉龍先生：〈導言：汪喜孫著作述論〉「一、汪喜孫之生平」，（汪喜孫撰、楊晉龍主編：《汪喜孫著作集》上，台北：中研院文哲所，2003 年），頁 1～2。

〔註204〕汪保和等著：〈皇清誥授中憲大夫覃恩例晉通奉大夫欽加道衛河南懷慶府知府加三級紀錄四次顯考孟慈府君行述〉，（汪喜孫撰、楊晉龍先生主編：《汪喜孫著作集》下（附錄），台北：中研院文哲所，2003 年），頁 1268～1269。

〔註205〕同上注，頁 1269。

〔註206〕同上注，頁 1269。

之句」。〔註207〕

喜孫「嘉慶丁卯舉人」，〔註208〕但於嘉慶十三年至道光三年間，曾八試禮部而不第。於嘉慶十九年第三次試禮部不第後，受鮑勳茂之助，入皆爲內閣中書。〔註209〕後「升戶部員外郎」。「丁母憂，服闕。道光癸巳入都，奉命往東河學習，河督栗毓美，深倚重之，奏保用知府，賞加道銜。」「乙巳，補河南懷慶府知府。」〔註210〕其任職間，賑濟災民，多所盡心，「暇輒巡行郊野間，問民疾苦」。曾「修葺敷文書院，課士首以經史，文風稱盛。」又「濬濟河，使復故道；又引沁流至王曲村，溉田數百畝，民稱之曰：『新開汪公河』。會值大旱，步行赴白龍潭取水，歸，大雨立霈，亦因以積勞病卒。」〔註211〕

喜孫「與人交，不拘往還，人多以『狂士』目之。」〔註212〕又「博覽群籍，於文字、聲音、訓詁，多所究心，政治沿革得失，留心講求，爲文皆有關世用。」〔註213〕著有《國朝名臣言行錄》、《經師言行錄》、《尙友記》、《從政錄》、《孤兒編》、《且住庵詩文稿》若干卷。子保和，通《左氏春秋》，能傳家學。〔註214〕（今欲見其完整著作，可見楊晉龍先生點校：《汪喜孫著作集》（上中下）三冊，台北：中研院文哲所出版，2003年。）

（二）汪喜孫情理論

喜孫乃汪中之子，其一生的學問大多以發揮、傳播其父之學爲主要目的。〔註215〕據田漢雲等學者考察，喜孫治學不離其父學術研究的範圍，並對其父

〔註207〕同上注，頁1269。

〔註208〕徐世昌：《清儒學案·容甫學案》第3冊，卷102，（北京：中國書店，1990年），頁1853。

〔註209〕楊晉龍先生：〈導言：汪喜孫著作述論〉「一、汪喜孫之生平」，同注203，頁1。

〔註210〕支偉成：〈汪中附傳〉，《清代樸學大師列傳》卷4，（長沙：岳麓書社，1998年），頁111。

〔註211〕同上注，頁112。

〔註212〕清·桂文燦：〈汪喜孫傳〉，《經學博采錄》卷9，（合肥：黃山書社，2008年），頁302。

〔註213〕清·英傑修、晏端書等纂：〈汪喜孫傳〉，《續纂揚州府志·人物府志一》，《中國地方志叢書·華中地方二》第2冊，卷9，（北京：新華書局，1997年），頁508。

〔註214〕同上注，頁508。

〔註215〕據楊晉龍先生闡述，汪喜孫的學問與治蹟，雖頗受當代師友輩之推崇，但多爲鼓勵、讚美的人情因素爲主，殊未見當時學者對其學術之批判與引用研究成果者，以見汪喜孫在當時學術界，未受到特別的重視。推論其原因有：

之學，非常深入探索，志在將父的「經世致用」理念發揚光大，並結合考據與義理等思想，實際應用在現實社會中。〔註 216〕觀汪喜孫的著作，實可發現到其主張「由名物通大義」，〔註 217〕考據中闡揚義理，非爲考據而考據。是以「義理，才是其終生之業。」〔註 218〕總之，其義理思想，是非常豐富的，惜其不爲當世學者所重，因此，流傳不廣。〔註 219〕

在此，個人針對其零碎著述，將其有關「情理」思想，作一整理：

1. 道在六經，道在五倫

汪喜孫所謂的「道」，非形上空疏之理，是指在「六經」、在「五倫」之理。其云：

> 堯舜之道，不外孝悌；周公孔子之道，《詩》、《書》、《禮》、《樂》、《春秋》之文，不外倫常日用。道在六經，道在五倫，誦法先王者在此，平治天下者在此，垂教後世者在此，相在爾室者亦在此。〔註 220〕

又〈與戴金溪先生書〉云：

> 道外無書，書外無道。周公、孔子之道在《六經》。〔註 221〕

一則是痛其父早逝而未盡其學，欲於學術上爲其父爭一席之地，故喜孫一生多以發揮、傳播其父之學爲目的；再則是其本身無足以凌駕他人的特殊學術成就，多爲零碎的研究成績；三則心力亦多投注在政績的表現上，學術上較不被看重。詳見楊晉龍先生：〈導言：汪喜孫著作述論〉，（汪喜孫撰、楊晉龍先生主編：《汪喜孫著作集》上，台北：中研院文哲所，2003 年），頁 6～7。

〔註 216〕參見田漢雲先生：《中國近代經學史》，（西安：三秦出版社，1996 年），頁 100～111；另楊晉龍先生：〈考證與經世——汪喜孫研究初探〉亦云：「其重視義理之發揮，希望達到『通經致用，經明行修』的理想終極目標，而反對『純考據而無實用』的經世立場」，（《清代揚州學術》（下），台北：中研院文哲所，2005 年），頁 568；楊晉龍先生：〈導言：汪喜孫著作述論〉，同上注，頁 7。

〔註 217〕見汪喜孫：〈與劉孟瞻書〉（四），《汪孟慈集》卷 5，（汪喜孫撰、楊晉龍先生主編：《汪喜孫著作集》上，台北：中研院文哲所，2003 年），頁 168；另在其〈與劉孟瞻書〉（二）亦強調：「無裨於家國天下，何以經明行修、通經致用耶？」頁 165。

〔註 218〕楊晉龍先生：〈導言：汪喜孫著作述論〉，同注 203，頁 23。

〔註 219〕楊晉龍先生云：「由於無人加以表彰，並未受到當代與後人的注意與重視，當然也就影響到著作的刊刻與流傳。再者，喜孫本身既不顯赫，後代亦無特殊成就者；也缺乏像阮元（1764～1849）一類熱心文化的達人顯要之青睞；再加上喜孫花了極大的心力，在蒐集整理校刊其父的著作上，因而是否還有餘力刊刻己作，恐怕也是值得考慮的因素之一。」同上注，頁 7。

〔註 220〕汪喜孫：〈與朝鮮金正喜書〉（一），同注 217，頁 200。

〔註 221〕見氏著：《從政錄》卷 1，（汪喜孫撰、楊晉龍先生主編：《汪喜孫著作集》中，

「道」——堯舜、周孔之道，不外人倫日用之理，而理皆記載在書中，亦即《六經》中，所以道外無書，書外無道。是以求道在《詩》、《書》、《易》、《禮》、《樂》、《春秋》中求。而《六經》中尤以《禮》爲要，《禮》又以〈喪服禮〉爲重。

（1）經莫重於《禮》，《禮》莫重於〈喪服〉

汪喜孫〈與戴金溪先生書〉云：

> 《經》莫重於《禮》，《禮》莫重於〈喪服〉。〔註222〕

又其〈與江飲吉書〉亦云：

> 吾輩肆經，莫大於禮，禮莫大於喪祭。……夫讀《禮》非口誦而已，必將發悟于心；非發悟而已，必將踐履于行。……《三禮》之學，莫重于《儀禮》；《儀禮》莫重于〈喪服〉，講〈喪服〉之書，莫精于程易疇《足徵記》。……士大夫居喪不能守禮，他無足觀矣。〔註223〕

道在《六經》，然《六經》之理，以《三禮》爲要，《三禮》中又以《儀禮》爲重，《儀禮》中尤以〈喪祭〉爲第一份量，必先通達禮儀。所謂的理以「禮」爲重，是強調唯有踐履力行，徹底實踐，方是通經致用。畢竟禮儀規範必以實踐、力行，方能達成，所以「士大夫居喪不能守禮，他無足觀矣。」

然汪喜孫以道在禮中，是以其主張「禮」必本於「太一」而來，絕非子虛烏有，憑空虛造的。

（2）禮必本於太一

汪喜孫〈易問〉曰：

> 蓋禮必本於太一，分而爲天地，轉而爲陰陽，其降曰命，故知《易》者禮象也。天之道主陽，獨陽不能生，故《易》一陰一陽，以窮消息之變，變而皆陽；人之道主治，盈治不可久，故《易》一治一亂，以寓世運之變，變而皆治。古之君子，其自命，皆有以天下爲任之心；其爲學，皆有以禮樂爲治之志。由人事以推天道，由天道以準人事，往來盈縮之理，禮樂刑政之具，古人所謂「通經致用」者，其在斯乎！〔註224〕

《易》云：「太極，是生兩儀，兩儀生四象，四象生八卦，八卦定吉凶，吉凶

台北：中研院文哲所，2003年），頁403。

〔註222〕同上注，頁404。

〔註223〕汪喜孫：〈與江飲吉書〉，同注217，頁169～170。

〔註224〕汪喜孫：〈易問〉，《汪孟慈集》卷2，同注217，頁25～26。

生大業。」〔註225〕以「太極」爲宇宙的開端,創造萬物之始。喜孫在此主「禮」代「理」,是以「禮」之本,亦本於「太極」(太一)。由《易》可知人情世理,治亂之源,然《易》理寄寓天道之理,高遠難解,勢必從人事以推天道,而人事之理,應從「禮樂」學習起,如此,天道人事、古往今來之理,方能循序漸進、了然於胸,然後,將理實際應用在日常生活中,即是古人所謂「通經致用」矣。

(3)禮政刑一以貫之,可為終古不變之良法美意

汪喜孫〈議禁曳刀手紅鬍子鹽梟強盜教匪會匪械鬥惡棍銅船糧船幫水手不用肉刑說〉云:

> 喜孫議:凡殺人者,抵死。為從者,使大指折損,不能持刀。既可
> 以全生,復可以弭亂。從此不禁自絕,化奸爲良,豈非三代上德,
> 禮政刑一以貫之,可爲終古不變之良法哉!〔註226〕

人情與理法是否可融合而一?中國人一向是重視「人情」的民族,所謂「見面三分情」即是一例。然當人情與理法衝突時?該如何?順從人情抑是堅執理法?在此,喜孫以「禮」入「刑政」中,以達成情理兼顧之美意。凡殺人者,一般人均認爲:應以死謝罪,一命償一命也;但是喜孫認爲不妥,主張以剁其大指,讓其永不能持刀,永不能重操舊業,亦可保住性命,豈不是兩全其美的辦法?如此,使之覺醒,化奸爲良,比「死刑」更易教化人心,以「禮政刑」貫徹始終,乃是終古不變的良法也!

(4)禮以義為要

喜孫〈甲午五月寶晉講院課程〉(二十六日)曰:

> 誡門下士。古人所謂小學者,禮、樂、射、御、書、數而已。朱子
> 《小學》一書,祇是從《三禮》內,摘出「小學」工夫。禮之不可
> 斯須去身也。……自《禮》廢《樂》亡以後,學者講論禮制,考證
> 禮器,而於禮之大義,則杳冥莫知其原。終身肄《禮》,著書考《禮》,
> 而所言所行,多有出於禮之外者,此豈先王制禮之意哉?是故禮
> 義不失,禮制、禮器可以亡;禮義不失,樂與射、御可以亡;禮

〔註225〕見魏・王弼注、唐・孔穎達疏:《周易正義・繫辭上傳》,《十三經注疏本》(1),(台北:藝文印書館,1981年),頁156〜157。

〔註226〕汪喜孫:〈議禁曳刀手紅鬍子鹽梟強盜教匪會匪械鬥惡棍銅船糧船幫水手不用肉刑說〉,同注217,頁22。

　　義不失，六書、九數，講之於幼學，不必治之以終身。如是忠信
　　可學，小大可由，顏子之復禮、孔子之問禮、周公之制禮，先聖
　　後聖其揆一也。……禮制雖殊，禮義無別；禮器雖異，禮義未湮。
　　所以救人身心，固人筋骸，今古豈有二致哉？是故禮之大者，不
　　可求之，今之童子灑掃應對進退，日用所習焉者也。〔註227〕

禮儀規範的產生，目的爲何？旨在使人們在待人接物、應對進退上，有一具體規則可循。然除了規則可循外，最高境界應是進一步了解其中的「道理」。所以「禮以義爲尊」下，儀則、規範、典章、制度不過是一形式而已。所以喜孫在此以「禮義不失」爲前提下，認爲禮制、禮器隨著時代不同而有不同，是隨時可以更換、去除的。重點是「禮義」大原則之把握，終身受用。然此「禮義」了達，必須從日常生活中的灑掃應對，開始做起，從做中悟，以體會其中的深意。

2. 仁兼體用

（1）有用必先有體

喜孫〈釋仁〉：

　　仁存於心，而義禮知信，見諸言行，則仁之爲用大矣。若其心本乎
　　仁，而不裁之以義、履之以禮、辨之以知、成之以信，則幾於釋氏
　　之慈悲矣！此仁之必兼乎體用也。〔註228〕

以「仁」爲「人」之本，然仁存心中，言行上無疑是欲做到知禮達義，忠信智慧之境；否則，無義無禮無知無信，與佛教所謂「無緣大慈，同體大悲」沒有不同，不講義禮知信，是一味的「慈悲」，與儒家思想是不同的，所以「以仁存心」，亦將「義禮知信」充分發揮，便是「仁」之用。因此，仁兼有體有用的。

　　關於體用、本末探討，其主「有用必先有體」〔註229〕、「先當有體，用即隨之」。〔註230〕當以「本體」爲主，用爲末，所以爲人處事上，宜懂得本末、先後、緩急之順序；進德修業爲先，其次是立功、立言；畢竟「不朽之業，

〔註227〕汪喜孫：〈甲午五月寶晉講院課程〉（二十六日），《從政錄》卷 1，同上注，
　　　　頁 422～423。
〔註228〕汪喜孫：〈釋仁〉，同上注，頁 392。
〔註229〕見汪喜孫：〈叔孫豹如晉論〉，同上注，頁 400～401。
〔註230〕見汪喜孫：〈與舅氏朱光祿書〉（一），《汪孟慈集》卷 5，同上注，頁 176。

非一朝一夕所能成；多口之憎，非一人一身所能禦，世有志在不朽。」〔註231〕
「不朽」首在「立德」也，當聞人之毀謗，不必強為己辯、或黨同伐異、或
沮喪失神，貴在自立自強，有過則反改，無過則省也。〔註232〕

（2）忠恕者仁之用

喜孫〈釋仁〉：

> 仁者純乎天道，誠者兼以人事，敬者純乎人事。忠恕者仁之用，恕
> 者忠之用，敬恕者仁之用，知勇者亦仁之用。義者所以行仁，禮者
> 所以履仁，信者所以成仁。仁兼體用，言體而不言用。……三代以
> 前之民，未有爭心，是以言仁而不言義。三代以後之霸術，未遑禮
> 教；三代以後之法術、刑名，未嘗學問，是以言知而不言仁。聖賢
> 言仁而必繼之以義，言知而必繼之以仁，所以防其流失也。〔註233〕

道以「禮」為要，但「禮」之本體在「仁」，是以「仁」為體，由「仁」出發，
則有「忠恕」、「敬恕」、「知勇」之用。不論是「忠恕」、「敬恕」或是「知勇」，
皆是「義」、「禮」、「信」、「知」的表現。而「義」、「禮」、「信」、「知」不外
是「仁」的彰顯，所以「仁」亦兼體用。其關係如圖所示：

圖二　汪喜孫的「仁兼體用」圖

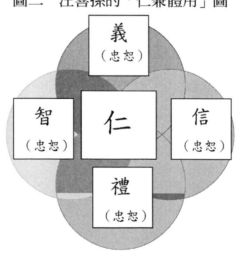

〔註231〕同注229，頁401。
〔註232〕汪喜孫：〈與舅氏朱光祿書〉（一）云：「自惟求為可知，信而後諫，先當有體，
　　　　用即隨之。故聞人之毀，而破觚為圓，不為也；聞人之毀，而黨同伐異，不
　　　　可也；聞人之毀，而喪氣沮神，不必也。所貴自立耳，遑問人之知不知哉？」，
　　　　同注230，頁176
〔註233〕汪喜孫：〈釋仁〉，同注228，頁391～392。

（3）性無所明，於仁、知見之

喜孫《抱璞齋時文》於「成己，仁也；成物，知也。性之德也。」釋：

> 夫成己者，誠之體也，體之存者爲仁；成物者，誠之用也，用之發者爲知。仁、知本於心，謂非性之德乎？
>
> 嘗思天下至誠，能盡性，以盡人物之性。己與物胥盡其誠，亦己與物各率其性已。顧率乎天者爲性，本諸性者爲德。德無可見，於性徵之。性無所明，於仁、知見之。仁、知無所著，於成己、成物驗之。〔註234〕

喜孫對時文的題目：「成己，仁也；成物，知也。性之德也。」詮釋是：以成己者，爲「誠」之本體，然本體存於「仁」之中（如前述以仁爲體，兼體用）；而成就萬物的做法，便是「誠」之用，用的顯揚，便是「知」的發用。然不論如何，至誠者，能盡人之性，及物之性。所以「成己」、「成物」在於「誠」，而「誠」亦是「仁」的展現，亦是盡到「本性之德」。然而「性」爲何？「德」爲何？喜孫以爲「人性」——本於天而來，內富蘊「道德義涵」，是以「道德義涵」本諸「人性」而來，看不見，須由「人性」表徵；然「人性」無法彰明，則由「仁」、「知」以見，而「仁」、「知」抽象德性，無法顯著，因此，由「成己」與「成物」驗證。

（4）仁，爲誠之體；知，爲誠之用也

喜孫《抱璞齋時文》於「成己，仁也；成物，知也。性之德也。」釋：

> 天命之性，天下之達德也。是故首言性，次言德，而於仁、知不啻至再、而至三焉。仁之義通乎存，溫良者仁之貌，敬愼者仁之心，孫接者仁之用，仁所以爲誠之體也。知之義通乎決，行遠者知爲文之輿，察物者知爲民之輔，敷教者知爲言之善，知所以爲誠之用也。……仁也，知也，性之德也。聞之性者，生也，所以生者謂之性；德者，得也，得其性者謂之德。建生爲德，得人爲德，化育萬物亦爲德。分言之則仁也，知也，合言之則德也。〔註235〕

對於「成己，仁也；成物，知也。性之德也。」尚有進一步解釋：成己者，爲誠，但誠之體是「仁」；誠之用在「知」。畢竟須有「知」方曉明大義，言行舉止上依所知理行事，方合情合理。不論行遠路者、體察萬物者、施教者都須有

〔註234〕汪喜孫：《抱璞齋時文》，同注217，頁217。
〔註235〕同上注，頁218。

「知」（智識或智慧），才能成就所行之事，所以「知」是「誠」為用的出發點。

不論如何，「仁」、「知」乃「德性」之一。「性」亦是「天道」生生不息而來，所以「生者」亦是「性」（生性）；有所得者，是「德」也。總之，人之所以為人，異於禽獸的關鍵在於人有「德性」，「德性」是「仁」、「知」等義理總合，分言之，謂「仁」或「知」，所以「成己，仁也；成物，知也。性之德也。」

又「成己」（仁）、「成物」（知）——誠之體用。換句話說，心由「至誠」出發，亦能達到「成己」、「成物」境界；所謂「誠至則偏私化，偏私化則才智生。」〔註236〕

3. 欲發乎情，止乎禮義

喜孫〈甲午五月寶晉講院課程〉（二十七日）：

> 聖王人情為田，養欲給求，使三十而娶，二十而嫁，霜降逆女，冰泮殺止，及時昏嫁，故內無怨女，外無曠夫，三代所以與民同欲也。孔子言：「好德如好色。」……聖人極論人情，欲其發乎情，止乎禮義，故曰：「好色而不淫。」〔註237〕

喜孫在此，可看出其肯定人之情欲。不過，「欲發乎情，止乎禮義」。主聖人順乎人情、欲求，不違逆人的本能本欲。是以適時論嫁娶，但亦非放縱「人欲」至漫無止盡，而是以「禮義」為節。

（1）氣相聯斯情相合，性相感斯命相通

汪喜孫〈育嬰議〉：

> 嬰兒之於慈母，聯以一氣。嬰兒啼哭，而慈母知其饑寒；嬰兒呻吟，而慈母審其疾苦；嬰兒熟睡逾時，慈母諦視之；嬰兒側身失足，慈母提攜之。……己未茹葷，兒先飲血；身即抱病，兒尚盈懷。氣相聯斯情相合，性相感斯命相通，自非然者，強他人而顧復之，宜乎若越人視秦人之肥瘠矣。〔註238〕

進一步，喜孫究人「私情」之源，源自母子親情相連，性命相依，氣血一貫而來。此情此義是自然產生，永遠無法割捨的。否則，拿他人之孩試驗，即可知，是無法產生出那種「打在兒身，痛在娘心」的骨肉之情來，就如越國

〔註236〕見顧蒓：〈壽母小記·贊〉，《壽母小記》，《汪喜孫著作集》（下），同注217，頁1054。

〔註237〕汪喜孫：〈甲午五月寶晉講院課程〉（二十七日），同注217，頁424～425。

〔註238〕汪喜孫：〈育嬰議〉，《從政錄》卷2，同上注，頁431。

人去看秦國人田地肥沃或貧脊般，與己無切身的關係，就沒有切身感覺一樣。
另外，汪喜孫〈甲午五月寶晉講院課程〉（二十七日）亦云：

> 若其人不必幽嫻貞靜，何色之有？其人不能潔淨精微，何好之有？
> 人之于飲食燕處也，見有惡人，則必掩鼻過之，不與共食。凡寢處
> 之物，不可與人共；婢僕之屬，不可借人役，人情大抵如是。〔註239〕

人同此心，心同此理。人之常情，大抵如是。非幽嫻貞靜、潔淨精微的美女，
何愛之有？當然，與人吃飯相處時，看到噁心的人，一定是掩鼻而過，不敢
與之共食；自己私密之物，是不能與人共用的；屬於自己的婢女、僕人，是
無法借予他人役使的。諸如此類，都是人之常情展現，何能而免？

（2）大賢承三聖治世之心，見諸所欲也

汪喜孫《抱璞齋時文》於「我欲正人心、息邪說、距詖行、放淫辭，以
承三聖者」釋：

> 大賢承三聖治世之心，見之於所欲矣。夫必人心正，而後邪說、詖
> 行、淫辭無不正。孟子自明所欲，其所以承三聖者，不亦大與？……
> 此我之欲由迫而起也。且事之縈於一心者曰欲，事之肩於一身者曰
> 承。三聖之欲正人心也久矣，矧以邪說、詖行、淫辭，皆三聖之世
> 所未有者哉？三聖之所抑、所兼、所驅、所作者不一轍，而自我合
> 觀焉，皆前事之可師。使三聖而生今日，豈必以此徒縈夙夜之憂思？
> 而人心補救之方，諒有持之於息之、距之、放之始者。我於三聖，
> 固前後同揆也。以息為正，而邪說之亂人心者滅；以距為正，而詖
> 行之害人心者退；以放為正，而淫辭之蕩人心者遠。力任仔肩，三
> 聖分承之而不見有餘，我統承之而不自謂不足也，我何敢諉諸異人
> 也？〔註240〕

在「我欲正人心、息邪說、距詖行、放淫辭，以承三聖者」中，喜孫表明：「大
賢承三聖治世之心，見諸所欲也。」聖人是有所欲的，此「欲」是「欲望」
──希望治國平天下也。如是「欲」，則變成一使命與承擔的重任。相信只要
是賢明的人，當上一國之君，沒有不欲國泰民安、風調雨順，國家欣欣向榮
的。此「欲」便是林全先生所謂：「是社會進步的動力」。〔註241〕

〔註239〕同注237，頁425。
〔註240〕汪喜孫：《抱璞齋時文》，同注217，頁236～237。
〔註241〕詳見林全先生：〈創造均富的遊戲規則〉云：「如果欲望較財富低，比較容易

　　對於世道人心，端正之方就是「息邪說、距詖行、放淫辭。」這三點。平息邪說等妖言禍行，抗拒、抵抗偏頗害人的行為，放逐那些淫蕩人心、散播謠言者。如此，世風日上，治安轉好。所以改變風氣，以改變「人心」為始。

　　（3）平天下，在絜矩

　　喜孫〈大學說序〉：

> 後人不知「誠意」在「慎獨」，「慎獨」在「好惡」，……夫惟孔子言仁言敬，自曾子始言誠，子思孟子因之。好惡在心身，以及家國天下，皆本誠意，以愈推愈遠，是以平天下在「絜矩」。〔註242〕

「絜矩」之道出自《大學》，〔註243〕強調是「推己及人」之道。「己所不欲，勿施於人」、「己欲立而立人，己欲達而達人。」將心比心，替人著想；己有此「好惡」，他人亦有此「好惡」，所以去除自私自好就好的心態，也為他人謀求福祉，則就無所謂紛爭擾攘情形。所謂「雙贏政策」——「I am O.K，You are O.K，We are O.K。」

　　又〈與朝鮮嘉湖侍郎書〉：

> 《大學》平天下之道，終以「好惡」、「絜矩」，為仁者「能愛人、惡人」，何也？本之以誠意，持之以修身，善善而舉，惡惡而退，……以人事君，大臣之道備矣，「闢門」、「明目」、「達聰」，堯舜之所以為堯舜也；以堯舜事其主，非禹皋之臣哉？〔註244〕

又〈聞一貫說〉：

> 修身以恕為用，所謂：「所藏不恕，而能喻諸人者，未之有也。」誠意者何？誠也者，忠也。好惡、戒欺、求慊，非忠之謂乎？是以《大學》者，釋忠恕一貫之旨也。《傳》言：好惡始於誠意，終於平天下。絜矩同好惡者，恕之謂也。非言用人理財也。孔子告仲弓以「如見大賓，如承大祭」，敬亦忠也。「己所不欲，勿施於人」，仁藏恕也。……子貢他日問「一言可以終身」，孔子告以「己所不欲，勿施於人」，

得到幸福；但如果每個人都清心寡欲，並不一定就都能幸福，因為欲望是社會進步的動力」，（《遠見論壇》第206期，2005年4月），頁1。

〔註242〕汪喜孫：〈大學說序〉，《汪孟慈集》卷3，同注217，頁65～66。
〔註243〕見漢・鄭玄注、唐・孔穎達疏：《禮記正義・大學》：「所惡於上，毋以使下；所惡於下，毋以事上；所惡於前，毋以先後；所惡於後，毋以從前；所惡於右，毋以交於左；所惡於左，毋以交於右：此之謂絜矩之道」，（《十三經注疏本》（5），台北：藝文印書館，191年），頁10。
〔註244〕汪喜孫：〈與朝鮮嘉湖侍郎書〉，《汪孟慈集》卷5，同注217，頁193～194。

已顯告以一貫之旨矣；子思受業曾子之門人，其言曰：「忠恕違道不遠。」三十三篇統之以誠，誠亦忠之謂也。忠爲體，恕爲用，體包用也，子思亦聞一貫之義也。〔註245〕

「平天下」之道，在「絜矩」。首要在己「誠實的好惡」，如仁者「能愛人，惡人。」秉持誠意修身，方能識眞。所以「舉直錯諸枉，能使枉者直」，否則，「舉枉錯諸直，能使枉者不直。」〔註246〕端正自己，好惡於誠，推己及人，方達絜矩之境。孔子以「忠恕」爲一貫之道，殊不知「忠恕」正是「盡己」與「推己及人」，就是要做到誠於好惡，待人如己。不論忠爲體、恕爲用，總之，忠恕便是「誠」的推廣，「絜矩」以平天下也。

（4）人情乃「尊、親、賢」

喜孫《海外墨緣》第五則曰：

《春秋》謂上本天道，中用王法，下順人情。天道者：一曰時、二曰月、三曰日。王法者：一曰譏、二曰貶、三曰絕。人情者，一曰尊、二曰親、三曰賢。〔註247〕

所謂「人情」是何？喜孫在此表明：「人情」就是「尊」、「親」、「賢」。尊敬長上，親愛親人，識賢於人。「人情」並非一己之私情、情感、情緒而言。

（5）情之不得已，則形於言

喜孫《海外墨緣》第十四則曰：

太史公曰：「《詩》三百篇，大都皆不得志于時之所爲作也。」又〈屈原傳〉曰：「人窮則返本，故憂愁幽思而有〈離騷〉，離騷者，猶離憂也。」蓋臣不見信於君，窮也；子不見愛於親，窮也；己不見諒於友，窮也；懷才抱奇而不見用於世，窮也。故情所不得已者，形之於言，言所不得已者，形之於詩。〈虞書〉曰：「詩言志。」「《詩序》曰：「發乎情，止乎禮義。」皆詩之教也。〔註248〕

人之常情表露，就是「情所不得已」，則「形於言」、「發於聲」，所謂「不平則鳴」矣。故《詩・序》云：「詩者，志之所之也。在心爲志，發言爲詩，情動於中，而形於言，言之不足，故嗟嘆之，嗟嘆之不足，故詠歌之……情發

〔註245〕汪喜孫：〈聞一貫說〉，《從政錄》卷1，同注217，頁397～398。
〔註246〕朱熹：《論語章句集註》，（朱熹：《四書章句集註》，台北：大安出版社，1991年），頁139。
〔註247〕汪喜孫：《海外墨緣》，《汪喜孫著作集》（下），同注217，頁1239～1240。
〔註248〕同上注，頁1259。

於聲，聲成文，謂之音」。〔註249〕所謂「詩窮而後工」，「窮」乃不得志矣。舉凡臣下不被君王信任、重用；孩子不被雙親所喜；己不被朋友接受、寬容；懷才不遇，不被重用，千里馬未遇見伯樂等，都是「窮困」表徵。當陷「窮困」時，不免情之抑鬱難伸，是以形於言，成於詩。此詩亦特別眞誠表露，故「詩言志」也。

（6）義利之辨，首在「恆產與恆心」

喜孫〈擬治平疏〉云：

> 欲令天下人，知義利之辨，不外孔、孟「富」、「教」兩言：「恆產、恆心」一語。……民無饑寒則廉恥生，廉恥生則盜賊息，盜賊息則刑罰清，于是始興學校。

又〈與李蘭卿觀詧書〉：

> 比以歲荒，流離載路，救死不瞻，禮義奚施？……士民易於教化，有恆產有恆心，此其時矣。

又〈上唐鏡海先生書〉：

> 義田不如義學，義倉不如義田。儻於治下淮、揚二郡，勸捐義學、義田，教養之法兼施，使愚民重士而輕商。既富而後教，三代仁政，未嘗不可行於今日。井田學校之制不必復，其義要不可廢，喜孫爲司徒之屬，以此存古。〔註250〕

鬧饑荒時，有誰還會想到「禮義廉恥」？所以富而後教，方有禮，「倉廩足而後知禮義」；欲令天下人，知義利之辨，必先足其生活所需，有「恆產」，方有「恆心」，教養兼施，方得國治。所以國必富而教，足民基本情欲，非禁欲，教化士民方有成效。

三、小　結

「現實關懷的情理經世者」這一節，以汪中、汪喜孫父子代表。汪中壽短，著作不多，而其子——汪喜孫承繼其父思想，並將之發揚光大，是以在此節中，對汪喜孫的論述較多。

〔註249〕毛亨傳、鄭玄箋：〈毛詩序〉，《毛詩鄭箋》，（台北：新興書局，1981年），頁1。

〔註250〕汪喜孫：〈擬治平疏〉、〈與李蘭卿觀詧書〉、〈上唐鏡海先生書〉，分見於《從政錄》卷1，同注217，頁385、頁405；《從政錄》卷3，頁514。

　　乾嘉時期學術上瀰漫著「考據」氣氛，競求名物、典章等考證蔚然成一風氣；難能可貴是：汪中在此卻注意到現實社會的需求，而非鑽研故紙堆中閉門造車。尤其對弱勢者——婦女、孤兒等，提出許多社會福利措施，如建「苦貞堂」收容「寡婦」；建「孤兒社」救濟社會上的「孤兒」。誠如其所云：「養生送死，恤老慈幼，以周萬民艱阨也。」（汪中：〈與劍潭書〉）實際對社會百姓盡到實質的利益，方是汪中的「經世致用」之理。

　　尤其汪中對婦女特別關照，反對禮教束縛下對婦女的制約，婚姻制度下對婦女的戕害；其主張「夫婦之禮，人道之始也。」（〈女子許嫁而婿死從死及守志議〉）因此，夫婦同等重要，絕無所謂「男尊女卑」的差別。對封建專制禮教下，要婦女「守節」、「殉節」、「從一而終」等規定，凡不合「情理」者，皆進行全面的駁斥。在當時，汪中即主張「女子許再嫁」，乃至「私奔不禁」等觀點；奠立在男女自然之情理上，突破傳統禮教變本加厲的束縛，可謂對後來學者們大力倡導「婦女解放」等訴求，有頗大影響。

　　其子——汪喜孫承繼父親「經世致用」的理念，治學上強調「由名物通大義。」（〈與劉孟瞻書〉）其主要的義理思想有：「道在六經，道在五倫」、「仁兼體用」、「欲發乎情，止乎禮義」。「道在六經，道在五倫」——強調「理」不外人倫日用之「禮」，所謂「經莫重於《禮》，《禮》莫重於〈喪服〉。」（〈與戴金溪先生書〉）雖如此，但「禮以義為要。」（〈甲午五月寶晉講院課程二十六日〉）藉由日常生活中灑掃應對，進一步體會其中「道理」，方是最高境界。在「仁兼體用」上，其主「忠恕者仁之用。」（〈釋仁〉）「仁」乃「為人」之本，但必須實踐出，方成「仁」（人），是以「人」為本，「忠恕」為「用」，則有「仁、義、禮、智、信」的表現。在「欲發乎情，止乎禮義」上，其強調「骨肉性命之情」是無法分割的，端此，人的「私欲私情」是不可避免的，因此，聖賢治世，必是滿足人民的「欲望」，所謂「有恆產有恆心」（〈擬治平疏〉），富而後教也。然欲不可縱，勢必「發乎情，止乎禮義也」（〈甲午五月寶晉講院課程二十七日〉），所謂「情」即「尊、親、賢」而言；「行為舉止」終回歸於「禮」。有「禮」走遍天下，且「平天下，在絜矩」；「禮」之作用端在制止「人自私自利」行為，界定人我彼此間的「分際」，進而由「守禮」熏習成良好習慣，進一步做到「己所不欲，勿施於人」、「推己及人」之境。